Teatro de Epidauro. Vista da orquestra.

A Tragédia Grega

Coleção Debates
Dirigida por J. Guinsburg

Equipe de Realização – Tradução:). Guinsburg, Geraldo Gerson de Souza e Alberto Guzik; Revisão: Geraldo Gerson de Souza; Produção: Ricardo W. Neves e Sérgio Kon.

albin lesky
A TRAGÉDIA GREGA

PERSPECTIVA

Título do original em alemão
Die griechische Tragodie

Copyright © by Alfred Kroener Verlag , Stuttgart

CIP-Brasil. Catalogação-na-Fonte
Sindicato Nacional dos Editores de Livros, RJ

Lesky, Albin, 1896- .
    A tragédia grega / Albin Lesky; [tradução J.
Guinsburg, Geraldo Gerson de Souza e Alberto Guzik]. –
São Paulo : Perspectiva, 2015. – (Debates; 32 / dirigida por
Guinsburg)
    Título original: Die griechische Tragödie
    3. reimpr. da 4. ed. de 2003
    Bibliografia
    ISBN 978-85-273-0085-8

    1. Teatro grego (Tragédia) – História e crítica. I. Guinsburg,
J. II. Título. III. Série.

06-8781   CDD: 882

Índices para catálogo sistemático:
1. Tragédia grega : História e crítica 882

4ª edição – 3ª reimpressão
[PPD]

Direitos reservados em língua portuguesa à

EDITORA PERSPECTIVA LTDA

Av. Brigadeiro Luís Antônio, 3025
01401-000 São Paulo SP Brasil
Telefax: (11)3885-8388
www.editoraperspectiva.com.br

2019

A meus pais

SUMÁRIO

Prefácio da Edição Brasileira 13

Prefácio da Primeira Edição 17

Prefácio da Segunda Edição 19

DO PROBLEMA DO TRÁGICO 21

OS PRIMÓRDIOS 57

OS PRECURSORES DOS MESTRES 83

ÉSQUILO 91

SÓFOCLES 141

EURÍPIDES 187

A TRAGÉDIA DA ÉPOCA PÓS-CLÁSSICA 269

Tradição e Bibliografia 281

Índice 301

PREFÁCIO DA EDIÇÃO BRASILEIRA

As sucessivas publicações brasileiras sobre problemas de teatro ampliaram ultimamente, de um modo auspicioso, a bibliografia especializada, graças aos esforços de várias casas editoras que assim vêm correspondendo a uma demanda cada vez maior. Essa procura crescente se liga, certamente, à intensificação da vida teatral brasileira e a multiplicação dos cursos dramáticos dentro e fora das Universidades. A Editora Perspectiva associa-se aos esforços mencionados, ao lançar, na sua série "Debates", *A Tragédia Grega*, do conhecido especialista austríaco Albin Lesky.

Para o estudioso do teatro e da literatura é fundamental a ocupação com a tragédia grega. Albin Lesky consegue apresentar, com a concisão exigida pelo propósito do livro, uma imagem exata e transparente de Ésquilo, Sófocles e Eurípides, analisando e interpretando-lhes a obra, peça por peça, apoiado nas mais recentes pesquisas da filologia clássica de que é expoente conspícuo. Dessas pesquisas se nutre

13

o penetrante estudo das origens da tragédia, no ritual dionisíaco, assim como da sua decadência, na época pós-clássica (depois do século V).

De importância particular afigura-se a análise inicial do "trágico"* enquanto categoria estética ou princípio filosófico, expressão de uma específica visão do mundo. Abordando, de leve embora, a complexa história desse conceito, desenvolvido particularmente por filósofos como Hegel, Schopenhauer, Scheler e Jaspers, o autor discute a sua problemática, sempre em conexão com a tragédia grega em que o trágico – o princípio da tragicidade – encontrou uma das suas expressões mais grandiosas. O exame da teoria de Aristóteles, indispensável em qualquer livro dedicado às questões envolvidas, não é muito esclarecedor a esse respeito, já que o filósofo grego, embora teórico máximo da tragédia, não chegou a elaborar propriamente uma teoria do trágico. O autor afirma com razão que "os gregos criaram a grande arte trágica, um dos maiores feitos no campo do espírito, mas não desenvolveram uma teoria do trágico que se ampliasse além da plasmação do trágico no drama e chegasse a envolver a concepção do mundo como um todo".

Tanto mais fecunda se afigura a discussão desse problema no primeiro capítulo, particularmente a de conceitos como a culpa trágica, o sentido do acontecer trágico, a situação trágica, o conflito trágico etc.

A importância e atualidade dessas indagações são evidentes. A cosmovisão trágica implica a concepção de um universo organizado ou absurdo? Ela pressupõe que de dentro do mistério do mundo se destile para os que perguntam uma resposta, um sentido captável pela razão humana? Ou ela pressupõe, ao contrário, que o questionar e os gritos

---

* Sempre quando se fala nesta obra de "o trágico", este termo não se refere aos que escrevem ou representam tragédias, mas à categoria estética ou ao princípio filosófico do trágico que encontram a sua expressão mais pura na tragédia, embora possam manifestar-se também no romance, na música, nas artes plásticas, às vezes até na comédia, para não falar da tragicidade de situações da vida real. O conceito ultrapassa de longe a sua concretização específica na tragédia.

humanos, dirigidos aos abismos do mundo, se defrontem com o eco oco de um silêncio frio e impassível?

O estudo da tragédia grega e do conceito do trágico conduz necessariamente a problemas dessa ordem. A partir daí se entende melhor a concepção antitrágica de Brecht e a polêmica que Alain Robbe-Grillet, expoente importante do *nouveau roman*, dirigiu contra o humanismo trágico e o sentimento trágico da vida que se manifestam na noção do absurdo, tal como concebida por Camus e Sartre.

Tais e semelhantes questões afloram na obra de Albin Lesky. Como em geral, os gregos levantaram também neste ponto problemas que continuam nossos, agudamente nossos. Quem se dedica ao estudo da tragédia grega não entra num mundo museal a inspirar respeito pela poeira que os séculos acumularam. Defronta-se com obras-de-arte imorredouras, suficientemente distanciadas e estranhas para que, sofrendo o choque do reconhecimento, sinta intimamente: "tua res agitur". É tua, é nossa causa que está em jogo.

Anatol Rosenfeld

PREFÁCIO DA PRIMEIRA EDIÇÃO

Em nenhum outro campo da literatura antiga a ciência das duas últimas décadas se preocupou tanto como no da tragédia grega, e nenhum outro se aproximou tanto quanto este dos sentimentos vitais dos nossos tempos. Diante de obras extensas e completas, como o admirável estudo de Max Pohlenz, e de um sem-número de estudos isolados, destaca-se a falta de uma exposição concisa que, dentro da situação criada pela pesquisa moderna, pudesse constituir um primeiro guia no mundo da tragédia grega. É esta a tarefa que se propõe o presente livro, que não pode e nem deseja substituir um contato direto com as obras originais, mas que gostaria de facilitá-lo a todos aqueles para quem o contato com tais obras representa um autêntico valor vital.

Antes de mais nada, devemos ressaltar dois objetivos: no desenvolvimento da tragédia grega cumpre mostrar o período decisivo da formação do drama europeu; por outro lado, coloca-se também, em primeiro plano, a questão relativa à essência do trágico. Aqui nos parece indispensável, antes de tudo, contrapor à resposta barata do problema, apoiada em generalizações apodíticas, um quadro do imenso tesouro espiritual da tragédia, e mostrar como os problemas da existência humana aparecem sob forma específica em cada um dos três grandes trágicos.

Como só em raros casos os propósitos desta exposição permitiram entrar na contribuição pessoal de pesquisadores individuais, tanto mais enfaticamente cumpre dizer o quanto ela tem a agradecer à rica messe de trabalhos dos últimos anos. Ao estudioso, porém, será fácil reconhecer onde o autor aceitou seus resultados e onde se julgou obrigado a discordar deles.

O Prof. E. Kalinka deu mostras de constante boa vontade na revisão minuciosa e trabalhosa das provas.

Essas páginas não poderiam ter sido escritas sem ajuda no geral e no particular, pela qual formulo aqui meus agradecimentos no mesmo sentimento com que ela foi prestada.

Innsbruck, novembro de 1937

Albin Lesky

PREFÁCIO DA SEGUNDA EDIÇÃO

Ao rever esta apresentação, levei em conta especialmente dois aspectos. Em primeiro lugar, foi necessário considerar devidamente o avanço das pesquisas, baseado em novas descobertas, embora não de modo exclusivo. Mas, em segundo lugar, era preciso enfocar o problema do trágico de uma maneira mais intensiva e conseqüente do que o fora na primeira edição. Isso também foi feito, para diferenciar o mais possível o objetivo desta obra do objetivo da minha *Tragische Dichtung der Hellenen* cujo enfoque se dirige para a problemática científica de casos isolados. Assim, foi adicionado um novo capítulo de introdução, que adota uma posição definida diante de algumas questões fundamentais do trágico. Também, na apresentação de cada uma das obras, foi dada maior atenção à questão de seu conteúdo trágico.

O autor aproveitou-se da possibilidade, generosamente oferecida pela editora, de aumentar o volume, para incluir diversas traduções. Desde a primeira edição, publicaram-se tantas e tão notáveis traduções que pareceu oportuna uma atitude eclética. Quanto a Ésquilo, foi usada a tradução de Droysen por Walter Nestle, com exceção das *Suplicantes*, para a qual preferimos a tradução de Walther Kraus (Frankfurt/M., 1948). Os trechos de Sófocles foram dados de acordo com Emil Staiger (Zurique, 1944), os de *Antígone,* conforme Karl Reinhardt (2ª ed., Gobesberg, 1949), as de *Édipo Rei,* conforme Wolfgang Schadewaldt (Frankfurt/M. 1955). Para Eurípides, foi em parte necessário recorrer a Wilamowitz, mas também foram utilizadas as traduções de Ernst Buschor *(Med., Hipp., Herakles.,* Munique, 1952) e de Emil Staiger *(Ion,* Berna, 1947).

Viena, agosto de 1957

Albin Lesky

DO PROBLEMA DO TRÁGICO

O título que demos a essas observações introdutórias indica uma dupla limitação. Não se pode pensar em desenvolver aqui o problema do trágico em toda a sua extensão e profundidade; trata-se antes de, afora alguns aspectos de importância secundária, iluminar em tal extensão uma questão, sem dúvida central, que a exposição subseqüente possa reportar-se ao que foi aqui preparado, e a partir daí preservar a unidade da consideração. E cabe também indicar que não nos propomos sem mais fixar numa simples formulação a essência do trágico, mas tentamos evidenciar uma parte importante de uma problemática que, por muitos lados, continua aberta.

É da natureza complexa do trágico o fato de que, quanto maior a proximidade do objeto, tanto menor é a possibilidade de abarcá-lo numa definição. Para isso nos basta um exemplo tirado da abundante literatura que, não sem motivo, floresceu consideravelmente nas últimas décadas.

Teatro de Dioniso em Atenas. Data do começo do século V a.C.

Benno von Wiese, em seu trabalho sobre *A Tragédia Alemã de Lessing até Hebbel* (1948), acentua, taxativamente, e com razão, ter renunciado, até mesmo dentro desse campo relativamente limitado, a encontrar uma "fórmula mágica de interpretação". Associamo-nos a essa renúncia e, antes de mais nada, procuramos o lugar ocupado por nosso problema dentro da história do pensamento ocidental.

Toda a problemática do trágico, por mais vastos que sejam os espaços por ele abrangidos, parte sempre do fenômeno da tragédia ática e a ele volta. No próximo capítulo, teremos algo a dizer com respeito ao modo como essas formações ricas de pressupostos se desenvolveram, a partir de fontes diversas e de difícil acesso para nós, até atingir a perfeição, triplicemente diferenciada, no século V, e transparecerá que seus diversos elementos formais testemunham algo essencial sobre a história desse desenvolvimento.

Antes de mais nada, defrontamo-nos aqui com a questão de saber se o conteúdo trágico, entendendo-se ainda a palavra em sua acepção mais geral, está tão intimamente vinculado à forma artística da tragédia, que só aparece com ela, ou se, na criação literária (*Dichtung*) dos gregos, já se encontram germes em que se prepara a primeira e, ao mesmo tempo, a mais perfeita objetivação da visão trágica do mundo no drama do século V.

Desde que modernamente nos é de novo possível considerar a *Ilíada* e a *Odisséia* como aquilo que realmente são, ou seja, como obras de arte, plasmadas por seus criadores a partir de uma pletora de elementos tradicionais diversos, segundo planos grandiosos de construção, suscita-se com crescente vivacidade a questão relativa aos germes do trágico nas duas epopéias. Karl Jaspers, por exemplo, cita, dentre as mais antigas das grandes manifestações do saber trágico por ele enumeradas, Homero, as edas e as sagas dos islandeses, bem como as lendas heróicas de todos os povos do Ocidente à China. Com isso se afirma acertadamente que a maioria dos cantos épicos transmitidos pela tradição oral, que C. M. Bowra (*Heroic Poetry*, 1952) estudou em sua disseminação pelo mundo e em suas características essenciais, que em ampla medida continuam iguais, apresenta elementos do trágico. No centro dessa criação literária ergue-se sempre o herói radioso e vencedor, aureolado pela glória de suas armas e feitos, mas ele se ergue diante do fundo escuro da morte certa que, também a ele, arrancará das suas alegrias para levá-lo ao nada, ou a um lúgubre mundo de sombras, não melhor do que o nada. Nessa tensão aqui indicada e em geral fortemente sensível na poesia heróica, é mister vislumbrar um momento do trágico, mas em relação a Homero isso seria muito pouco. O motivo do indivíduo heróico condenado à vanidade de tudo o que é humano é, na poesia homérica, complementado e intensificado pela contraposição em que nela o homem é colocado face aos deuses. Os bem-aventurados imortais podem, quando lhes apraz, curvar-se graciosamente para o pobre mortal, ajudando-o em algumas de suas necessidades. Mas a cada instante podem voltar-lhes as costas e pôr à mostra o abismo insondável que separa sua bem-aventurança dos tormentos daqueles a quem a morte governa. Da mesma forma que, no primeiro canto da *Ilíada*, Hefaistos se queixa de que a querela por esses míseros mortais perturba o banquete dos deuses, assim Apolo, no combate dos deuses, se recusa a pelejar com Posseidon por causa dessa linhagem perecível. E essa luta dos deuses entre si não passa de briga caprichosa, autêntica brincadeira, da qual o hílare pai dos deuses desfruta. Os homens, porém, neste campo de batalha, arriscam tudo o que têm e tudo o que perderão para sempre na morte amarga.

Mas, sem dúvida, o aspecto mais importante desses germes do verdadeiro trágico em Homero – aspecto que o distingue do resto da literatura épica – ainda não foi mencionado. Bruno Snell, em seu livro *Die Entdeckung des Geistes* (*O Descobrimento do Espírito*), indica ser característico do jogo épico o considerar a vida como uma cadeia de acontecimentos. A imagem da corrente, com sua sucessão de elos, assemelha-se muito àquela bem mais conhecida do fluxo épico, e indubitavelmente aponta para algo que é importante e essencial em toda a épica. Também em Homero há partes em que os elos se sucedem. Porém o que especialmente eleva a *Ilíada* à categoria de grande obra de arte, o que a levanta acima do típico estilo épico e faz que seus autores dêem os primeiros passos em direção à tragédia, não é a formação da cadeia, mas o encadeamento dos acontecimentos, das personagens e das suas motivações. É o mesmo encadeamento que Emil Staiger, em sua admirável análise da novela de Kleist, *Das Bettelweib von Locarno* (*A Mendiga de Locarno*), a partir da linguagem, qualificou de elemento básico do estilo dramático.

Já a condensação temporal dos sucessos no espaço de alguns dias faz que as duas epopéias de Homero se afastem do ordenamento regular. E de que forma o atuar do indivíduo é posto em relação necessária com o destino dos outros – dos amigos, dos companheiros de guerra, de povos inteiros –, enquanto que o destino do indivíduo é mostrado sob o aspecto daquela dramaticidade dinâmica que necessariamente conduz ao acontecimento trágico! A genialidade dos poetas da *Ilíada,* colocando como centro de cristalização do conjunto o tema da ira de Aquiles, faz que este se transforme numa figura trágica. O desmedido de sua ira, que, ao ver recusada sua petição, se transformou em *hybris,* causa seu sofrimento mais profundo: a morte daquele que lhe é mais caro, seu amigo Pátroclo. Neste sofrimento apaga-se a ira e só resta o desejo de vingança. Mas a vingança consumada sobre Heitor, por concatenação fatal, causa o fim do próprio Aquiles. Acentos trágicos também são discerníveis nas duas outras figuras intimamente vinculadas a Aquiles pelo amor e pelo ódio. Pátroclo: entra na luta advertido mas, no momento da decisão, esquece a medida a ele imposta e é vencido pela morte. Heitor: tem seu grande dia quando os gregos, repelidos para as naves, devem temer pela sorte. Mas ele quer continuar e, na embriaguez do êxito, afasta de si o conselheiro Polidamante, que por três vezes tenta embargar-lhe o caminho. Além das alturas alcançadas, existe ainda um cume mais alto, o momento em que ele veste a armadura de Aquiles, que tomara de Pátroclo morto. Numa cena incomparável, o poeta ressaltou o trágico desse destino: Zeus observa Heitor, o deus onisciente olha o homem tomado pela vitória, possuído pelo orgulho, e lamenta-o, concedendo-lhe ainda uma hora de exaltação.

25

Mas, quando Aquiles varreu o campo de batalha, as portas da cidade se fecharam sobre os fugitivos e Heitor, em terrível abandono, espera o adversário implacável diante das muralhas, toma consciência de seu destino, conhece a culpa que agora expia com a morte.

Quando os antigos críticos de Homero chamavam-no de pai da tragédia, ou nela incluíam pura e simplesmente sua obra, consideravam principalmente os elementos miméticos da epopéia, sobretudo o diálogo. Mas, como vimos, há um sentido mais profundo no fato de que, no relevo de Arquelau de Priene, que mostra a apoteose de Homero, apareça também a personificação da tragédia prestando homenagem ao autor da *Ilíada*.

Apesar de tudo o que já foi dito, a epopéia homérica não é mais do que um prelúdio à objetivação do trágico na obra de arte, ainda que seja um prelúdio muito importante. Nossa interrogação a respeito dos traços essenciais do trágico partirá necessariamente de sua configuração no drama. Foi aí que esses traços adquiriram para os aptos ao trágico, ou seja, sobretudo para os ocidentais, seu cunho válido. Esse cunho exerceu profunda influência através dos tempos e, com toda a razão, Creizenach, em sua *Geschichte des modernen Dramas* (*História do Drama Moderno*), consignou o renascimento da tragédia no Ocidente como o evento máximo da mais recente história da literatura. Mas a palavra "trágico", sem dúvida alguma, desligou-se da forma artística com que a vemos vinculada no classicismo helênico e converteu-se num adjetivo que serve para designar destinos fatídicos de caráter bem definido e, acima de tudo, com uma bem determinada dimensão de profundidade, sobre a qual cumpre indagar aqui. Mais ainda, com o adjetivo "trágico" designamos uma maneira muito definida de ver o mundo como, por exemplo, a de Sören Kierkegaard, para a qual nosso mundo está separado de Deus por um abismo intransponível. A noção de que nosso mundo é trágico em sua essência mais profunda é bem mais antiga que a nossa época, mas compreende-se que especialmente esta se sinta dominada por idéias desse tipo. Todavia, no momento em que colocamos a questão histórica concreta, a saber, quando e em que campos o conceito do trágico sofreu a evolução indicada, somos obrigados a confessar nossa perplexidade. Aqui seriam ainda necessárias pesquisas minuciosas, por sobre as sugestões que estamos em condições de dar, para obter-se uma imagem segura do desenvolvimento em apreço. Há algo, sem dúvida, que podemos afirmar com inteira segurança: os gregos criaram a grande arte trágica e, com isso, realizaram uma das maiores façanhas no campo do espírito, mas não desenvolveram nenhuma teoria do trágico que tentasse ir além da plasmação deste no drama e chegasse a envolver a concepção do mundo como um todo. Podemos ainda dar um passo adiante: a elevada concepção do acontecer trágico, que se revela na tragédia clássica em multivariadas refrações mas sempre com majestosa grandeza, perdeu-se em boa parte no helenismo posterior. Por quê, ainda se verá. Já o testemunha a história da palavra grega τραγικός, que ainda exige uma explicação minuciosa. Quando Aristóteles usa a palavra com o sentido de solene e também de desmedido, isso corresponde, simplesmente, ao uso da linguagem em sua época. No curso posterior destacam-se principalmente duas linhas desse desenvolvimento. Τραγικός significa terrível, estarrecedor, como, por exemplo, quando Dião Cássio qualifica de tragédia o assassinato de Agripina. Com isso, não pensa no emaranhado profundo a que é induzido o homem por suas paixões, ou num certo estado do mundo que permite, ou mesmo determina, tal ocorrência; para ele, a palavra simplesmente indica o horrível, o desagradável, o sanguinário. E quando os historiadores helenísticos transformam a história em tragédia, não estão, de forma alguma, cultivando aqueles germes de uma interpretação da história em sentido trágico, que, de diferentes formas, existem tanto em Heródoto quanto em Tucídides (ambos contemporâneos da tragédia clássica), mas estão preocupados unicamente com o impacto dos quadros que pintam em cores intensamente vivas. Outro ramo de desenvolvimento leva ao uso do termo com o sentido de empolado e bombástico. Mas a palavra continua sempre indicando algo que ultrapassa os limites do normal. Não a encontramos em lugar algum provida do peso de cosmovisão com que aparece em nossos dias, ainda que às vezes se apresente, no uso comum, em acepções descoradas e descompromissadas. Aliás, este destino é partilhado pela palavra "clássico", que é usada igualmente, de um lado, para designar um fenômeno histórico bem definido – o apogeu da cultura ática – e, de outro, pode ser empregada em sentido muito mais amplo, para aparecer ocasionalmente como mera casca verbal, vazia de sentido.

Lembremo-nos, porém, de que possuímos um escrito de Aristóteles sobre a criação literária, que, com extraordinário vigor, dominou as opiniões durante muitos séculos e que trata muito especialmente da tragédia. Porventura não podemos encontrar na *Poética* os germes de uma concepção do trágico, que vá além da análise técnica da obra de arte? E a exposição de Aristóteles sobre a *catarse* como finalidade da poesia trágica não contém a resposta à nossa pergunta acerca da essência do trágico? A essa altura, é recomendável, antes de mais nada, dar a definição de tragédia que aparece na *Poética:* "Tragédia é a imitação de uma ação importante e completa, de certa extensão; num estilo tornado agradável pelo emprego separado de cada uma de suas formas, segundo as partes: ação apresentada não com a ajuda de uma narrativa, mas por atores, e que, suscitando a compaixão e o terror, tem por efeito obter a purgação dessas emoções". No tocante às últimas palavras δι' ἐλέου καὶ φόβου περαίνουσα τὴν τῶν τοιούτων παθημάτων κάθαρσιν, hoje não mais é necessário entrar na história clínica de sua interpretação, ainda que sejam ao mesmo tempo importante capítulo da história das idéias. Nem os espectadores serão purificados das paixões cuja desmedida as personagens trágicas expiam com a própria destruição, nem se tornarão melhores ao aumentarem sua filantropia ou ao se verem livres de um excesso de emoções. Num caminho, em cujo extremo se situa o artigo de Wolfgang Schadewaldt, "Terror e compaixão?", a pesquisa reconheceu que o discutido conceito de catarse deve sua origem ao domínio da medicina e, aproveitando outras passagens de Aristóteles, estabeleceu que o sentido do termo é um alívio, combinado ao prazer, dos mencionados afetos. Nós também seguimos a moderna investigação no seu conceito de que a catarse desse tipo não está ligada, para Aristóteles, a nenhum efeito moral. Por outro lado, ela lhe parece totalmente inofensiva, e aqui ele entra em contradição clara, ainda que não declarada, com Platão, que baniu rigorosamente a tragédia de sua República ideal, por considerá-la perigosa à moral dos cidadãos.

Desenvolvemos aqui o problema da catarse aristotélica apenas até onde era suficiente para mostrar que, a partir do Estagirita, nenhum caminho nos leva à concepção do trágico no moderno sentido de cosmovisão. O mesmo se pode afirmar de outra passagem no capítulo 13 da *Poética* que, à primeira vista, soa prometedora. Nela, Eurípides é qualificado de "o mais trágico" (τραγικώτατος) dos poetas do teatro ático. A palavra é citada de bom grado e em sentidos mui diversos. Mas, se se ler a frase em seu contexto, prática que em geral deveria usar-se para as citações, verificar-se-á que Aristóteles se referia a nada mais que ao desenlace costumeiramente triste das peças de Eurípides, ou seja, o vocábulo "trágico" é aplicado na acepção em que se prepara o emprego posterior e simplificado do termo.

Em seu livro sobre Aristóteles e Lessing, Max Kommerell diz em síntese: "Toda a sua forma de considerar [na *Poética*] ... é descritiva e sumariante e ele se detém diante do fenômeno do trágico, explicando-o, mas sem o avaliar". Ainda que nós, em geral, cheguemos à mesma conclusão, gostaríamos de perguntar se Aristóteles não aponta uma vez sequer para além desses limites, preparando pontos de vista dos autores posteriores. A passagem é importante também sob outro aspecto. No capítulo 13 da *Poética*, lá onde desenvolve sua teoria da Mudança (μεταβολή) do destino como núcleo do mito trágico e, em conexão com ela, defende sua concepção dos caracteres "médios" como sendo os mais apropriados à tragédia, Aristóteles diz que semelhante queda no infortúnio, caso tenhamos de considerá-la trágica, não deve decorrer de um defeito moral, mas δι' ἁμαρτίαν τινά. Nesse nexo, a expressão foi tirada claramente da épica e se refere a uma "falha" no sentido da incapacidade humana de reconhecer aquilo que é correto e obter uma orientação segura. Assim, o homem que não naufraga em uma falha moral vai a pique porque, dentro dos limites de sua natureza humana, não está à altura de determinadas tarefas e situações. Aqui cumpriria perguntar se as palavras de Aristóteles não apontam para uma situação basicamente trágica do homem. Contudo, fica na parca sugestão, que convida, naturalmente, a continuar pensando. Quando, na mesma sentença, vemos mencionado Édipo como exemplo dessa concepção de trágico, compreendemos a escolha desse exemplo realmente excepcional, mas, ao vê-lo comparado a Tiestes, reconhecemos os limites do nosso saber, que nos são impostos pela conservação fragmentária da tragédia antiga.

Puramente descritiva se apresenta a descrição da tragédia que nos é dada por Teofrasto, o mais importante dos discípulos de Aristóteles, empregando o conceito de metábole de seu mestre: a catástrofe do destino de um herói. No tocante à categoria das pessoas envolvidas e ao contraste entre essa categoria e os poderes da fatalidade, são excepcionalmente eloqüentes três palavras: ἡρωϊκῆς τύχης περίστασις.

Antonio Sebastiano Minturno imprimiu, em Veneza, em 1559, seus 6 livros sobre a *Poética* e, em 1563, sua *Arte Poética*. Entre as duas datas se coloca o ano da edição da *Poética* de J. C. Scaliger, publicada postumamente em 1561. Mas, enquanto em Scaliger ergue-se em primeiro plano a valorização racional dos afetos e a convicção de que é possível conduzi-los para a consecução do maior bem do homem, em Minturno abre-se a perspectiva do fundo escuro da vida, da constante ameaça a tudo o que é sublime e feliz, e a possibilidade do erro que inclusive aos grandes precipita na desgraça. Semelhante concepção que, na vulnerabilidade do homem, na derrota de suas armas espirituais ante o poderio das forças contrárias, permite vislumbrar as origens da ação trágica, também aparece nos tratados de poética do Barroco. Neste particular, é digna de nota a *Palaestra Eloquentiae Ligatae* (Pars III, Colônia, 1654), de Jacobus Masenius. Seu conceito básico é o *error ex alienatione,* o erro, originário de diversas fontes, do homem acerca de si mesmo e acerca dos outros, o perigo sempre presente de que de tal erro nasçam a desgraça e o sofrimento. Somente o voltar-se para Deus pode dar segurança ao homem, mas, assim mesmo, sua vida nesta terra, devido à constituição humana, está de antemão exposta ao engano, às aparências que lhe escondem a realidade, ao desvario que o atrai para a ruína.

Idéias desse tipo, que partem da fragilidade e do risco da existência humana, não puderam encontrar ressonância ou propagação no Iluminismo. Por isso, podemos antecipar confiantes uma futura e detalhada história de nosso conceito, com a constatação de que a época do neo-humanismo significou, quanto ao problema da natureza do trágico, um novo começo por sobre os soterrados germes mais antigos. É nessa mesma época que surge uma relação completamente nova e extremamente fecunda com a tragédia da Antigüidade grega.

Qualquer tentativa para determinar a essência do trágico deve necessariamente partir das palavras que, a 6 de junho de 1824, disse Goethe ao Chanceler von Müller: "Todo o trágico se baseia numa contradição inconciliável. Tão logo aparece ou se torna possível uma acomodação, desaparece o trágico". Eis o fenômeno que nos esforçamos por compreender a partir de suas raízes. Contudo, para a sua compreensão, essas palavras forneceram apenas uma moldura de considerável amplitude, já que, com a afirmação de que se faz mister uma contradição insuperável, ainda não se disse nada sobre os pólos desta. Determiná-los seria a tarefa específica para todo o campo do trágico, tanto na obra de arte, quanto na vida real. Essa tarefa se revela especialmente fecunda, sobretudo para a tragédia grega, e aqui aludimos concisamente às possibilidades que nela encontramos objetivadas: a contradição trágica pode situar-se no mundo dos deuses, e seus pólos opostos podem chamar-se Deus e homem, ou pode tratar-se de adversários que se levantem um contra o outro no próprio peito do homem.

Assim, se o fato de Goethe situar o trágico no mundo das antinomias radicais nos dá o acesso necessário ao nosso problema, não nos exime, porém, da necessidade de formular um número considerável de outras perguntas. Dado que

31

nossas reflexões têm uma direção determinada e visam à tragédia grega, trataremos, a seguir, apenas de algumas questões parciais, passando do que já foi esclarecido, ou do que é de fácil esclarecimento, para questões mais vastas e difíceis. Por mais que, em tudo quando foi aqui dito, nos importemos principalmente com a tragédia grega, ainda assim esperaremos também contribuir para o vivo debate que, nos últimos anos, se vem desenvolvendo sobre o problema do trágico em si.

Será fácil chegar a um acordo sobre o primeiro requisito para o aparecimento do efeito trágico, que se poderia descrever como a *dignidade da queda*. Já Aristóteles não se referia a outra coisa quando, na definição da tragédia, incluiu a πρᾶξις σπουδαία, e a conceituação de Teofrasto, citada acima, limita a tragédia explicitamente ao destino dos heróis. Em termos gregos, isso significa que os temas trágicos provêm dos mitos, mas também se encontra preparada neles aquela delimitação de ordem social que, até bem pouco, pela época moderna adentro, foi considerada válida para as possibilidades do trágico. Entre muitos outros, é digno de consideração um testemunho que devo agradecer à bondade de Maria Wickert. Nos *Canterbury Tales,* de Chaucer, o monge conta aos companheiros de viagem um série de estórias tiradas da mitologia e da história, estórias que ele chama de tragédias, tentando esclarecer depois o conceito do termo. Com isso, evidencia-se que ele tem uma idéia confusa da forma de arte como tal, enquanto que as delimitações de posição social são incisivamente firmadas (*CT,* VII, 1973 seg.): "Chama-se tragédia um determinado tipo de história, como nos informam alguns livros antigos, sobre alguém que se encontrava em grande ventura e caiu de uma alta posição no infortúnio, acabando em miséria. E, em geral, estão escritas em versos de seis pés, que se chamam hexâmetros. E algumas estão também compostas em prosa, e outras em versos de diversas espécies".

Somente no século passado é que o desenvolvimento da tragédia burguesa pôs fim à idéia de que os protagonistas do acontecer trágico deviam ser reis, homens de Estado ou heróis. Mas aquilo que Aristóteles formula de maneira muito geral, isto é, a exigência de πρᾶξις σπουδαία, continua irrestrito em seu direito, só que hoje não mais o interpretamos do ponto de vista da classe social, mas do ponto de vista humano num sentido mais transcendente. E em lugar da alta categoria social dos heróis trágicos, coloca-se agora outro requisito, que eu poderia configurar como *considerável altura da queda:* o que temos de sentir como trágico deve significar a queda de um mundo ilusório de segurança e felicidade para o abismo da desgraça ineludível. Isso indica, ao mesmo tempo, outra coisa, não menos importante. A autêntica tragédia está sempre ligada a um decurso de acontecimentos de intenso dinamismo. A simples descrição de um estado de miséria, necessidade e abjeção pode comover-nos profundamente e atingir nossa consciência com muito apelo, mas o trágico, ainda assim, não tem lugar aqui. Que ele está ligado a um acontecer, Aristóteles reconheceu claramente quando, na *Poética* (cap. 6), caracterizou a tragédia não como imitação de pessoas, mas de ações e da vida. Com isso, compreendeu a tragédia clássica de seu povo melhor que seus intérpretes modernos, os quais, muitas vezes, com aquela "impertinente familiaridade", contra a qual Nietzsche tantas vezes nos acautela, quiseram incluí-la nas categorias da psicologia moderna.

Outro requisito com respeito a tudo aquilo a que devemos atribuir, na arte ou na vida, o grau de trágico é o que designamos por *possibilidade de relação com o nosso próprio mundo.* O caso deve interessar-nos, afetar-nos, comover-nos. Somente quando temos a sensação do *Nostra res agitur,* quando nos sentimos atingidos nas profundas camadas de nosso ser, é que experimentamos o trágico. Sem dúvida, para a obra trágica importa pouco que o ambiente em que se desenrola a ação seja especialmente digno de fé, ou que um sutil pincelamento psicológico procure aproximar as figuras o mais possível de nós. O efeito da grande arte trágica rege-se por outras leis e subtrai-se, em larga medida, do tempo. Podemos reputar em alto grau a mestria de Ibsen na construção dramática, além disso respeitar nele o grande e legítimo poeta, que é real e veraz em *Peer Gynt,*

Rosmersholm e em outras obras, e ainda assim nos permitir a indagação se nos importa diretamente o destino daquela mulher histérica que, entediada e enojada da vida, estende a mão para as pistolas do General Gabler; a nós, que, depois das experiências de duas guerras mundiais, nos encontramos sob o temor de perguntar se é possível evitar o extermínio da vida no planeta. O *Édipo Rei,* de Sófocles, é dois mil anos mais velho que *Hedda Gabler* e seus congêneres, mas o grande drama da vulnerabilidade da existência humana não perdeu nada da violência do seu impacto.

Um terceiro requisito do trágico tem validade geral e, no entanto, é especificamente grego. O sujeito do ato trágico, o que está enredado num conflito insolúvel, deve *ter alçado à sua consciência* tudo isso e sofrer tudo conscientemente. Onde uma vítima sem vontade é conduzida surda e muda ao matadouro não há impacto trágico. Já por isso, as tragédias de fatalidade de um Zacharias Werner e similares, onde os fados brincam de gato e rato com as vítimas inocentes, nada têm a ver com o autenticamente trágico. A tragédia nasceu do espírito grego e, por isso, a prestação de contas, o λόγον διδόναι, é um dos seus elementos constitutivos. Por isso ouvimos também as grandes figuras da tragédia ática, com zelo incansável e amiúde em longos discursos cerrados, exprimirem em palavras os motivos de suas ações, as dificuldades de suas decisões e os poderes que as cercam. No fundo, não diz outra coisa um dos grandes dramaturgos dos nossos dias, o francês Jean Anouilh, quando, em sua *Antígone,* leva o comentador reflexivo, que faz o papel do coro, a dizer que o homem, em seu trágico destino, não pode fazer outra coisa senão gritar, não se lamentar nem se queixar, mas gritar a plenos pulmões aquilo que nunca foi dito, aquilo que antes talvez nem se soubesse, e para nada: somente para dizê-lo a si mesmo, para ensinar-se a si mesmo. Decerto, na tragédia grega, a reflexão racional e a selvagem e apaixonada manifestação dos afetos aparecem separados por limites formais bem precisos. Às vezes a justaposição parece um pouco rude à sensibilidade moderna. Como exemplo podemos citar a Antígone de Sófocles caminhando para a morte, e particularmente ilustrativa nesse sentido é a tragédia euripidiana.

Tanto a aspiração à mais elevada iluminação do espírito quanto o consumir-se no fogo das paixões radicam profundamente no caráter grego. Atualmente, sabemos mais sobre Apolo e Dioniso do que era possível saber no tempo de Nietzsche, mas cumpre ainda considerar como conhecimento verdadeiro a noção de que na cunhagem de determinados traços dessas duas divindades se expressa a dualidade que mencionamos acima. Mas só abordaremos de passagem a idéia de que essa tensão, tão extraordinariamente importante para toda a criação artística dos gregos e para o mistério da arte helênica, está profundamente arraigada na história da formação do povo grego, na heterogeneidade dos elementos que nele se encontram reunidos.

Até agora falamos de coisas cuja mera constatação bastaria para que resultassem compreensíveis. Entretanto, com uma quarta consideração chegamos a uma questão difícil, que adquire seu especial significado em conexão com a tragédia grega. No início desta parte, citamos a frase de Goethe sobre a *contradição inconciliável* e aqui acrescentamos algumas palavras tiradas dos colóquios com Eckermann (28 de março de 1827), que ressaltam ainda mais o mencionado conceito: "No fundo, trata-se simplesmente do conflito que não admite qualquer solução, e este pode surgir da contradição entre quaisquer condições, quando tem atrás de si um motivo natural autêntico e é um conflito verdadeiramente trágico". O mesmo radicalismo com que Goethe apreendeu a contradição trágica também surge por trás de um trecho amiúde citado de uma carta a Schiller: "Não me conheço com certeza suficientemente bem para saber se poderia escrever uma verdadeira tragédia; porém me assusto só em pensar em tal empresa, e estou quase convencido de que a simples tentativa poderia destruir-me".

A absoluta falta de solução para o conflito trágico foi convertido, precisamente por algumas teorias modernas, em ponto central e em requisito primordial para a realização da autêntica tragédia. Aqui nos vemos em apuros. Uma das maiores criações da tragédia grega é, sem dúvida alguma,

35

a *Oréstia* de Ésquilo. Mas o fim dessa obra grandiosa não é um despedaçar-se do homem diante do caráter insuperável das contradições trazidas à luz, porém uma conciliação que, em proporção inaudita, não só envolve os homens que sofrem, mas também o mundo dos deuses. Nosso conhecimento das trilogias de Ésquilo é escasso, mas mesmo assim basta para nos permitir a compreensão de que o caso da *Oréstia* não era um caso isolado. Outras trilogias, como as *Danaides* e a trilogia de *Prometeu,* também tinham uma conclusão conciliadora. Depois, há os dramas posteriores de Sófocles, como *Electra, Filoctetes* e *Édipo em Colona,* com desfechos que representam uma completa reconciliação e ajuste. Que isso vige igualmente em relação a Electra, e que Egisto e Clitemnestra caem como malfeitores punidos, e não como vítimas de um enredo trágico, nossa exposição há de fundamentar. E, antes de tudo, em Eurípides encontramos peças, como *Helena* ou *Ion,* das quais se pode falar perfeitamente em *happy-end.* Eis portanto nossas aplicações e delimitações do conceito postas em desordem, pois nem queremos incorrer no paradoxo de dizer que a *Oréstia* de Ésquilo não é uma tragédia, nem podemos refutar Goethe em seu campo.

Para desenredar essa barafunda, geralmente tolerada de modo tácito, temos de partir da palavra "tragédia". A história de seus começos está repleta de questões difíceis, de que nos ocuparemos no próximo capítulo, mas nas quais ainda não precisamos por ora entrar. No momento, o que nos interessa é a constatação de que a "tragédia", dentro da cultura a que este fenômeno deve sua origem, pode ser compreendida como um fenômeno histórico bem concreto. Assim a definiu Wilamowitz na introdução ao *Heracles,* de Eurípides: "Uma tragédia ática é em si uma peça completa da lenda heróica, trabalhada literariamente em estilo elevado, para a representação por meio de um coro ático de cidadãos e de dois ou três atores, e destinada a ser representada no santuário de Dioniso, como parte do serviço religioso público". Essa definição faz justiça às contingências históricas e não silencia nada que seja essencial. Talvez se pudesse ainda acrescentar que, no fundo, se trata de uma

36

peça séria da lenda heróica, porém de maneira alguma fica excluído por sua essência, para uma tragédia ática, um final feliz, com a reconciliação das forças em luta e a salvação do indivíduo em perigo. Por outro lado, já na Antigüidade se esboça um processo de que tomamos conhecimento naquela passagem da *Poética* em que Eurípides é qualificado de "o mais trágico" dos áticos por causa dos fins catastróficos de suas peças, e do qual dá testemunho a acepção posterior da palavra τραγικός. A peça séria de lenda heróica, tratada pela tragédia, contém em geral um acontecimento repleto de sofrimentos. Como esse acontecimento doloroso é que assegura o efeito que Aristóteles reconheceu como específico, ou seja, o desencadeamento liberador de determinados afetos, foi ele necessariamente considerado, em grau cada vez maior, como o que caracterizava propriamente a tragédia. Desse modo, finalmente, sob a pressão de uma lei interna, a tragédia converteu-se numa peça triste (*trauerspiel = tragédia*), o que não precisava ser obrigatoriamente no apogeu da cultura ática. O debate dos autores posteriores sobre o conceito do trágico continuou esse desenvolvimento, na medida em que o enlaçou com as mais radicais objetivações dos conflitos trágicos e assim postulou o irremediável com o elemento essencial e decisivo do trágico.

Pelo que descrevemos até agora fica perfeitamente claro que nosso atual conceito do trágico descende, em linha reta, da tragédia grega, mas que, por outro lado, a aplicação do que aparece no fim dessa evolução (o trágico como algo incondicionalmente irremediável), aos fenômenos que constituem o resultado (a tragédia do século V), leva necessariamente a contradições.

Se temos de constatar que não poucas tragédias áticas terminam de um modo feliz e com uma reconciliação, portanto que não são "tragédias" (*trauerspiele*) no sentido dos autores modernos, cumpre com isso entender tudo menos que elas não revelam o trágico em copiosa medida. Será possível conceber algo mais profundamente trágico que Orestes, obrigado a dirigir suas armas contra o peito da própria mãe e depois levado à loucura pelas Erínias? Quão cheia de situações trágicas não está uma das peças mais sublimadas de Sófocles, o *Filoctetes:* o jovem de estirpe nobre, a ponto de perecer por causa da mentira, o sofredor que se vê traído em suas esperanças e sua confiança e entregue à destruição! E quantas amarguras Édipo tem que experimentar antes de encontrar a paz no bosque sagrado de Colona!

Gostaríamos de introduzir ordem nesse complexo de questões através da proposição de uma distinção conceitual. Comecemos pelo último extremo que se alcançou nesse desenvolvimento, *a visão cerradamente trágica do mundo.* Logo a conheceremos em formulações concretas; por enquanto, diremos sucintamente que é a concepção do mundo como sede da aniquilação absoluta de forças e valores que necessariamente se contrapõem, inacessível a qualquer solução e inexplicável por nenhum sentido transcendente.

O segundo ponto na linha que traçamos, e que podemos conceber como ascendente, receberá o nome de *conflito trágico cerrado.* É a ele que Goethe se referia quando falava de trágico. Também aqui não há saída e ao término encontra-se a destruição. Mas esse conflito, por mais fechado que seja em si mesmo seu decurso, não representa a totalidade do mundo. Apresenta-se como ocorrência parcial no seio deste, sendo absolutamente concebível que aquilo que nesse caso especial precisou acabar em morte e ruína seja parte de um todo transcendente, de cujas leis deriva seu sentido. E se o homem chega a conhecer essas leis e a compreender seu jogo, isso significa que a solução se achava num plano superior àquele em que o conflito se resolve no ajuste mortal.

Como terceiro fenômeno, destacamos dos dois anteriores a *situação trágica.* Também nela deparamos os elementos que constituem o trágico: há as forças contrárias, que se levantam para lutar umas contra as outras, há o homem, que não conhece saída da necessidade do conflito e vê sua existência abandonada à destruição. Mas essa falta de escapatória que, na situação trágica, se faz sentir com todo o seu doloroso peso, não é definitiva. As nuvens que pareciam impenetráveis se rasgam e do céu aberto surge a luz da salvação que inunda a cena, até então envolta pela noite da tempestade.

38

Em nossa distinção de conceitos, tropeçamos necessariamente em questões que penetram fundo no domínio da cosmovisão e, ao final de nossa reflexão, seremos obrigados a mover-nos no âmbito de tais problemas. No momento, porém, queremos apenas, com base na delimitação de conceitos que desenvolvemos, responder à pergunta: Até que ponto podemos chamar de tragédias os dramas gregos que não são "peças tristes" e não se enquadram na definição de Goethe? Continuemos com o exemplo da *Oréstia* de Ésquilo. O caráter abaladoramente trágico de seu conteúdo não padece dúvida, mas só se manifesta nos destinos de Agamenon e Clitemnestra como conflito trágico fechado, o qual não admite outra solução senão o aniquilamento, enquanto que Orestes é impelido a uma situação trágica, que o leva à noite da loucura e que, no entanto, admite a grande reconciliação final, a solução radiante pela graça do Deus supremo. A última parte da trilogia e esta, vista a partir do final como um todo, encontram-se em nítido contraste com uma visão absolutamente trágica do mundo, que entrega o ser humano a uma destruição inerente à natureza do ser. O conflito em que está envolvido Orestes é inimaginavelmente horrível, mas como conflito não é cerradamente trágico, pois admite a reconciliação das potências combatentes e, nessa reconciliação, a libertação da dor e do sofrimento. Assim, a participação que seu destino tem no trágico se nos apresenta como situação trágica através de cujas tormentas o caminho conduz à paz.

Assim, em primeiro lugar, a separação dos conceitos há pouco proposta nos proporciona o aclaramento do problema do qual partimos. Obras como as trilogias de Ésquilo, que terminam em reconciliações, não cabem na definição do trágico dada por Goethe, porque esta aponta exclusivamente para o conflito trágico cerrado. Apesar disso, chamamo-las tragédias, e isto não só para indicar sua pertinência a determinado gênero de literatura clássica mas também por causa de seu conteúdo trágico, que dentro dessas peças se configura em sua situação trágica.

Gostaríamos também de indicar que, da distinção conceitual que acabamos de efetuar, se deduzem fecundos critérios para o ajuizamento de cada um dos autores e de determinados grupos de obras. Uma tragédia ática pode, como acabamos de ver, participar do autenticamente trágico na forma manifesta da situação trágica, o que não impede um desfecho feliz. Mas também pode ter por tema o conflito trágico fechado que termina com a morte. Também a conclusão de *Édipo Rei* é dessa classe, e é justamente sobre esta peça que haveremos de indagar, mais adiante, se se deve entendê-la como testemunho do mais extremo aperfeiçoamento do trágico numa visão cerradamente trágica do mundo, ou se o poeta nos deixa aberto um caminho para a libertação e a compreensão interpretativa.

Em todas as três fases trata-se, segundo nosso ver, do trágico autêntico que tem sua origem primeira em determinadas, dolorosamente experimentadas, realidades da existência humana. Claro que, onde não sentimos mais isso, onde em lugar da autêntica situação trágica aparece o desordenado jogo do acaso, em lugar da experiência consciente da angústia existencial aparece o gesto teatral da dor, teremos escrúpulos de falar em tragédias autênticas. Com essa ponderação, pensamos no capítulo sobre Eurípides, em que, em face de peças como *Helena*, teremos de perguntar-nos até que ponto ainda cabe classificá-las como tragédias.

Embora nossas considerações se refiram à tragédia grega, a essa altura gostaríamos, todavia, de lançar uma olhadela no problema, ultimamente tão discutido, de saber se o trágico é possível dentro da configuração cristã do mundo. As respostas divergem enormemente, inclusive aquelas que procedem de pensadores decididamente cristãos. Para Theodor Haecker, por exemplo, o trágico é o estigma do autêntico paganismo, ao passo que o cristão o superou. Por outro lado, Joseph Bernhart vê o problema de maneira totalmente diversa. Para ele, a Redenção não invalida nem as leis da natureza nem as formas contingentes da história: "Aquele que reflete sobre a estrutura do acontecer histórico não poderá escapar à compreensão de que esse acontecer foi prescrito por uma lei trágica". Teóricos do trágico que, ao escrever, não partiram de um ponto de vista religioso negaram

40

em geral de modo categórico a possibilidade do trágico dentro do cristianismo.

A partir de nossa consideração, parece-nos que todo o problema pode ser resolvido sem dificuldade. Sem dúvida, em circunstância alguma é possível coadunar uma visão cerradamente trágica do mundo com a cristã, sendo ambas mesmo diametralmente opostas. Em compensação, a possibilidade da situação trágica dentro do mundo do cristão se dá como em qualquer outro mundo, e inclusive concordamos com Bernhart, quando diz que o aditamento de uma nova dimensão a esse mundo aumenta consideravelmente a mencionada possibilidade. Nem mesmo gostaríamos de excluir inteiramente do mundo cristão o conflito trágico fechado. Aquilo que é sofrido até a destruição física pode encontrar, num plano transcendente, seu sentido e, com ele, sua solução.

Como já dissemos, atribuímos especial importância à concepção aqui exposta dos três modos diversos sob os quais deve apresentar-se o trágico, pois é possível, a partir daí, chegar à explicação de uma série de questões. Nossa distinção conceitual é fenomenológica, mas, nos pontos básicos, coincide com o quadro da evolução histórica que Alfred Weber delineou em sua obra *Das Tragische in der Geschichte* (*O Trágico na História*) (Hamburgo, 1943): ele separa o estado de coisas trágico (com uma certa diferença, seria comparável à nossa "situação trágica"), junto com sua primeira representação simbólica no mito, da elevação desse estado de coisas trágico à categoria de tema central da visão de toda a existência.

Fomos obrigados a alongar-nos no quarto ponto da nossa reflexão, mas esperamos ter lucrado com isso algo para a pergunta que proporemos como a última. Todavia antes precisamos resolver outra das questões parciais, para nós a quinta, que se refere à *culpa trágica*. O tratamento deste tema também se estende através dos séculos e forma um capítulo importante na história do pensamento ocidental. Hoje, encontra-se muitíssimo facilitado pelo admirável estudo que Kurt von Fritz dedicou ao tema, sob o título de *Tragische Schuld und Poetische Gerechtigheit* (*Culpa Trá-*

41

gica e Justiça Poética) (Stud. Gen., 1955). Aí não só refuta clara e definitivamente erros com duração legendária, como também esclarece sua gênese de maneira convincente a partir de determinadas situações no domínio da cosmovisão.

A idéia de que a culpa trágica será também, necessariamente, uma culpa moral já encontrou seu preparo eficaz na Antigüidade. A característica mais importante e de maiores conseqüências dos dramas de Sêneca foi que, neles, os materiais da grande tragédia ática receberam uma nova configuração, de dentro para fora, uma transformação dentro do espírito estóico. Assim, o palco trágico converteu-se no cenário paradigmático das paixões, que o sábio estóico combate com afinco como a fonte de todo o mal. Figuras da antiga mitologia, tais como Fedra ou Atreu, agora estão ali para dar, ao espectador ou ao leitor o exemplo admoestador de onde vai parar o homem, quando não sabe conter dentro dos limites seu coração apaixonado por meio da força do Logos. Como luminoso contraste aparece no outro lado a figura de Heracles, como o herói de todas as virtudes estóicas e, em vez da compaixão e do terror que a tragédia deve despertar, surge a admiração como fator que, posteriormente, na teoria e prática do teatro barroco, estava destinado a desempenhar significativo papel. Ora, o efeito da tragédia clássica sobre o Ocidente, na época de sua eclosão espiritual, não derivou de modo algum dos grandes áticos; foi Sêneca, em grau decisivo, o portador dessa influência. Porém, com suas peças, também adquiriu relevo a tendência estóico-moralizante, e Kurt von Fritz pôde demonstrar como essa linha de desenvolvimento ligou-se necessariamente a uma outra que procedia do cristianismo e de sua consciência do pecado.

O efeito dessas influências foi avassalador. Durante séculos, prevaleceu a convicção que, por exemplo, Jules de la Mesnardière formulou em sua *Poética* (Paris, 1640), da seguinte maneira: *Le théâtre est le throsne de la Justice.* Ainda nos ensaios póstumos de Otto Ludwig sobre Shakespeare, fala-se da culpa trágica no quadro de tal concepção. Mas isso não aconteceu apenas na teoria do drama; esse modo de ver determinou também a interpretação das grandes obras do teatro clássico grego com conseqüências desastrosas. No caso de Édipo, ainda falaremos de como uma minuciosa e mesquinha busca de culpa moral entravou, durante muito tempo, o caminho à compreensão desta e de outras grandes tragédias.

Aprendemos a compreender as forças históricas que converteram o trágico em exemplo moral em que se levantaram as sentinelas da Culpa e da Expiação sem deixar lugar a qualquer outra coisa. Porém continua sendo digno de nota que, nesse desenvolvimento, se tenha ignorado, ou deturpado arbitrariamente, uma inequívoca afirmação de Aristóteles. Numa passagem do capítulo XIII da *Poética,* citada anteriormente, Aristóteles assinala que a plasmação correta e eficaz do trágico surge quando a queda de uma posição de fortuna e prestígio se dá por uma "falha" (ἁμαρτία). No entanto, com todo o cuidado que se possa pretender, preveniu ele contra uma interpretação errônea que tomasse a palavra no sentido de culpa moral, pois na mesma frase diz expressamente que, neste caso, a queda trágica não deve ser causada por uma falha moral. E tão importante é para ele essa afirmação que, algumas linhas adiante, onde fala da necessidade de uma reviravolta que leve da fortuna à desgraça, repete com insistência: essa reviravolta não deve produzir-se com base em uma deficiência moral, mas deve ser a conseqüência de uma grave "falha" (ἁμαρτία). Mesmo que Aristóteles não tivesse sido aqui tão explícito, suas reflexões, nessa parte da obra, imporiam a conclusão de que essa "falha" não é uma falha moral. Pois o homem que é vítima da queda trágica não pode ser, segundo Aristóteles, nem moralmente perfeito nem reprovável (é como se, de antemão, fossem rejeitados o herói virtuoso e o vilão do drama didático estóico), mas, ao contrário, precisa ter no essencial nossos traços, devendo mesmo ser um pouco melhor do que o somos em média. Daí resulta a exigência do bastante citado caráter "médio", um conceito que só com muito trabalho conseguimos aplicar às personagens da tragédia ática, mas que encerra a exigência acertada de que a verdadeira tragédia deve deixar sempre aberta a possibilidade de relação com nosso próprio ser. De modo algum encontra lugar, nesta ordem de idéias, o cômputo da culpa e da expiação moral e, nesse sentido, Aristóteles diz, com toda clareza, que nossa compaixão (ἔλεος) só pode surgir quando somos testemunhas de uma desgraça imerecida (ἀνάξιος!).

Até aqui está tudo claro, e o contraste entre as afirmações precisas de Aristóteles e aquilo que fizeram com elas os séculos seguintes continua sendo motivo de espanto. Entretanto, para nós, permanece o problema de saber o que queria dizer Aristóteles com "falha" trágica, se rejeita tão resolutamente a interpretação moral do conceito. Como concepção imediata resulta que devemos entender com isso a falha intelectual do que é correto, uma falta de compreensão humana em meio dessa confusão em que se situa nossa vida. Com isso certamente teremos apreendido um bocado do que Aristóteles pretendia dizer, contudo é de importância a complementação dada por Kurt von Fritz a essas considerações. A coisa não é tão simples quanto crer que a ἁμαρτία, como erro sem culpa, se contraponha ao crime condenável moralmente; devemos antes supor, seguindo o pensamento antigo, que aceitar uma culpa que subjetivamente não é imputável e que no entanto objetivamente existe com toda a gravidade é odioso aos homens e aos deuses, podendo empestar um país inteiro. Basta lembrar Édipo para se preencher o que foi dito por um conteúdo inteiramente concreto e inteiramente grego. No âmbito de uma "falha" que é culpa neste sentido, mas não no sentido estóico ou cristão, dá-se o trágico em muitos dos dramas do teatro ático, e precisamente nos de maior efeito. Até onde, todavia, uma culpa dessa espécie deriva da falha do espírito humano ante a superioridade das forças contrárias, eis um ponto sobre o qual, entre outras obras, as *Traquinianas* de Sófocles muito nos esclarecem.

Em nosso caminho tropeçamos numa raiz do autenticamente trágico, talvez a mais importante, mas não vamos crer que com isso tenhamos encontrado a fórmula mágica de interpretação e que estejamos agora autorizados a pôr à força nesse esquema a interpretação de todas as tragédias gregas. Gostaríamos, antes, de acentuar desde já, e com vista especial a Ésquilo, que, dentro da tragédia grega, pode aparecer também a culpa moral em nosso sentido, como elemento motor. Não como se neste caso tudo se resolvesse por um simples ajuste entre culpa e expiação, já que o pensamento do autor trágico cala muito mais fundo, mas a culpa moral, e por certo a culpa moral imputável, também pode ser para ele um dos dados reais com que tem de contar.

Aquela possibilidade da "falha" de que fala Aristóteles nas passagens já citadas é dada junto com a existência do homem e, assim, parece confirmar-se a suposição anteriormente expressa de que, na *Poética,* temos um verdadeiro germe de uma teoria do trágico. Um germe, entretanto, que não foi desenvolvido em nada do que se conservou desse autor.

Em estreito vínculo com a questão de saber se a tragédia era um exemplo moral, surge outra referente à missão ou intenção educadora do poeta trágico. Essa indagação é, de seu lado, apenas um segmento, mas importante, da problemática muito mais ampla que circunda os conceitos de poesia e educação, já que precisamente a questão do teatro como instituição moral foi tratada com zelo particular e recebeu as mais diversas respostas.

O mais antigo exemplo de exigência didática feita ao poeta trágico aparece em *As Rãs* de Aristófanes. No certame entre Ésquilo e Eurípides, a vitória deve ser adjudicada àquela que, ensinando, trouxe maior proveito à sua cidade. Essa idéia, que deve ter tido origem no domínio da Sofística, daí por diante não mais se perdeu na Antigüidade. Quem a defendeu da maneira mais radical foi Platão, na sua estruturação da República ideal e, de passagem, devemos lembrar a conhecida formulação de Horácio: *aut prodesse aut delectare.* Para os clássicos franceses e as teorias poéticas de seu tempo, era indiscutível o efeito educativo do teatro, e Lessing, de um ponto de vista inteiramente diferente, pensava como eles nessa questão fundamental. Não admitia brincadeiras nesse ponto e, na parte 77 da *Hamburgischen Dramaturgie (Dramaturgia de Hamburgo),* exclama irado: "Todos os gêneros de poesia têm a função de melhorar-nos; é lastimável que seja preciso demonstrá-lo; mais lastimável ainda é quando existem poetas que até

45

disso duvidam". Mas houve tais poetas, e não foram os piores os que, nesse particular, pensavam exatamente o contrário de Lessing. Nas *Xênias*, sobre cujos direitos autorais haviam decidido Goethe e Schiller, certa vez, "jamais esclarecer a questão, deixá-la sempre aberta", lemos, por exemplo no fragmento 120:

Melhorar-nos, melhorar-nos deve o poeta! Então não descansará um instante o bastão sobre vossas espáduas?

Os versos são seguramente de Goethe, mas Schiller, nas *Xênias*, fez causa comum com ele, um Schiller diferente daquele que, na juventude, escreveu "O teatro considerado como instituição moral". Mas é o mesmo Schiller que, em seu trabalho sobre a causa do prazer, se queixava dos temas trágicos, dizendo que perseguem como fim supremo a boa intenção, o bem moral em toda a parte, porém na arte produziram mediocridades e na teoria causaram grandes danos.

Mas Goethe, em sua 49ª tábua votiva "Aos Moralistas" começa assim:

Ensinai! Isso vos convém, também nós veneramos os bons costumes; mas a Musa não se submete às vossas ordens!

Ainda na obra *Nachlese zu Aristoteles' Poetik* (*Suplemento à Poética de Aristóteles*), publicada em 1827, Goethe mostrou-se especialmente pessimista em relação ao nosso problema: "Mas a música, como qualquer outra arte, é incapaz de influir sobre a moralidade, e é sempre um erro exigir delas tal efeito". Oito anos antes, em notas acerca da natureza da tragédia, Grillparzer concordara vivamente com algumas manifestações anteriores de Goethe: "O teatro não é uma casa de correção para malandros, nem uma escola primária para menores de idade". Seria injusto omitir desse coro de vozes a de E.T.A. Hoffmann que, entre muitas coisas, também foi crítico de alto gabarito. Nas *Notícias das mais Recentes Aventuras do Cachorro Berganza*, podemos ler: "De qualquer forma, considero que a decadência do vosso teatro provém da época em que se passou a considerar o aperfeiçoamento moral do homem como finalidade suprema, ou mesmo como único objetivo do teatro, tentando assim transformá-lo em escola correcional".

O conflito que nos foi dado a conhecer através das vozes de grandes poetas cala bem fundo na interpretação moderna da tragédia. A concepção de que o poeta é mestre de seu povo recebeu forte relevo, sobretudo em Ulrich von Wilamowitz-Moellendorff, e a ampla e valiosa exposição de nosso tema, que devemos a Max Pohlenz, serve de complemento ao referido ponto de vista. No entanto, nos últimos tempos, as vozes contrárias tornaram-se mais fortes e, justamente em relação ao problema da catarse, as coisas foram levadas tão longe que se chegou ao ponto de negar à obra de arte trágica não só a intenção educadora, como também o efeito moral.

Também nós aderimos a Goethe e à sua rejeição de um programa educativo para o dramaturgo, para o poeta em geral. A criação poética não pode ser dirigida por programas, mesmo que estes se encontrem bem acima dos que nos foram oferecidos no passado com as mesmas pretensões. Mas precisamos tomar muito cuidado para não jogar fora a criança junto com a água do banho. Principalmente quando falamos da tragédia ática. Em cada um dos três grandes trágicos acontece mais de uma vez que o autor, saindo do âmbito da representação mitológica, fala diretamente aos atenienses que se acham no teatro de Dioniso e, por dever sagrado (Ésquilo e Sófocles) ou com uma profunda confiança no poder do Logos (Eurípides), tenta comunicar-lhes o que sabe sobre os deuses e os homens. Mas isso é fundamentalmente diferente da concepção de que a obra de arte em seu conjunto deve servir, desde o princípio, a um determinado propósito educativo.

Estamos agora diante de questões difíceis e extraordinariamente vastas. Se considerarmos, com Goethe, que a tendência pedagógica é incompatível com a verdadeira obra de arte, não estaremos com isso negando também a possibilidade de educar através das grandes criações literárias? Com isso não estaremos levianamente lançando ao ferro-velho uma das poucas esperanças que nos restaram na de-

47

sespiritualização desses tempos vazios? E poderá o filólogo ignorar o fato de que, durante séculos, os gregos educaram seus jovens com os poemas de Homero?

Para escapar a essas dificuldades, é mister distinguir entre tendência educativa e efeito educativo. Goethe, que foi nosso guia nos meandros dessa problemática, nos mostra também o caminho da solução. No livro 12 de *Dichtung und Wahrheit* (*Poesia e Verdade*), diz ele: "Pois uma boa obra de arte poderá ter, e certamente terá, conseqüências morais; mas exigir do artista objetivos morais equivale a estragar-lhe o ofício". Gostaríamos de dar grande valor a essas "conseqüências morais" e afirmar que toda educação superior se perde a si mesma quando não as leva mais em conta; gostaríamos também de expressar a suspeita de que as "conseqüências morais" da grande e verdadeira arte se baseiam no fato de que tal arte só pode surgir em conexão com sólidas ordens de valores e por isso dá testemunho de semelhantes valores com sua mera existência. E, mais ainda, que um testemunho dessa natureza é muito mais válido e eficaz do que o didático discurso dos sofistas de todas as espécies e de todos os tempos sobre o justo, o bom e o belo.

Com as últimas considerações já nos acercamos bastante da nossa sexta indagação, que de há muito é a meta por nós visada. Precisamos desenvolver historicamente esse problema, que nunca deverá deixar de estar presente nas nossas considerações sobre cada um dos poetas e suas obras.

Para aquela criação trágica e aquelas teorias da época moderna que concebiam a tragédia, na acepção antes apontada, como exemplo moral e a justiça poética como reflexo terrestre de uma grande ordem divina, não podia caber a menor dúvida de que *o acontecer trágico era dotado de sentido*. Foi esquecido, ou premeditadamente posto de lado, que, segundo Aristóteles, o verdadeiro sofrimento trágico deveria ser ao mesmo tempo um sofrimento imerecido. Ao libertar-se o trágico das amarras desse modo de pensar, ao estabelecer-se uma nova relação para com aquelas criações do teatro ático, sobre as quais podia apoiar-se a declaração de Aristóteles, começou a debater-se com grande interesse o problema do sentido do trágico. Pode-se mesmo dizer

48

que, no decurso das várias tentativas novas no sentido de fundamentar uma teoria do trágico, aquele problema passou, cada vez mais, para o primeiro plano. Não podemos seguir aqui, detalhadamente, todo esse processo, mas alguns pontos hão de mostrar claramente a linha ao longo da qual ele se desenvolveu.

Chegaremos rapidamente ao centro do nosso problema, se observarmos uma notável convergência que, no século passado, se deu entre a teoria da tragédia e a da poesia. Num importante ensaio, "O Trágico segundo Schopenhauer e o Trágico de hoje" (*Vom Geistesleben alter und neuer Zeit*, 1922), Oskar Walzel estudou as três variedades em que Schopenhauer dividiu o trágico. Junto ao trágico condicionado pelo mal e ao trágico condicionado por um destino cego, aparece aquela terceira forma a que Schopenhauer concedeu especial importância: o trágico das circunstâncias, que se produz quando entram em conflito dois ou mais contrários igualmente válidos. Naturalmente, Schopenhauer encontrou, nessa possibilidade do trágico, uma confirmação de sua visão pessimista do mundo. Ora, esse trágico dos contrários igualmente válidos, que necessariamente surge de uma situação determinada, recebeu sua forma dramática através de um escritor que, no decorrer de sua obra, descobriu essa convergência com as idéias de Schopenhauer. Referimo-nos a Hebbel, cujas peças testemunham uma concepção radicalmente trágica do mundo. Bem fundo na essência deste, ele vê colocadas essas contradições, que determinam uma luta constante e a destruição daquele que cai entre as duas frentes. Como Hebbel ampliou a contradição trágica até o âmago do ser de Deus, falou-se justificadamente do seu pantragicismo.

Dentro deste horizonte, tornou-se impossível uma acentuação moral do acontecer trágico no sentido estóico ou cristão. Quando Hebbel fala de culpa trágica, refere-se a algo inteiramente diverso e procura dar validade a um conceito que recentemente levou a discussão sobre o trágico a cair, por vezes, num misticismo bem pouco clássico: "Essa culpa é original, sendo inseparável do conceito de homem e mal chega à superfície de sua consciência; foi implantada

49

com a própria vida... Não depende da direção da vontade humana, acompanha todas as ações humanas; podemos voltar-nos para o bem ou para o mal, tanto num como no outro poderemos ultrapassar a medida. O drama supremo trata dessa culpa".

Para nós, entretanto, importa estabelecer que o pantragicismo de Hebbel não coincide nem com o absoluto pessimismo nem com este modo de ver; ao trágico dos contrários igualmente justificados, deve unir-se também, necessariamente, a falta de sentido de tais conflitos. Antes, Hebbel vê no herói trágico o lutador que se opõe ao mundo a fim de impedir sua letargia. Sua destruição é inevitável, mas de modo algum carece de sentido. Sua época ainda não está madura para o valor pelo qual luta e cai, mas seu sacrifício abre caminho para um futuro melhor. No fundo, é o compasso trinário de Hegel, tese, antítese e síntese, que se revela nessa concepção do acontecer trágico. Não foi por acaso que justamente Hegel, em sua interpretação da *Antígone,* desenvolveu o modelo de uma concepção do conflito trágico como o choque de contrários igualmente justificados. Que essa interpretação da *Antígone* é falsa, vamos ignorá-lo por enquanto.

Mas tanto o fim do século XIX quanto o princípio do século XX deixaram de reconhecer o sentido dialético da ação trágica e, para usar uma frase de Oskar Walzel, aplanaram o cume otimista do pantragicismo de Hebbel. Grande efeito sobre esses debates exerceu o artigo de Max Scheler, *Über das Tragische (Sobre o Trágico)*, publicado primeiramente nas *Weissen Blätter* (1914), e depois nas *Abhandlungen und Aufsätzen.* A característica do trágico em Scheler corresponde, em seus traços gerais, ao que, na distinção conceitual tratada acima, designamos como visão cerradamente trágica do mundo. A inevitabilidade do trágico é proposta tanto como traço essencial imprescindível quanto a inocência moral de quem perece. O terrível da catástrofe é descarregado sobre o cosmo, que na luta dos valores permite, ou mesmo condiciona, a destruição. Ao reconhecer a inevitabilidade desses processos, a dor trágica adquire uma certa frieza combinada com satisfação.

Aqui se desenvolveu uma tendência bem determinada, e muito eficaz até hoje, de considerar o trágico como algo tão inevitável quanto, em seu fim último, absurdo. Citaremos uma vez mais o corifeu da *Antígone* de Jean Anouilh, para constatar, em suas penetrantes palavras sobre a essência da tragédia, a espantosa coincidência destas com as características do trágico que acabamos de averiguar. Diz ele:

> É muito bem ordenada a tragédia. Tudo é seguro e tranqüilizador. No drama, com todos esses traidores, esses malvados fanáticos, essa inocência perseguida, esse fulgor de esperança, torna-se horrível morrer, como um acidente... Na tragédia pode-se ficar tranqüilo... No fundo, são todos finalmente inocentes. Não porque um mata e o outro é morto, é apenas uma questão da distribuição dos papéis. Além disso, a tragédia é especialmente tranqüilizadora, porque desde o começo já se sabe que não há esperança, essa esperança suja... No drama se luta, porque de alguma forma ainda a gente espera salvar-se. Isso é repugnante. Isso tem um sentido. Mas aqui tudo é absurdo. Tudo é vão. Ao fim, não há mais nada a tentar.

De resto, não achamos que seja essa a última palavra que tenhamos de ouvir do grande dramaturgo francês sobre o sofrimento do mundo. Nem suas personagens, com seu decidido "não" a essa maneira de ser do mundo, levam o estigma do absurdo, nem lhes falta o discernimento dos grandes e simples valores em que a vida humana pode realizar-se. Mas aqui isso não vem ao caso. Para a concepção do trágico, que representa um extremo no desenvolvimento do nosso problema, não poderíamos apresentar formulação mais concisa do que esta da *Antígone*.

Todavia, a discussão sobre o trágico não se cristalizou de modo algum nessa posição. Já anteriormente Paul Ernst, Georg Lukács, Oswald Spengler dirigiram contra ela seus ataques. Aqui, precisamos limitar-nos a um só e bem documentado artigo de Oskar Walzel, publicado no *Euphorion* de 1933. Por trás de alguns dessas objeções, encontrava-se a convicção de Nietzsche de que o aburguesamento do sentido de vida, a atrofia de nossa imaginação no racionalismo, nos vedou o acesso a uma compreensão imediata e verdadeira do trágico.

51

No entanto, a uma clara definição das frentes de luta só se chegou um bocado mais tarde, quando a moderna teoria do trágico quis pôr-se à prova em fenômenos históricos concretos.

Surgiu aí o problema de saber se é permitido falar do trágico quando se faz referência aos dramas de Schiller. A questão pode parecer estranha, mas no sentido daquela concepção que o pantragicismo de Hebbel exagerou para o lado do inevitável-absurdo, foi formulada com total lógica interna, pois a catástrofe do herói, no drama (*trauerspiel*) de Schiller, é superada pela idéia da liberdade pessoal e, numa esfera determinada pela filosofia de Kant, o acontecer doloroso aparece carregado do significado mais profundo. Assim, para aquela visão cerradamente trágica do mundo, que ora temos diante de nós em suas conseqüências mais extremas, o moral levanta-se contra o trágico e, dentro dessa concepção, não o deixa chegar à simples existência. Em conexão com essas considerações, o idealismo de Schiller foi comparado ao drama barroco. Ambos se acham sem dúvida no domínio de concepções diferentes do mundo, e a maneira pela qual o trágico é suspenso (*aufgehoben*) para uma esfera superior não é de modo nenhum igual, mas dentro disso existe uma profunda concordância de que, tanto aqui como lá, o sofrimento do herói encontre numa esfera superior sua justificação e sua recompensa e, assim, seja suprimido o verdadeiramente trágico. Aqui, a questão aguçou-se no dilema: ou essa concepção do trágico é muito estreita, se não totalmente falsa, ou então é preciso negar de fato a Schiller autêntica tragicidade.

Quando a discussão chegou a este ponto, interveio Friedrich Sengle, com seu trabalho "Vom Absoluten in der Tragödie" ("Do Absoluto na Tragédia") (*D. Vj.*, 1942), um dos mais importantes jamais escritos sobre o assunto. Nele, abre-se em toda a extensão a frente contrária, iniciando-se a luta contra a teoria pós-hebbeliana do trágico, que em um sentimento trágico-relativista da vida no mundo só foi capaz de reconhecer mais a absurda contraposição entre forças e valores igualmente justificados. Esse modo de ver, assim como o que lhe é oposto e que foi definido acima, é interpretado como uma expressão da secularização, como aburguesamento de nossas concepções do trágico. Em radical oposição a ela, Sengle não só não exclui a ligação entre o trágico e o absoluto, como também a promove diretamente a momento imprescindível. Para ele, a verdadeira tragédia existe tão-somente quando o conflito trágico alcança solução numa esfera superior, dado que nela se torna significativo. O verdadeiro autor trágico deve atravessar a camada conflituosa e a catástrofe, para chegar, na esfera superior, à compreensão conciliadora. "A grande tragédia jamais acaba em desarmonia ou dúvida porém, antes, numa palavra de fé avassaladora, que afirma o destino representado no drama e a dolorosa constituição do mundo que nele se manifesta."

Podemos deixar de lado a questão de saber se Sengle, em sua concepção da essência da tragédia, estabeleceu uma separação demasiado rígida entre a camada de conflito e a de solução, e se esses dois conceitos não formam uma unidade indissolúvel. O que importa é a distinção clara entre uma tragédia vinculada ao absoluto e que recebe dele seu nexo, e aquela outra tragédia para a qual tais pontes estão rompidas e que, portanto, acaba necessariamente em desespero ou na fria resignação diante do absurdo.

Sem que se possa indicar ou sequer insinuar um contato direto, encontram-se, no profundo capítulo "Sobre o Trágico", da obra de Karl Jaspers, *Von der Wahrheit* (*Da Verdade*), trechos que, seguindo igual direção de pensamento ao do artigo de Sengle, dão ao trágico um sentido que vai além da destruição incondicional e insensata. Qual uma declaração de guerra ao niilismo de um quadro cerradamente trágico do mundo, lê-se o seguinte: "Não há tragédia sem transcendência. Ainda na obstinação da mera auto-afirmação no naufrágio, face aos deuses e ao destino, há um transcender: para o ser, que o homem propriamente é e na ruína experimenta a si mesmo como tal". Também em Jaspers captamos o *leitmotiv* audível em todos os adversários da concepção radical-niilista do trágico: "O somente trágico é próprio para servir de camuflagem para o nada, ali onde a falta de fé poderia enformar-se. A soberba do homem niilista eleva-se com grandeza trágica até o patético da autovalorização heróica". Assim pois, para Jaspers, o trágico, em sua limitação ao caso isolado (diríamos o conflito trágico cerrado, ou a situação trágica) nada tem de concludente ou final. Ele se passa no fenômeno do tempo e é assim o que está em primeiro plano, atrás do qual se torna visível o ser, e constitui – poderíamos acrescentar – com toda a sua gravidade, e inclusive por causa desta dureza, o caminho aberto ao homem para chegar ao conhecimento desse ser.

Discutimos essa última questão, a mais importante, relativa ao trágico, com o propósito de chegar à marcação mais nítida possível das frentes que se colocam. Desse modo, manter-se-ia aberto o problema ao qual subordinamos tudo o que se segue. Uma coisa ficou clara: a concepção da essência do trágico é ao mesmo tempo uma boa dose de visão do mundo. Não podemos esperar, e tampouco é nosso objetivo, impor àqueles que se encontram em outro campo nossa própria concepção, que de maneira alguma queremos ocultar. Atribuímos a esse estudo da tragédia ática uma tarefa mais simples e eminentemente científica. Tornou-se atualmente assunto de discussão saber se o trágico pressupõe um mundo em última análise carente de sentido, ou se é possível conciliá-lo com a suposição de uma ordem superior, para além de todo conflito e de todo sofrimento, ou se exige mesmo tal ordem. Filósofos e representantes das modernas filologias souberam dizer muito a respeito do problema. A ciência da Antigüidade clássica contribuiu bem menos para sua solução. Isso é tanto mais admirável quanto o fenômeno primordial do trágico é um fenômeno da Antigüidade clássica, e o debate todo teve aí seu ponto de partida. Assim, pois, em conexão com o tratamento da tragédia ática, autor por autor e, às vezes, obra por obra, surgirá a questão de saber se o que nelas há de trágico aponta, segundo as intenções de seu criador, para um nada absurdo ou para um mundo transcendente de ordem superior.

Parece-nos tão importante o esclarecimento da pergunta em si que, ao término do capítulo, procuraremos formulá-la mais uma vez na terminologia que nos pareceu apropriada à designação dos diferentes estágios da visão trágica.

54

Como já vimos, no tratamento das obras isoladas, aplicar-nos-emos a saber se elas participam do trágico através da situação trágica ou do conflito trágico cerrado. Já se tornou claro que ambos os casos são possíveis: pode apresentar-se a libertação do terrível, ou este tem de perdurar até o naufrágio. Mas agora em primeiro plano coloca-se a seguinte questão: quando, no conflito trágico cerrado, somos testemunhas da destruição do protagonista sofredor, será só isto que o autor é capaz de nos mostrar? Será que nenhuma de suas palavras nos leva além da ação terrível, para um mundo em que há ordem e sentido? Ele nos deixa sair com a sensação de aniquilamento, ou espera que, com fria concordância passiva, nos conformemos com um mundo que se dirige para a destruição, e nada além da destruição? Ou será que, pelo exemplo trágico, ele nos eleva até à consciência de que tudo isso acontece sob o signo de um mundo de normas e valores absolutos, um mundo que permite ao homem conservar o que não pode ser perdido, nem mesmo em meio às trágicas tempestades?

Cada um dos três grandes trágicos atenienses nos mostrará situações trágicas e conflitos trágicos cerrados. Mas – e este é o cerne da nossa pergunta – será que a tragédia ática nos oferece também testemunhos da cosmovisão trágica cerrada em que destruição e sofrimento não apontam para nada além de si mesmos e são, enfim, uma amarga sabedoria?

Na introdução procuramos desenvolver essa questão teoricamente até não restarem mais dúvidas acerca de seu significado e importância. A resposta surgirá do tratamento daquilo que nos ficou das tragédias gregas. Mas é de esperar que os resultados obtidos no campo em que pela primeira vez apareceu o trágico também possam contribuir um pouco para esclarecer o problema aqui proposto.

Relevo de Eurípides: o poeta estende uma máscara trágica a personificação de *Skene* à sua esquerda; à direita, estátua de Dioniso.

OS PRIMÓRDIOS

Toda criação espiritual incita o desejo de conhecimento em duplo sentido. Como fenômeno único, irreiterável, coloca-se diante de nós e exige, se é que deve converter-se em verdadeira possessão, que mergulhemos em sua essência, que compreendamos as forças que nela encontraram sua configuração e as leis pelas quais foi regida. E como toda verdadeira obra de arte é um cosmo, semelhante tarefa é infinita e é nova para cada época, inclusive para a nossa. De mesmo modo, porém, que a obra viva está em parte condicionada pelas potências da história, assim é também uma parte dos processos históricos e com isso abandona sua posição individual no curso das séries de evolução histórica. Muitos gostam atualmente de jogar uma contra a outra essas duas formas de consideração, a que se fixa na essência do fenômeno em si e a que encara seu lugar na história, e de apregoar em altos brados a preeminência da primeira. Isto se compreende muito bem como reação ao historicismo, que amiúde levou suas linhas de evolução além da verdadeira essência das coisas, mas envolve graves perigos. Coisas que deviam estar unidas são separadas: não é possível conhecer a essência sem uma compreensão histórica, nem esta deve esperar aclarar o sentido de um fenômeno simplesmente por meio da incorporação histórica. As duas tendências não se acham em oposição, ao contrário; somente sua síntese poderá levar-nos adiante. Essa síntese é também uma exigência da exposição que a seguir apresentaremos, que, por conseguinte, começará com a questão relativa às origens do drama trágico dos gregos, que também são as origens da tragédia européia.

Quando, no século passado, se apresentaram à nossa vista as formas de uma cultura primitiva, o novo conhecimento incitou, junto com muitos outros fenômenos, a ligar as origens da tragédia também com essa fase cultural. Em todas as partes da terra se encontraram, a partir dos estádios mais remotos dos coletores e primitivos caçadores, celebrações mímicas, danças com máscaras sobretudo, que têm seus paralelos no mais antigo culto grego. As tentativas de encontrar aqui as raízes da tragédia grega provocaram a mais viva oposição. Por razões de sentimento, muitos recusavam-se a aceitar uma relação, qualquer que fosse ela, entre um dos produtos mais nobres da cultura grega, e mesmo da cultura humana, e as danças de selvagens exóticos; objetavam que em lugar algum se desenvolvera um verdadeiro drama a partir de semelhantes cerimônias mágicas e primitivas. A objeção é em grande parte acertada e nos leva à conclusão de que a formação da tragédia ática, em suas etapas decisivas, deve ser concebida exclusivamente a partir da própria cultura helênica e do gênio de seus grandes poetas. A isso devemos acrescentar imediatamente que, há algum tempo, nos libertamos de um exagero malsão das idéias de evolução. A evolução, como a compreendemos, é determinada muito mais pelo ato criador dos grandes indivíduos do que por certas forças instintivas impalpáveis, situadas na natureza, que atravessam em linha reta as diversas camadas de cultura. Apesar disso, o material de comparação recolhido pela etnologia em diversas partes do mundo não perdeu inteiramente seu valor. Esse material nos ensinará não a história da tragédia grega, mas a sua pré-história; muito acertadamente se falou da infra-estrutura do drama.

Antes de mais nada, remonta àquela fase primitiva um requisito que a tragédia grega jamais abandonou, como também a comédia: a máscara. Seu emprego nas culturas primitivas é múltiplo; a mais freqüente é a máscara protetora, que deve subtrair o homem aos poderes hostis, e a máscara mágica, que transfere ao portador a força e as propriedades dos demônios por ela representados. A primeira das duas formas de emprego não tem importância para nós, mas a segunda, em compensação, é de grande significado, pois nela se encontra o elemento da transformação em que se baseia a essência da representação dramática. Esse uso da máscara é antiqüíssimo até mesmo em solo grego. Já na cultura creto-micênica, gemas e um afresco de Micenas nos mostram figuras com máscaras de animais. É significativo que este uso da máscara se tenha conservado até época bem avançada, ligado principalmente ao culto das grandes divindades da natureza e do crescimento. Em Feneos, na Arcádia, o sacerdote de Deméter usava em determinadas cerimônias a máscara da deusa, e quanto a Licosura, terracotas de mulheres com cabeças de animal, ao lado de representações de dançarinos-demônios de figura semelhante, que se encontram no manto de uma estátua cultual de Déspoina, dão o devido testemunho dessas celebrações. A máscara desempenhava importante papel no culto de Ártemis. Provam-no os escritos de Hesych sobre as máscaras de madeira dos *kyrittoi* itálicos a serviço da Ártemis Korythalia e, principalmente, as máscaras de terracota descobertas pelas escavações inglesas, no santuário da espartana Ártemis Orthia. Entretanto, onde a máscara desempenhou seu papel mais relevante foi no culto do deus de que fazia parte a tragédia, no de Dioniso. Sua máscara, pendente de um mastro, era objeto de culto, de tal modo que é possível mesmo falar de um deus-máscara; seus adoradores usavam máscaras, entre as quais a função maior cabia às dos sátiros, e máscaras desse tipo eram levadas a seus santuários como oferendas. Não podemos passar por cima do fato de que as máscaras da tragédia, assim como as da comédia, têm suas raízes totalmente implantadas neste domínio cultual, que, por sua vez, remonta às mais antigas concepções. Uma prova preciosa de como a idéia do sentido mágico da máscara ainda estava viva no fim do século VII d.C. nos é dada por uma decisão do Sínodo de Trullo: entre outras cerimônias pagãs, proíbe-se aos sacerdotes o uso de máscaras cômicas, satíricas e trágicas. E, ao pisar as uvas, não deviam invocar o abominável Dioniso!

Também no domínio da cultura grega não faltam circunstâncias que parecem conter um cerne dramático. Como quer que tenha sido em particular a forma dada aos *dromena* de Eleusis, certamente continham representações da história dos deuses. A lenda, vinculada à zona fronteiriça ático-beócia de Eleuteres, do combate singular entre Xanto e Melanto, ou seja, entre o loiro e o negro, indica que também na Grécia existiam aqueles combates rituais simulados que encontramos difundidos por toda a terra; e os costumes que pesquisadores ingleses recolheram ainda vivos na Trácia, na Tessália e no Epiro, com a representação de um casamento, morte e ressurreição do noivo, trazem consigo possivelmente um acervo clássico, mesmo que seja algo incerto. É compreensível que tais celebrações induzam a pensar que nelas se deve procurar a origem da tragédia, e ainda assim esse caminho não nos leva adiante. Na essência desses *dromena* encontra-se o fato de que devem permanecer sempre inalterados em seus traços fundamentais, pois é precisamente da exatidão de sua reprodução que depende a recorrência dos seus efeitos. Talvez se possa observar em outros lugares que, ao redor do drama litúrgico fixo, se entrelaçam acessórios de mímicas que logo se desenvolvem independentemente; todavia, o culto grego não nos fornece prova alguma para tais suposições.

Assim, é pouco o que obtemos dessas infra-estruturas primitivas para a compreensão da tragédia em seu desenvolvimento, mas, por pouco que seja, permite-nos entrever uma camada primeva comum em que mergulham as mais profundas raízes da tragédia e da comédia, ainda que as coisas sejam muito mais claras no que diz respeito a essa última, com seus coros de animais, sua escrologia e os atores que durante muito tempo continuaram sendo fálicos. Mencionar a tragédia grega em conexão com essas coisas não é pecar contra seu espírito. Ao contrário: somente assim podemos medir toda a grandeza dessa criação do gênio helênico, que também aqui superou o bárbaro e o informe e impregnou a forma mais perfeita com a força de seu Logos. Será de espantar, então, que desejemos tão ardentemente conhecer esse caminho, do qual só nos aparecem com toda a clareza as últimas etapas, e que continuamente nos batamos contra os enigmas que nos fornece a tradição?

Possuímos uma determinada notícia que promete iluminar largos trechos desse caminho, e compreende-se que seu valor exato ocupe também aqui o cerne da discussão. No capítulo IV da *Poética* de Aristóteles, lemos que a tragédia teve sua origem nos cantores do ditirambo e, a seguir, ficamos sabendo que surgiu, mediante um processo de transformação, de peças satíricas, ἐκ σατυρικοῦ, em cujo transcurso passou de assuntos menores aos maiores e foi abandonado o tom jocoso da linguagem.

Ao reproduzir essas palavras de Aristóteles, já temos de tomar posição quanto a dois problemas de sua interpretação. Seus ἐξάρχοντες τὸν διθύραμβον são compreendidos como os cantores primeiros desse canto. Provavelmente era seu propósito acentuar-lhes a posição, semelhante à do corifeu, frente ao grupo que respondia. Contudo, o uso da palavra ἐξάρχειν permitiria também a simples tradução de "cantor", mas conserva sua força o argumento de que Aristóteles não usaria a expressão ἐξάρχειν em lugar do simples ᾄδειν sem um bom motivo. Não obstante, a afirmação básica de que o canto coral ditirâmbico representa uma fase preliminar da tragédia não é todavia modificada por essa questão. Quanto ao outro problema, por σατυρικόν não entendemos simplesmente o drama satírico em sua forma evoluída, como o encontramos em Sófocles e Eurípides, mas uma fase mais antiga e menos desenvolvida dessas peças que, no entanto, também eram representadas por sátiros.

O cerne da questão coloca-se por si mesmo: Têm as notas de Aristóteles valor documental para nós, ou será que, já naquela época, o fundador da escola peripatética não podia dizer algo mais seguro a respeito da história primitiva da tragédia? Fez ele uso do direito do erudito, de preencher com hipóteses as lacunas de seu conhecimento dos fatos, introduzindo destarte, na série dos pesquisadores modernos, com suas numerosas conjeturas, as que se relacionam com o culto dos mortos, com a adoração de heróis ou com os Mistérios de Eleusis, sem que possa reivindicar de antemão mais crédito do que este? Nessa pergunta, que é de importância decisiva para o nosso quadro da evolução da tragédia, tanto hoje como outrora as opiniões se opõem diametralmente. No grupo daqueles que aceitam a frase de Wilamowitz, escrita há mais de meio século: "Nosso fundamento é e continuará sendo o que consta da *Poética*", procura-se demonstrar a credibilidade de Aristóteles, com base na abundância de trabalhos prévios que estavam à disposição deste filósofo. Ora, é verdade que a consciência dos gregos acerca de seu passado, tanto histórico quanto artístico, já se inicia na época do alto classicismo e que, principalmente na literatura sofista do século V, já se discutiu sem dúvida nossa indagação; tampouco se deve subestimar a tradição oral quanto à sua importância, mas, com tudo isso, fecha-se para nós a tal ponto a possibilidade de emitir um juízo sobre a confiança que se possa ter em todo esse material de informação, que por esse lado podemos apresentar como prováveis as notas aristotélicas, mas nunca dá-las como certas. Todavia, por escasso que seja o material que chegou até nós, além da *Poética,* ele não deixa de existir, e é acrescido pela observação dos próprios dramas que se conservaram. Assim, a decisão reside na pergunta: O que podemos averiguar com base em tais testemunhos, sobre as origens da tragédia, coincide com o que nos diz Aristóteles? Se esses fragmentos harmonizam com o quadro, já bem esquemático, que ele esboçou, então aumenta extraordinariamente a probabilidade de podermos tomar como fatos aquilo que ele nos comunica, ainda que, quanto ao resto, discordemos do filósofo que vê tais coisas do ângulo da pura enteléquia, ou seja, de um desenvolvimento autônomo, que se encontra na essência das coisas, assim como discordamos do esteta, que tão estranho se nos afigura por alguns dos juízos que emite em sua *Poética*.

Logo conheceremos um testemunho que relaciona os sátiros com as formas primitivas da poesia trágica, e no próprio nome da tragédia encontraremos um apoio ao fato de que Aristóteles parte justificadamente do σατυρικόν como forma primitiva da representação trágica. Mas, nos detalhes, ainda restam muitos pontos obscuros, e com segurança bem maior outra consideração nos leva à certeza de que o drama satírico e a tragédia se relacionam essencialmente, e que uma dessas formas deve ter surgido obrigatoriamente da outra. Ao apogeu da cultura grega é estranho um virtuosismo que sabe montar as mais diversas selas. Cada artista está profundamente vinculado ao seu γένος, a seu gênero literário, e não lhe ultrapassa as fronteiras. Platão nos mostra, em duas passagens significativas, quão nítidos são os limites entre os gêneros dramáticos. Na sua *República* (395 A), faz dizer a Sócrates que é impossível a um mesmo autor produzir coisa boa tanto em comédia quanto em tragédia. De maneira diversa, mas não menos significativa, ao final do *Banquete*, Sócrates força Agaton e Aristófanes a confessarem que, realmente, o mesmo autor deveria ser tão hábil na comédia quanto na tragédia. Trata-se de uma discussão puramente teórica, e precisamente a resistência oposta pelos dois autores, o trágico e o cômico, mostra o quanto tais considerações se apartavam da tradição e da realidade. A unificação numa só pessoa dos dois γένη tão agudamente separados era na prática inconcebível e nem sequer a notícia sobre um poeta chamado Timocles que, segundo se diz, cultivou ambos os gêneros do drama, pôde resistir ao exame da crítica. Se compreendemos bem a importância do gênero literário fechado em si mesmo, segundo o testemunho de Platão, também consideraremos, acertadamente, o fato de que o drama satírico não forma nenhum γένος à parte e que, dado o fato de que obedece em grande parte às leis da tragédia, foi cultivado pelos mesmos autores, em estreita ligação com ela. Este fato, dentro da literatura grega, afasta qualquer dúvida de que a peça satírica e a tragédia constituam o mesmo gênero, e de que Aristóteles julgou acertadamente ao derivar a tragédia do σατυρικόν, já que o caminho inverso é inconcebível.

Mas Aristóteles indica outra forma primitiva da tragédia, o ditirambo. Alguns se aproveitaram da contradição que parece existir aí para condenar precipitadamente seu testemunho e, com efeito, à primeira vista parece estranho que Aristóteles não tenha estabelecido uma ponte entre as duas afirmações, aparentemente contraditórias. Mas sua *Poética* não é um livro burilado, destinado à publicação; no melhor dos casos, pode-se considerá-lo uma série de anotações para conferências e, assim, suas comunicações muitas vezes têm um caráter inacabado, salteado. Se é certo o que ele afirma sobre as origens da tragédia, então devemos admitir que houve ditirambos que foram cantados por sátiros. E se devemos acreditar nisso, precisamos de um testemunho independente de Aristóteles. E nós o temos. O ditirambo é um canto religioso dionisíaco que imaginamos cantado por um coro com entoadores. Suas formas mais antigas nos são inacessíveis; ele nos aparece num estádio posterior de desenvolvimento em alguns poucos fragmentos de Píndaro e, mais claramente, em Baquílides. Quando, há quarenta anos, as areias egípcias nos devolveram este poeta, foi principalmente seu ditirambo de Teseu que causou sensação por sua forma dialógica. Mas nesse poeta, quase contemporâneo de Ésquilo, é bem mais verossímil a influência do drama satírico, já plenamente desenvolvido, sobre o ditirambo que a hipótese de termos em mãos uma forma precursora da tragédia. Por pouco que saibamos a respeito do desenvolvimento do ditirambo, possuímos todavia um testemunho inestimável sobre uma obra do poeta lírico coral Arion, que encontramos nos fins do século VII e começo do século VI, na corte do tirano Periandro de Corinto. Já Heródoto nos conta (I, 23) que Arion foi o primeiro homem a compor um ditirambo, dar-lhe um título e recitá-lo. Isso não significa que fosse Arion o criador do ditirambo, pois esta composição já existia de há muito como canto cultual dionisíaco. Mas, provavelmente, devemos entender as palavras de Heródoto no sentido de que Arion elevou à forma artística o antigo canto cultual e que, já que lhe deu um nome segundo seu conteúdo manifestamente cambiante, também o preencheu de novo teor. Entretanto, muito mais importante é o que reza a *Suda* a respeito de Arion: "Diz-se dele que foi o inventor do estilo trágico (τραγικοῦ τρόπου), o primeiro a organizar um coro, a fazê-lo cantar um ditirambo, a denominar o que o coro cantava e a introduzir sátiros que falavam em versos". A afinidade entre esse informe tardio e aquilo que diz Heródoto salta à vista, assim como o significado daquilo que ressalta na *Suda*. Na inimitável expressão de Bentley, esse compilador tardio era um carneiro de velo de ouro. Conforme atitude adotada frente a Aristóteles, deu-se, por muito tempo, maior ou menor importância a uma das partes dessa característica. Por exemplo, em 1908 H. Rabe extraiu de um manuscrito um comentário de Johannes Diakonos a respeito de Hermógenes, com uma passagem que oferece uma valiosa justificativa às informações da *Suda:* "O primeiro drama da tragédia (τῆς δὲ τραγῳδίας πρῶτον δρᾶμα) foi apresentado por Arion de Metimna, segundo ensinou Sólon em suas Elegias". Aqui, de repente, num dos pontos importantes da parte mais tardia da *Suda,* aparece como testemunha um contemporâneo de Arion. Ora, tampouco podemos pôr em dúvida o fato de que ele manda cantar ditirambos, em Corinto, por alguns coreutas disfarçados de sátiros. Esse testemunho nos proporciona a ponte que exigíamos entre o ditirambo e o σατυρικόν, a fim de poder acreditar em Aristóteles. Nos detalhes, porém, muitos pontos permanecem obscuros. Não nos é dado alcançar qualquer representação apreensível da forma e do conteúdo desses ditirambos "trágicos", mas que por meio deles se efetuou um passo decisivo para a trágedia informa-nos o testemunho da *Suda,* confirmado por Sólon, testemunho cuja força não se perdeu pelo fato de ser fragmentado em suas partes e de insinuar que Arion seja o inventor de três gêneros distintos, a trágédia, o ditirambo e o drama satírico. E ficamos sabendo de mais uma coisa: os peloponésios reivindicaram a invenção da poesia trágica, como lemos, entre outras coisas, em

Aristóteles (*Poét.*, 1448 a). Os atenienses protestaram, e com razão, na medida em que a tragédia se transformou naquilo que hoje conhecemos graças às criações do gênio ático. Também aqui Atenas se converteu num centro de força intelectual, mas moldou esse centro à base de elementos que, em parte, vinham de fora, do Peloponeso.

Temos encontrado corroboração para Aristóteles nos traços básicos – e mais do que isso ele não dá –, mas restam questões para as quais não encontramos nele resposta direta. Uma das mais difíceis reside no próprio nome da tragédia, τραγῳδία. Talvez nos sirva de consolo saber que os antigos não se atormentaram com essa questão menos do que nós. Para eles, duas interpretações, sobretudo, entram em consideração, as quais continuam constituindo um problema também para nós: "Canto pelo bode como prêmio", interpretação da qual o "canto sacrificial do bode" é tão-somente uma variante, e o "canto dos bodes", a outra. Quem segue a segunda variante, só pode relacioná-la com o σατυρικόν como fase prévia da tragédia, e deve reconhecer nos cantores do "canto dos bodes" aqueles mesmos sátiros que encontramos na fase primitiva do drama trágico. Essa interpretação se ergue sobre o terreno da *Poética* aristotélica, que até agora se revelou produtivo. No caso da primeira interpretação, contudo, um dos poucos passos realmente importantes dados nestes últimos tempos, em todo esse difícil complexo de problemas, é a indicação que M. Pohlenz nos dá dos tempos e dos meios culturais em que radica essa explicação. Os sábios alexandrinos refletiram sobre todos esses problemas com zelo não menor que o nosso, e também eles se viram obrigados a adotar uma posição frente a Aristóteles. Deram então com uma notícia que, segundo lhes pareceu, derrubava de uma posição decisiva o edifício aristotélico, e que ainda hoje é lançada contra a *Poética*: somente na época em que a tragédia já havia encontrado sua forma definitiva é que Pratinas de Fleio (princípios do século V) teria introduzido o drama satírico em Atenas. Não temos motivos para duvidar da informação, mas, depois de tudo o que já dissemos sobre o σατυρικόν e a tragédia, só podemos entendê-la no sentido de que na época em que a tragédia, bastante desenvolvida, já levara quase à morte o drama satírico, Pratinas interveio e, entroncando com a velha tradição do Peloponeso (ele era de Fleio), assegurou um lugar firme para o drama dos sátiros. É possível que nas magníficas canções de dança de Pratinas, que Ateneu (XIV, 617 b) nos conservou, encontremos o reflexo de parte daqueles cantos por cujo intermédio a orquestra foi reconquistada pelos sátiros e seus dramas posteriores lograram um lugar seguro depois das tragédias. Não obstante, os sábios alexandrinos só enxergaram a contradição entre Pratinas, o "inventor" do drama satírico, e a doutrina aristotélica. Não acharam outra saída senão abandonar Aristóteles e procurar, para as origens da tragédia, explicações em esferas que lhes eram familiares. Na grande cidade cosmopolita de Alexandria, com seu movimento intenso, e que podemos imaginar fosse tão desumana como a vida das grandes cidades em geral, despertara-se uma forte inclinação para tudo quanto fosse campestre, simples e, de permeio, um vivo interesse pelo popular. Podemos comparar este fato, ainda que somente em seus aspectos mais externos, com fenômenos análogos de nossa época. Só que, em nosso caso, pelo menos ocasionalmente, surgiu um saber profundamente alicerçado acerca das fontes inesgotáveis de energia a que podemos e devemos recorrer, se quisermos que nosso povo permaneça vivo, ao passo que lá se observa mais um interesse nascido do contraste, um interesse que se manifesta na criação literária e na investigação dessas coisas e, às vezes, permite captá-las realmente. Assim, os costumes rurais áticos das oferendas e da vindima, diversões campestres, como o saltar sobre os odres, haviam-se convertido em coisas dignas de apreço e de conhecimento. E já que nesse ambiente também se tropeçava em Dioniso, a quem sempre pertenceu a tragédia, e, além disso, Téspis, o mais antigo tragediógrafo de que há notícia, também tinha raízes nesse solo campestre, relacionou-se a origem da tragédia com as festas rurais da Ática. Horácio, que em sua *Ars Poetica* se estriba em ensinamentos helenísticos, é o testemunho mais conhecido desta teoria (220), segundo a qual o cantor campesino entoava outrora seu canto "trágico" para obter um bode como prêmio; e somente mais tarde ter-se-ia acrescentado a isso o drama dos sátiros.

Conseguimos compreender com demasiada clareza o espírito da investigação alexandrina e suas considerações especiais neste caso, para aceitar a hipótese, altamente improvável, de que dispusesse de melhor material de informação que Aristóteles, muito mais antigo, e deste modo poder seguir a sua explicação.

Ainda que não seja possível afastá-la inteiramente, já a própria concepção do nome da tragédia como um canto para obter um bode como prêmio, ou como um canto entoado no sacrifício deste animal, nos parece muito mais forçada que a de G. Welcker, que descobre na palavra τραγῳδία o canto dos bodes. Esta interpretação liga-se necessariamente à teoria de Aristóteles de que o σατυρικόν é a fase preliminar da tragédia: esperamos encontrar nos sátiros os cantores-bodes. Mas aqui surgem dificuldades que não podem ser passadas por alto. No tempo de Welcker as coisas estavam, ao que parece, bastante claras. Tomava-se simplesmente uma das inúmeras estátuas de sátiros, por exemplo, o magnífico Fauno com as manchas, e, nas orelhas pontiagudas e no alegre rabinho, já se tinham os mais formosos atributos caprinos. Mas desde então aprendemos coisas que vieram complicar o nosso problema. Para compreendê-las, é necessário lançar um olhar para a natureza dessas figuras que se tornaram tão importantes para o teatro ático. Já E. Rohde disse muito bem que ao nosso sentimento romântico e musical da natureza se opõe um outro, dos antigos que, sendo plástico-óptico em sua essência, os impelia a uma personificação da natureza. Basta observar a cratera de Londres, com seu nascer do sol, para compreender perfeitamente: como de um lado surge Hélio, montado em sua quádriga, enquanto que do outro se afasta, rápida, a deusa da noite envolta em véu; como Eo, magnificamente alado, precede impetuoso o deus da Luz, e as estrelas, que o pintor vê como alegres crianças, se precipitam, em salto resoluto, para dentro do mar. Assim, para o grego, todo o seu mundo está cheio de forças da natureza vistas de um modo pessoal, forças delicadas e amáveis, forças perigosas, rudes e alegres. E as mais travessas dessas forças, transbordantes de seiva vital, são os sátiros, ou silenos como também eram chamados. Num fragmento atribuído a Hesíodo (198), são chamados de traquinas, e que merecem o epíteto mostram-nos os vasos atenienses, por exemplo, os que Duris pintou, da forma mais completa e desembaraçada. Toda a vida turbulenta e impulsiva da natureza se personificou neles e, tal como essa mesma vida, estão rodeados, com todas as suas loucuras, de impenetráveis mistérios, e cada um deles conhece o futuro.

Quase todos os povos indo-europeus conhecem parentes dessas criaturas, embora em nenhum outro lugar tenham aparecido de maneira tão plástica quanto no solo grego. Assim, em redor de Mântua vivem os espíritos dos bosques, *gente selvatica,* seres semi-animais providos de rabos; os selvagens de Hesse, com seu corpo peludo, também pertencem à categoria, assim como os *Waldfänken* dos grisões, que têm pêlos no corpo todo e usam uma tanga de peles. O *skougman* sueco se aproxima da igualha dos sátiros por sua lascívia, e mesmo os *perchten* de Salzburg, como demônios da vegetação, com diversos atributos animais, podem ser comparados a eles. Esses demônios, para os quais exatamente o Norte da Europa oferece paralelos muito próximos aos sátiros, são mais que o jogo da fantasia incitada pelos mistérios da natureza. São a configuração das forças do crescimento e do devir e, como tal, são de suma importância para o homem. Imitá-los na dança mímica, usar suas máscaras, equivale a garantir-se as forças benéficas que em si encerram. Por isso, os dançarinos dos *perchten* saltam também sobre os campos. Não é preciso dizer que aqui, com os demônios da vegetação e sua imitação mímica, remontamos àquela primitiva subestrutura de que falamos no início e que a tragédia grega deixou tão atrás que quase não parece ter qualquer relação com ela.

Sem dúvida, esses sátiros são em solo grego mais antigos que Dioniso. Mas, quando apareceu o deus em que se configuraram todas as forças propícias, perigosas e misteriosas da natureza, eles se uniram ao seu *thiasos* e se converteram em seus fiéis e inseparáveis seguidores.

Até aqui dissemos tudo o que era preciso dizer sobre a natureza dessas figuras, que encheram de vida os bosques da Grécia, como mais tarde fizeram com a orquestra. Voltemos à questão de saber se com razão podemos encontrá-los também no nome da tragédia, no "canto dos bodes". Já dissemos que não nos é permitido mais fazer a tão cômoda comparação desta palavra com as numerosas representações de sátiros com atributos caprinos. Já estamos cientes, por intermédio de Furtwängler, de que essas representações pertencem, sem exceção, a uma época mais recente e de que o costume de dotar nossos demônios de rabinhos, orelhas e chifres de bode só se introduziu na época helenística, sob influência do tipo do deus Pã. O aspecto dos sátiros nos tempos mais antigos, no-lo mostra grande número de monumentos: geralmente trata-se de figuras de vasos, que nos apresentam esses demônios silvestres com enormes caudas e orelhas de cavalo e, nas representações mais antigas, até mesmo com cascos de cavalo. Desde o vaso François, altamente arcaico, até o umbral do helenismo, se estendem esses testemunhos figurativos que, sem exceção, nos oferecem exemplos deste tipo. A sua imensa maioria nos mostra os sátiros em livres andanças pelos bosques, com ninfas e bacantes, mas também ali onde vemos os sátiros do teatro, como no vaso de Nápoles (por volta de 400), que representa um drama satírico, encontra-se pelo menos a cauda de cavalo. Tentou-se eludir por diversos caminhos a dificuldade decorrente do fato de encontrarmos providos de atributos eqüinos os sátiros-bodes, cuja existência reconhecemos no nome da tragédia, mas nenhum deles se mostrou praticável. Continuamente se repetiu a tentativa de confrontar os demônios-cavalos jônico-áticos que nos mostram os vasos, com seres de aspecto caprino que, no Peloponeso, teriam determinado a forma primitiva da tragédia e seu nome. Procurou-se encontrar esta distinção inclusive na nomenclatura, e já que nossos demônios também se chamam silenos, relacionou-se essa denominação com os cavalos jônico-áticos, e o nome de sátiros com os supostos bodes do Peloponeso. Mas os monumentos pictóricos não deixam lugar à menor dúvida de que os sátiros e os silenos constituem uma mesma espécie, e só o fato de o velho Sileno do drama satírico ser o pai do bando de sátiros é suficiente para demonstrar que se trata de dois nomes diferentes para uma única espécie. E os sátiros-bodes do Peloponeso permanecem uma hipótese indemonstrada e indemonstrável. É verdade que conhecemos demônios-bodes dessa região, mas eles aparecem em forma de deus ou deuses Pã. Também distinguimos alguns deles no assim chamado Vaso de Pandora, do British Museum, que nos mostra dançarinos com cornos e cascos de bode, ao redor de um tocador de flauta. Contra os atributos eqüinos dos sátiros nos monumentos, houve quem aduzisse testemunhos tirados dos próprios dramas satíricos. Mas, quando nos *Ichneutai* de Sófocles (358) Cilene repreende o corifeu dos sátiros porque ostenta sua barba qual um bode (ὡς τράγος), ele é apenas comparado a um bode, sem que por isso seja obrigatoriamente um deles. E tampouco há o que fazer com a pele de bode que os sátiros usam no *Ciclope* de Eurípides (80), porque ela lhes é própria somente enquanto pastores, a serviço forçado do Ciclope. Bem mais relevante para a nossa questão é um fragmento que, com grande verossimilhança, se atribuiu ao *Prometeu Pirceu* de Ésquilo (fr. 207). O fogo desceu pela primeira vez à terra, e o sátiro, curioso e desajeitado, quer abraçar a chama viva. Então Prometeu lhe grita: "Bode, vais lamentá-lo por tua barba!" Essa interpelação nada tem a ver com a hipótese de uma simples comparação abreviada. Ela não pode certamente evidenciar, frente a todos os outros testemunhos, a configuração caprina do sátiro, mas permanece altamente valioso para nós saber que devido a certas qualidades o sátiro era chamado de bode. Uma possibilidade – embora não seja mais do que uma possibilidade – de explicar isto, assim como as dificuldades que suscita o nome da tragédia, encontramo-la ali onde vemos que os antigos eruditos se esforçaram por elucidar nosso problema. O *Etymologicum Magnum* (v. τραγῳδία), no sedimento de doutas discussões, conservou, ao lado de meros absurdos, tentativas de explicação que trazem em si a marca da pesquisa literária peripatética e que ainda hoje são dignas de consideração. Também aí não se deixou de observar a contradição entre os bodes no nome da tragédia e os atributos eqüinos dos sátiros, e procurou-se uma solução ajustadora. Não devemos deter-nos na tentativa de derivar o nome de bode de um tipo especial de penteado dos sátiros-coreutas; mas é preciso levar a sério a explicação que deriva o nome de bode dos corpos bastamente peludos e da sensualidade lasciva desses demônios dos bosques. Precisamente nas representações mais antigas de sátiros (*Myth. Lex.* IV, 456) vemos esses demônios com o corpo coberto de pêlos hirsutos, e a vestimenta de pêlo do Sileno de Papo, que ele sempre conservou, é um resíduo disso, assim como a tanga de pele dos sátiros no vaso de Nápoles, já mencionado. Dado que os cavalos não têm o couro peludo e os bodes sim, e que também a barba sugere esse animal, devemos refletir um pouco sobre a possibilidade de que os sátiros, desde o princípio, tivessem diversos atributos animais, que fossem simplesmente animais selvagens e é como tais (ϑῆρες) que aparecem tanto em Sófocles (*Ichn.*, 141, 215) quanto em Eurípides (*Cicl.*, 624). Porém, é provavelmente concebível que, por causa da sua lascívia, bem nítida e profundamente arraigada na natureza desses demônios da vegetação, tenham sido chamados de bodes, sem que os atributos animais coincidissem em todas as minúcias com os dos bodes; pois, também para os antigos, o bode era o animal que caracterizava a lascívia, como ensina todo dicionário.

Recentemente, tentou-se resolver a questão recorrendo a uma velha teoria de G. Löschcke. Segundo ela, cumpriria distinguir entre os silenos, com seus atributos derivados do cavalo, e os sátiros propriamente ditos, que se cria reconhecer num determinado grupo de demônios-dançarinos de grandes barrigas e nádegas. E. Buschor publicou na Academia de Munique, em 1943, um importante estudo, que nos apresenta os monumentos arcaicos dessas criaturas. Oriundos dos fins do século VII e da primeira metade do século VI, demonstram a difusão dessas adiposas figuras em extensas regiões da Grécia. Mas nada alude à sua denominação de *satyroi,* posto que atualmente já não se pode demonstrar que este nome se relaciona, fato em que se apoiava Löschcke, com a palavra *satur.* Na história primitiva da tragédia, só com a ajuda de complicadas teorias é que se consegue introduzir esses barrigudos, e assim é recomendável ficar com a concepção mais antiga e considerar que pertencem às primeiras fases da comédia.

Avançamos até aqui por caminhos pedregosos, e aquilo que está claro a qualquer leitor mal precisa ser dito especialmente: só com hipóteses é que podemos transpor as trevas que cercam as origens da tragédia. O que elas nos oferecem é um quadro do desenvolvimento que poderia ter pretensões à verossimilhança, e o reconhecimento da grandeza do gênio helênico, que nos permite derivar de tais começos a obra de arte desenvolvida. Tão alto assoma esta acima daquelas que mal distinguiríamos melhor as relações, se os inícios da tragédia estivessem em plena luz diante de nós. Entretanto, dois elementos básicos, que já encontramos nos primórdios, sempre conferiram à tragédia grega seu cunho essencial: Dioniso e o mito. É para eles que nos voltamos agora.

Com a vinculação indissolúvel entre a tragédia e o culto de Dioniso pisamos em terreno firme. O deus, a cujo serviço medrou o drama trágico dos gregos, não pertence ao círculo olímpico dos deuses homéricos. Essas figuras luminosas radicam no espírito da epopéia nobre e, em sua beatífica congregação, transmitem a nós, homens da posteridade, a imagem de um mundo contemplado maravilhosamente em seus poderes vivos. Erguem-se à nossa frente como senhores mais nobres e magníficos que os príncipes mortais e, mesmo assim, sua natureza tem muitos traços em comum com estes. Suas vidas correm fáceis no Palácio olímpico e sua vontade apresenta um caráter altamente pessoal. Não assumem a responsabilidade pelo reinado da justiça eterna no universo e tampouco evocam a si o sofrimento dos homens, para resolvê-los em sua divindade. É verdade que não se afastam do ser humano: têm amigos em seu meio, favoritos, a quem ajudam nas horas de perigo e alegram com suas dádivas. Exigem veneração e, em troca, podem ser senhores bem sociáveis, quando lhes apraz. No entanto, quão diferente se apresenta aos homens o deus que, no círculo dos olimpianos, foi sempre um estranho, ainda

73

que os gregos, segundo sabemos agora pelas tabuinhas de escrita Linear B, já o conhecessem na época micênica. A Dioniso não bastam orações e sacrifícios; o homem não está para com ele na relação, amiúde friamente calculadora, de dar e receber; ele quer o homem inteiro, arrasta-o para o horror do seu culto e, pelo êxtase, eleva-o acima de todas as misérias do mundo. Que ele seja o deus do vinho designa tão-somente uma parte de seu ser, pois toda a incitante vida da natureza, toda a sua força criadora, configurou-se nele. Em seu culto orgiástico, a própria natureza arranca o homem à instabilidade da sua existência, arrasta-o para o interior do mais profundo reino de sua maravilha, a vida, levando-o a conquistá-la e senti-la de forma nova. Por menor que seja essa tentativa de expressar com palavras a natureza do deus, uma coisa, sobretudo, ela pretendeu deixar claro: o elemento básico da religião dionisíaca é a transformação. O homem arrebatado pelo deus, transportado para o seu reino por meio do êxtase, é diferente do que era no mundo cotidiano. Mas a transformação é também aquilo de onde, e somente daí, pode surgir a arte dramática, que é algo distinto de uma imitação desenvolvida a partir de um instinto lúdico, e distinto de uma representação mágico-ritual de demônios, arte dramática, que é uma replasmação do vivo. Mais de uma vez, no decurso desta exposição, se aludiu à enorme distância que medeia entre as origens da tragédia e sua forma madura. Não nos assustou a penosa tentativa de descobrir nas trevas da tradição as etapas externas do caminho, mas a indagação sobre a força interior que conduziu à sua dominação encontra sua resposta, numa de suas partes mais essenciais, através de Dioniso e do espírito da sua religião. Assim o perceberam também os antigos quando Aristófanes, em *As Rãs* (1259). chama Ésquilo de sublime inspirado por Baco (βακχεῖον ἄτακτα), o mesmo poeta de quem os pósteros diriam que ele escrevia na embriaguez.

Que Dioniso não foi na Grécia um imigrante tardio, como se acreditou durante muito tempo, mostrou-nos definitivamente a decifração da escrita silábica micênica. Para a história do seu culto não se ganhou certamente grande coisa, já que nada sabemos acerca da natureza desse primitivo Dioniso, e devemos levar em conta que as idéias relacionadas com ele e com seu culto estiveram sujeitas a grandes e talvez profundas alterações no curso do tempo. Que essas formas orgiásticas do culto, sustentadas pelo êxtase dionisíaco, conquistaram o solo grego, sob a forma de violentas irrupções contra uma importante resistência, provam-nos os diversos mitos que informam sobre os adversários do deus. Mas, seja como for, conhecemos com certeza mais um poderoso movimento que, no século VII e pelo século VI adentro, deu crescente relevo ao culto do deus. Este movimento foi também de grande significado para a tragédia. É preciso compreendê-lo na base do encontro da força interior da religião dionisíaca com processos de natureza política. Debilitara-se o governo aristocrata, mas sua substituição pelo governo do povo não foi um processo fácil. Em muitos lugares do mundo grego houve fortes personalidades da estirpe aristocrática que tomaram posições contrárias às de seus pares e, apoiadas pelo *demos*, se assenhorearam do poder absoluto. Esses tiranos não são culpados, em sua maioria, do sentido pejorativo que a palavra tomou mais tarde, já que souberam compensar a falta de legitimidade de seus regimes com um governo inteligente e ativo, e não só se apoiaram nas grandes massas do povo, como também realmente governaram a favor delas. Justamente por isso é de compreender que venha a avultar agora poderosamente o deus que não é ele próprio um aristocrata olímpico, que pertence a todos os homens e principalmente aos camponeses. Agora entendemos, na acepção mais profunda, o fato de que, exatamente na corte de Periandro de Corinto, o filho daquele Cipselo que, no século VII, derrubou o regime aristocrático dos Baquíadas, Arion se tornasse o criador do "modo trágico". Ali os sátiros, que antes eram demônios silvestres, independentes, cantavam o ditirambo, canto do culto dionisíaco elevado à forma artística: vemos como, no novo movimento, se fundem os elementos no culto do deus. Logo poderemos conhecer, em outra conexão, um testemunho de extrema importância, que nos indica processos análogos para a Sícion de Clístenes.

Mas também aqui, à frente de todos os outros, aparece o mais importante dos tiranos, Pisístrato de Atenas. É muito provável que a mais suntuosa das festas de Dioniso, as dionisíacas urbanas, como eram chamadas em contraposição às rurais, tenha sido criação sua. Em todo caso, porém, é obra sua o magnífico aperfeiçoamento da festa dentro do culto do Estado. Essa festa do mês primaveril de Elafebolion não era dedicada ao Dioniso panjônico adorado nas Lenéias e nas Antestérias. O deus dessa festa é o Dioniso Eleutério, levado a Atenas da cidade de Eleuteras, na fronteira ático-beócia, e, como anteriormente havíamos sublinhado a diferença de espécie entre a comédia e a tragédia, consideramos agora como outro fato certo o de que a comédia pertence ao Dioniso das Lenéias, e a tragédia ao Dioniso Eleutério das dionisíacas urbanas ou grandes dionisíacas. Nessa festa, sob Pisístrato, num dos três primeiros anos da Olimpíada de 536/5-533/2, foi representada pela primeira vez uma tragédia por Téspis, com proteção do Estado. A partir dessa época, fixa-se a ligação entre o drama trágico e as dionisíacas urbanas, e posteriormente assume a forma de permanecerem os dias 11-13 de Elafebolion de tal modo dedicados à tragédia que, em cada certame teatral, é representada uma tetralogia, ou seja, três tragédias e o drama satírico que as acompanha. O rápido crescimento da produção dramática no século V fez que, entre 436 e 426, também se introduzisse um concurso de tragédias nas festas lenéias, com as quais, a princípio, a tragédia nada tinha que ver, assim como, pelo caminho inverso, já em 486 a comédia se havia introduzido nas dionisíacas urbanas.

Não só a época como também o lugar da representação nos conduz a Dioniso. Ainda que no século VI se fizessem representações dramáticas na orquestra da praça do mercado, o que de modo algum se pode provar com segurança, a tragédia, pelo que sabemos de suas representações, sempre permaneceu estreitamente vinculada ao teatro de Dioniso, situado na encosta sul da Acrópole, nas imediações do templo de Eleutério. Quem visita hoje esse venerável lugar encontra, na primeira fila dos lugares de honra, o trono de pedra, que uma inscrição afirma estar reservado ao sacerdote de Dioniso. Ésquilo, Sófocles e Eurípides lutaram aqui pela vitória no concurso dramático e pela imortalidade na história do pensamento. Durante séculos, o teatro de Dioniso continuou sendo o lugar das representações dramáticas, até que a barbárie dos romanos posteriores o degradou à condição de arena de lutas de gladiadores e caça de animais selvagens.

Provavelmente também é dionisíaca a indumentária dos atores. Quanto à máscara, basta recordar o que já dissemos. Se, ao fim das contas, ela remonta aos primórdios das representações mímicas, não há dúvida de que adquiriu sua importância especial para a tragédia graças ao papel que desempenhou no culto do deus, que era, ele próprio, o deus-máscara. Mas também no caso da túnica de mangas, suntuosamente bordada, do ator, e no dos calçados altos, suaves e fechados, os coturnos, que somente na época helenística vieram a transformar-se nos horríveis sapatos de salto alto, muita coisa fala em favor da origem a partir do culto dionisíaco.

Vimos que a tragédia, desde sua época mais antiga, esteve intimamente ligada ao culto de Dioniso, e procuramos desvendar o entranhado mistério de sua eclosão a partir do espírito da religião dionisíaca. Mas aqui uma nova contradição parece impedir-nos o caminho. É verdade: a época da festa, o lugar da representação, a vestimenta dos atores, tudo aponta para o deus, mas o conteúdo das tragédias, na medida em que podemos dizer algo a seu respeito, indica uma direção totalmente diferente. Os mitos adversários, que mostram Dioniso triunfando sobre inimigos como Licurgo e Penteu, converteram-se provavelmente aqui e ali em temas de tragédia. Mas em lugar algum tais assuntos aparecem em primeiro plano, e carecem de bases sólidas todas as tentativas de atribuir um conteúdo dionisíaco à mais antiga tragédia ou, mesmo, de fazer de Dioniso o mais antigo dos atores. Tampouco devemos passar por alto o fato de que o número dos mitos propriamente dionisíacos é tão pequeno, em comparação com outros ciclos de mitos, que a tragédia em gestação nem sequer lograria encontrar neles material suficiente. No que se refere aos sobejamente citados sofrimentos do deus despedaçado pelos titãs, sabemos muito pouco sobre a idade desse mito, muito importante para o culto órfico, para que possamos situá-lo com verossimilhança em relação aos primórdios da tragédia. Sim, o deus triunfante sobre todos os seus inimigos não poderia, em geral, converter-se em portador do conteúdo da tragédia que, no herói, considerado como representante da camada superior da humanidade, nos faz ver a luta do homem contra as forças do mundo – luta que é levada até o limite do aniquilamento e, amiúde, além deste limite. Assim, em Dioniso encontramos, provavelmente, uma das forças vivas que impulsionaram o desenvolvimento do drama trágico como obra de arte, mas, quanto ao conteúdo, a tragédia foi configurada por outro campo da cultura grega, pelo mito dos heróis.

A aparente contradição entre a tragédia como parte do culto dionisíaco e seu conteúdo não-dionisíaco foi observada muito cedo pelos antigos e deu margem a uma expressão proverbial: "Isto nada tem a ver com Dioniso" (οὐδὲν πρὸς τὸν Διόνυσον). Nessa conexão, adquire máxima importância para nós um relato de Heródoto (V, 67). Desde a mais alta Antigüidade existia em Sícion o culto do herói argivo Adrasto, e Heródoto diz expressamente que os sicionenses não veneravam a Dioniso, mas a Adrasto, e em coros trágicos (τραγικοῖσι χοροῖσι) cantavam seus tormentos, que só podiam ter sido os que sofreu na luta dos Sete contra Tebas. Devemos deixar inteiramente de lado a antiga discussão para saber se Heródoto, com a citada expressão, se referia a coros com a figura de bodes, ou a cantores de cânticos de conteúdo tragicizante, pois fica absolutamente seguro aquilo que para nós é essencial: o conteúdo desses cantos eram os feitos e os sofrimentos de um herói de um dos grandes ciclos de lendas. E é neste ponto que entra a reforma do tirano Clístenes, que dedica esses cânticos a Dioniso, isto é, faz com que sejam entoados não no culto do herói Adrasto, mas no serviço do novo deus. Nada, porém, sugere que seu conteúdo se tenha modificado, tornando-se dionisíaco; pois, nesse caso, ter-se-ia tratado de uma completa reorganização cuja relação com o antigo culto de Adrasto não seria possível divisar e a cujo respeito Heródoto não poderia falar nos termos com que o fez. A passagem não diz outra coisa senão que os velhos coros "trágicos", com seu conteúdo tirado dos cantos heróicos, passaram a integrar o serviço religioso dionisíaco. É evidente que temos aqui, de pronto, diante de nós um outro exemplo daquela política religiosa dos tiranos gregos, que tão importante se mostrou para o culto de Dioniso e para a tragédia. Ainda que na reforma de Clístenes também houvesse realmente ódio contra Argos, cujo herói era Adrasto, o fato essencial é a adjudicação dos coros a Dioniso. Mas a particular significação desse testemunho é que, com ele, se torna palpável para nós como alguns cantos, cujo conteúdo era constituído pela lenda heróica, foram incorporados ao círculo do culto de Dioniso, e assim conseguimos compreender aqueles processos mediante os quais a tragédia dionisíaca se fundiu com o tesouro de mitos heróicos do povo helênico e nele encontrou seu verdadeiro conteúdo. Assim, além do culto de Dioniso, dos ditirambos e dos sátiros, vemos como na lenda dos heróis aparece um novo elemento integrante e pressentimos a abundância estimulante da qual brota a forma definitiva. Através do mito dos heróis a tragédia adquiriu a seriedade e dignidade de sua postura (ἀπεσεμνύνϑη), diz Aristóteles na *Poética* (1449 a), e um significativo desenvolvimento colocou os atrevidos sátiros no fim da tetralogia.

Se também aqui intentamos arrancar dos testemunhos um quadro do desenvolvimento extremo, resta-nos agora ponderar quão extraordinária veio a ser a importância do mito como conteúdo da tragédia para o espírito desta, para sua configuração interna. Um milagre como Dioniso é também o mito grego. Com o progresso da investigação, podemos compreender cada vez melhor o quanto a história antiga da Grécia se espalha nele; com o método comparativo, recorrendo à tradição oral de outros povos, é possível conhecer alguns pormenores de sua estrutura, mas nada disso esgota sua verdadeira natureza. Na inaudita abundância de configurações, a lenda heróica dos gregos é uma imagem da existência humana em geral, não uma cosmovisão derivada dos seres vivos, mas uma visão do cosmo de uma imediatidade e riqueza que não tem igual. E por trás de todos os heróis que, lutando, livram os países de grandes desgraças ou sucumbem heroicamente a forças superiores, que conseguem a sua salvação mediante feitos audazes ou sagaz astúcia, se encontra afinal o que determina todo o nosso ser: o perigo e a afirmação da existência humana. E quando vemos que nisso se trata sempre da existência humana, que não há compromisso, nem fuga diante das forças inimigas, e da vontade indomável em nosso próprio peito, com isso já temos determinado de antemão um dos traços essenciais da humanidade trágica, que em igual medida pertence também às figuras do mito helênico.

Mas é preciso que nos fique clara, sob outros aspectos, a importância do mito para o poeta trágico. O mito em que ele se inspirou era um bem comum de seu povo, história sagrada da máxima realidade. No decurso desta exposição, compreenderemos ainda quão central era essa arte trágica na vida da nação; isso só era possível numa comunidade que não conhecia a diferença entre povo e ilustrados. Essa relação entre a alta poesia e o povo, perdida já no helenismo, era dada não menos pelo fato de que foi o tesouro de mitos mais específico e mais querido deste povo, que no drama dionisíaco adquiriu novas formas. Pouco importava se não era dado a todo cidadão de Atenas acompanhar em cada detalhe o imponente andamento da linguagem trágica: Orestes, que ali, na orquestra, sob dura compulsão, deve tomar sobre si uma pesada dívida de sangue; Ajax que põe a honra acima da vida; Odisseu, que une a astúcia à prudência; todos estavam tão próximos de seu sentir, como do sentir do poeta, que os alçava a uma nova vida! Decerto, o poeta não tinha as mãos de tal modo atadas que fosse obrigado a relatar meramente os fatos transmitidos pela tradição; sua liberdade frente ao mito não era pequena, como indicou, no *Scholion Soph. El.*, 445, um perspicaz observador antigo, mas quem realmente "inventou" primeiro foi Eurípides, que também nisso se afasta da tradição da época clássica. Com isso chegamos a outro aspecto, efetivamente essencial. Em seu livro sobre a fantasia artística (334), Max Nussberger mostrou claramente que o poeta, para suas fi-

80

guras, que devem significar e exprimir o válido em geral, recorre à legitimação por meio de traços oferecidos pelas fontes, para que os aceitemos como vivos e verossímeis. Estes traços, o escritor moderno os busca no fundo histórico, ou então dota seus personagens de tantos traços individuais, que também nos parece real essa vida pessoal. Experiências dramáticas, que levam ao palco "o pai" ou "o estrangeiro", como tipos isolados, não passaram de experiências. Também neste ponto salta à vista a importância do mito para a tragédia grega. Essa legitimação da existência efetiva poderia ser dada de modo mais soberbo a um poeta do que o foi ao trágico grego, que a encontrava para cada um dos seus personagens na crença viva, no coração do seu povo?

Uma coisa ainda nos resta dizer acerca do mito: nele, tal como observamos na cunhagem pelo *epos*, já reconhecemos uma das forças básicas da essência helênica, que precisamente na tragédia achou sua expressão mais perfeita. O espírito enformador penetra através do acontecer caótico, e a configuração artística, que de modo algum é puramente técnico-formal, eleva o representado à esfera do sensível e torna visíveis as forças espirituais que se encontram por trás dos acontecimentos. Dioniso e o Mito, o fascínio do êxtase e a força do Logos a penetrar pela essência das coisas, concertaram na tragédia um pacto irreiterável. Conhecemos um vaso do Museu do Ermitage em que, no sagrado recinto de Delfos, Apolo estende a destra a Dioniso. Tomamos esta imagem como testemunho precioso da significativa aliança que os sacerdotes de Delfos fizeram com a nova religião, mas podemos também entendê-la como um símbolo dos poderes de cuja aliança surtiu o milagre da tragédia grega.

Espectadores no teatro. Detalhe de uma ânfora panatenaica.

OS PRECURSORES DOS MESTRES

Vimos claramente quais eram as forças básicas que exerceram uma influência decisiva tanto sobre a forma interna quanto sobre a forma externa da tragédia, mas foi-nos em geral vedado relacioná-las com o atuar de determinadas personalidades, devido à escassez de informações. E mesmo nos fins do século VI e começos do século V, quando começamos a encontrar maior abundância de nomes, tais forças continuam envoltas numa obscuridade difícil de penetrar. Somente com Ésquilo nos encontramos no resplendor da grande época da Ática na arte e na história.

Se prescindimos da tradição artificial que, para provar as pretensões do Peloponeso, trabalha com figuras nebulosas, como Epígenes do Sicione (*Suda,* v. *Téspis*), o trágico mais antigo para nós é Téspis, o ático de Icária. Num ameno vale ao pé do Pentélico, acha-se o lugar onde outrora Dioniso levou vinho ao epônimo Ícaro, e que ainda hoje recorda este deus em seu nome, que é Dioniso. Já dissemos

83

que os eruditos alexandrinos quiseram derivar a tragédia das festas campestres desta região. Se, contrariamente a isso, nos colocamos ao lado de Aristóteles e reconhecemos a contribuição do Peloponeso, não deveríamos excluir a possibilidade de que Téspis, em alguns pontos, se tenha baseado nas festas de sua terra, quando, na Ática, preparou o terreno para a tragédia. O carro de Téspis, de que nos fala Horácio (*Ars poetica* 276), é provavelmente pura ficção. Talvez tenha sido inventado pelos alexandrinos, com base nas procissões de carros, costumeiras no carnaval ático.

Já vimos que Téspis, num dos três primeiros anos da Olimpíada de 536/5-533/2, representou pela primeira vez uma tragédia no culto oficial das grandes dionisíacas. Isso naturalmente não exclui que sua atividade artística, sem esse apoio estatal, não pudesse remontar a uma época anterior e, ultimamente, existe forte tendência a não recusar todo teor histórico à anedota (Plutarco, *Sólon*, cap. 29) perspicazmente analisada por Tièche. Segundo essa anedota, numa conversa com Téspis, Sólon, já velho (morreu em 560), manifestou-se contrário à tragédia incipiente, pela qual já pudemos constatar seu interesse com respeito a Arion, por considerá-la um espetáculo dedicado à dissimulação (diríamos transformação).

Como nos agradaria prescindir do fuste de herma descoberto perto de Tívoli, que nos dá testemunho de que o pai de Téspis se chamava Temon, se, em contrapartida, soubéssemos algo mais no tocante à sua atuação e tivéssemos algum fragmento do escrito do peripatético Cameleon sobre esta! Cumpre dizer também que os poucos versos que nos chegaram sob seu nome ficam de pronto prejudicados por causa de um relato (Dióg. Laérc., V, 92), segundo o qual o peripatético Aristoxeno acusou o platônico Heraclides do Ponto de ter publicado algumas tragédias próprias sob o nome de Téspis. O caráter do fragmento não o contradiz. Sob este aspecto, não há o que fazer tampouco com os títulos transmitidos pela tradição, entre os quais figura um *Penteu*.

E, apesar de tudo isso, acreditamos hoje poder conceber mais nitidamente a grande importancia de Téspis para a tragédia ática num ponto decisivo. Em tudo o que até agora dissemos sobre a origem e evolução da tragédia, deixamos de lado uma questão sumamente importante. Falamos muito dos coros dionisíacos e procuramos compreender a união do Ditirambo e do satíricon, compreender o mito como conteúdo. Mas, em tudo isso, se tratava de cantos entoados por coros; porém nada ouvimos ainda daquele elemento que, para nós, faz a peça dramática: o ator. De onde veio? Encontram-se aqui, um face ao outro, dois pontos de vista que coincidem com as duas possibilidades concebíveis. Por diversas vezes se pensou que já dentro do próprio canto coral se desenvolveu um diálogo cantado, que mais tarde foi convertido em versos falados, e assim ocasionou a separação entre a parte falada do ator e o canto do coro. Por outro lado, é preciso contar com a possibilidade de que a parte falada do ator não tenha evoluído organicamente a partir do canto do coro, mas que lhe tenha sido aplicada a partir de fontes externas. De antemão há algumas considerações que parecem apoiar essa última hipótese: ator e coro se expressam numa linguagem de matiz dialetal diferente; este, no dialeto moderadamente dórico da lírica coral, aquele no iambo ático, que em alguns detalhes revela uma coloração jônica. Ambos são também portadores de diferentes formas de expressão humana. No canto coral está representado o que é da ordem dos sentimentos, enquanto que as falas do ator servem ao desenvolvimento e ao exame do que é temático. A união de dois elementos, já indicada, – o dionisíaco-ditirâmbico e o tratamento impregnado de Logos, que é dado ao mito – aparece aqui sob novo ponto de vista.

Todavia, não podemos permanecer em meras conjeturas. Temístio (Or. 26, p. 316 D) nos transmite uma passagem de Aristóteles, segundo a qual o prólogo e a fala se acrescentaram ao canto coral originário, graças a uma invenção de Téspis. Esse homem de imensa cultura conhecia bem seu Aristóteles e redigiu paráfrases para cada uma de suas obras. Se considerarmos que as informações de Aristóteles, na *Poética,* de acordo com o caráter dessa obra, são fragmentárias e que da *Poética* (1449 b) resulta com segu-

85

rança que Aristóteles tinha conhecimento da introdução do prólogo e do ator na tragédia, seria um sinal de ceticismo exagerado pôr de lado essa valiosa informação. O desenvolvimento que obtemos por seu intermédio é em si mesmo revelador. Quanto mais rico era o conteúdo dos cantos entoados pelo coro, quanto mais profunda era a penetração dos poetas no inesgotável tesouro da mitologia, tanto mais necessário se fazia explicar ao ouvinte o significado dos cânticos. Para isso, em Atenas, o meio apropriado era o iambo nativo, que tanto se aproxima da língua falada (μέτρον λεκτικόν). No começo da representação, aparecia diante do público um ator – em tempos mais antigos, o próprio autor – e, mediante a palavra falada, criava as condições prévias para a audição do que seria cantado. Isto veremos logo mais, em Frínico. Mas também se podia, dentro do canto coral, nas transições, intercalar tais explicações e, por meio de novas comunicações, oferecer nova matéria para cantos. *As Suplicantes* de Ésquilo no-lo mostrarão.

Segundo Aristóteles (*Poética*, 1449 a), no surgimento do discurso, houve uma transição do tetrâmetro trocaico para o trímetro iâmbico. Não podemos controlar a afirmação, pois as peças mais antigas ao nosso alcance se nos apresentam dominadas, em sua maior parte, pelo trímetro iâmbico; por outro lado, o tetrâmetro trocaico nunca desaparece de todo do uso dos trágicos.

A tragédia não encontrara ainda a plena possibilidade de, pelo entrechoque de suas personagens, converter o palco no lugar de espetáculo das grandes forças da vida. Ao primeiro ator havia de acrescentar-se um segundo ator, mas um dos mais importantes passos nessa direção foi o que a tradição relaciona com Téspis. Cabe exprimir a dúvida de que aqui seu nome simbolize meramente os primórdios da tragédia, mas a unanimidade com que os antigos o colocam à testa dos autores trágicos, empresta crédito à tradição que no-lo apresenta como o primeiro autor-ator. Nesse contexto, compreendemos também a informação (*Suda*, v. *Téspis*) que o dá como inventor da máscara. Certamente, como havíamos reconhecido, esta já era antiqüíssima e antecede, na realidade, todo desenvolvimento do drama trágico; mas um passo que, com a introdução do ator, precisava ser dado foi a substituição da antiga máscara de sátiro, animalesca, pela máscara puramente humana. Se Téspis introduziu o ator, então, neste sentido, foi também um renovador da máscara. Será que, com ele, o coro já havia abandonado suas vestes de sátiro? Não o sabemos. Mas, se para Frínico, considerado seu discípulo, nada pode tornar verossímeis os sátiros na tragédia, assim é bem possível também que Téspis tenha dado figura humana ao coro.

Uma valiosa inscrição (IG, II/III², 2325) nos conservou partes de uma lista dos tragediógrafos vencedores. Em sua parte inicial que se perdeu, Ésquilo, que venceu pela primeira vez o certame em 484, era precedido por cerca de oito autores trágicos. Nesta lacuna podemos inserir alguns nomes que nos foram transmitidos por outras fontes. No entanto, somente em casos raros, e mesmo neles de maneira bem parca, conseguimos dizer algo sobre suas personalidades e suas produções. Bem nebuloso permanece o vulto de Querilo, que apareceu por volta de 520 e que, segundo o relato de alguns lexicógrafos posteriores, aliás pouco dignos de confiança, escreveu 160 peças.

Pelo menos num aspecto nos aparece mais clara a obra de Frínico, denominado discípulo de Téspis. Venceu o concurso, pela primeira vez, entre 511 e 508, e pelo século V bem adentro permaneceu em valia no teatro ático. Entre os títulos de dramas que se lhe atribuem, interessam aqueles que nos indicam temas utilizados também pelos trágicos posteriores. Tratou a lenda das *Danaides* (Αἰγύπτιοι e Δαναίδες), assim com o Ésquilo o fez, e sua *Alceste* está por trás do drama de igual nome de Eurípides. Contudo, o essencial do quanto sabemos de sua criação é que converteu eventos históricos no conteúdo de suas diversas tragédias. Em sua *Queda de Mileto* (Μιλήτου ἅλωισς) apresentou ante os olhos dos atenienses o terrível destino da cidade jônica, que em 494 caiu em poder dos persas, e de maneira tão convincente soube falar do infortúnio da cidade com eles aparentada pela origem, que os atenienses, em irada aflição, o condenaram ao pagamento de pesada multa e proibiram qualquer reapresentação da peça (Heródoto, VI,

21). O autor ático que quisesse falar do palco a seu povo devia entregar sua peça ao arconte do ano, diretor dos jogos, e tudo parece indicar que, no ano de 493/2, Frínico entregou sua peça a Temístocles, futuro vencedor de Salamina. Este provavelmente aceitou de bom grado que a Atenas fossem lembradas afrontas passadas e perigos iminentes.

Outra vez Frínico levou ao palco a história de seu tempo e dessa vez também conquistou com isso a vitória. Pois parece muito provável que o triunfo alcançado em 476 coubesse a seu drama *As Fenícias*. Entre os títulos que lemos na *Suda* com respeito a Frínico, encontram-se também *Os Persas*. Existe a possibilidade de tratar-se de um subtítulo para *As Fenícias*. Como no drama de Ésquilo sobre os persas, também aqui se apresenta a vitória naval de Salamina na comoção que desata na capital dos persas. As mulheres fenícias da corte persa constituíam o coro e deram o nome à peça. Mas a introdução foi feita naquele estilo arcaico que já mencionamos em relação a Téspis: um eunuco prepara os assentos para a próxima assembléia do conselho e recita o prólogo que instrui o espectador sobre o lugar dos acontecimentos e seus antecedentes, a derrota de Xerxes. Também aqui Temístocles interveio na apresentação. Depois que o autor trágico apresentava sua peça ao arconte e este a aprovava, era necessário então designar um corego que se incumbisse dos gastos da encenação. É possível que não seja causalidade o fato de encontrarmos como corego da *As Fenícias* o mesmo homem que, como arconte, aceitara provavelmente a tragédia da *Queda de Mileto*.

O passo dado por Frínico, introduzindo acontecimentos históricos no teatro, pode parecer-nos agora mais significativo do que o foi na realidade. Para nós, mitologia e história são duas coisas nitidamente separadas, mas não o eram para os gregos daquele tempo em que o próprio mito significava história. Entre ambos os conceitos não existiam quaisquer fronteiras incisivamente traçadas que Frínico fosse obrigado a transpor. E todavia essa tragédia histórica, que tirou seu tema da história da época, não passou de um episódio dentro do drama clássico, um episódio certamente ao qual pertencem também *Os Persas* de Ésquilo. Isto se compreende a partir de ponderações gerais no que diz respeito à essência da arte dramática e épica. Um de seus pressupostos essenciais baseia-se na alternância entre a máxima imediatidade e a passionalidade com que as personagens da obra adquirem vida própria para o autor, e a distância que, apesar de tudo isso, as separa de nós. Só assim se ressaltam claramente os traços do grandioso, do humanamente válido. Aquele ato de configuração artística a que Nussberger dá o nome de moderação, aquele destaque das grandes relações, ajusta-se com maior dificuldade aos temas vinculados ao presente do que aos que trazem consigo a distância. Não logramos ver os contornos da gigantesca montanha em cujo flanco nos esfalfamos por caminhos pedregosos – é só de longe que sua majestade salienta-se com nitidez. Também aqui reconhecemos a importância do mito para a tragédia grega, cujas figuras se faziam acompanhar da distância, que suspende o pequeno e clareia o grande.

É possível que, ao desviar-se em sua evolução para o drama histórico em nosso sentido atual, a tragédia tenha escapado a um perigo. Não poderíamos considerar fortuita a relação entre Temístocles e estas peças de Frínico. E embora não tenhamos motivos para pensar em peças tendenciosas, vemos aqui, entretanto, o início de um caminho que não teria ligado tão completamente a tragédia de dentro para fora com a *polis*, como aconteceu no caso de Ésquilo.

Já falamos de Pratinas e comentamos também a informação que o torna inventor do drama satírico. Ele também compôs tragédias, e a indicação de que, além de trinta e dois dramas satíricos, teria escrito dezoito tragédias, se transmitida corretamente, nos permite reconhecer que o drama satírico, que graças a ele reconquistou o palco, ocupava o primeiro plano em sua atividade. É bastante verossímil que o autor que restituiu aos sátiros seus privilégios quisesse, antes de mais nada, conquistar para os dramas satíricos um lugar mais amplo, antes do desenvolvimento que lhes consagrou posição fixa, depois da trilogia trágica.

Em Frínico, assim como em Pratinas, vemos os filhos Polifrasmon e Aristias levarem adiante a obra dos pais. Encontraremos a mesma relação entre os grandes trágicos e por aí haveremos de reconhecer a importância da tradição encerrada na união de famílias, que não só neste ramo da arte clássica foi de grande peso.

ÉSQUILO

Saindo do domínio dos testemunhos que, por meio da interpretação, procuramos tornar compreensíveis e tentamos ligar através da combinação, damos com as próprias obras que se nos conservaram, e imediatamente nos achamos na presença de tal força e profundidade de plasmação que não podemos começar de outra maneira, a não ser confessando que todo o nosso desejo de entender e nossa explicação não passam de coisa descosida. Surge aqui uma questão premente que sempre, num trabalho deste tipo, volta a colocar-se e a partir da qual muitas vezes se tentou pôr em dúvida a eficácia da ciência literária como tal. O que é, na realidade, o que se descreve com a análise de uma obra de arte? Em nosso afã de compreender, poderemos alcançar algo mais que uma decomposição em partes, por trás das quais desaparece o sentido do todo? Tocamos no problema do próprio ato da criação artística. Devemos compreender nossa procura como uma tentativa de rastrear o autor que,

Herma de Ésquilo. Nápoles, Museu Nacional.

construindo e ordenando, cria a sua obra a partir de uma soma de elementos? E se prepararmos cuidadosamente todos esses elementos e, além disso, ainda mostrarmos como foram ligados, por articulações e acréscimos, então se tornaram para nós compreensíveis o artista e sua obra? E, satisfeitos, poderíamos dizer então que agora sabemos como se faz tudo isso? Não é preciso sublinhar com palavras a insuficiência de tal concepção. Daí brota a profunda desconfiança que dispensamos atualmente à "olhada pela oficina do autor", à "perícia na arte", ao "exercício da arte". Nesse ponto parece surgir uma nova cognição verdadeiramente libertadora, oriunda daquela psicologia, que de imediato, em outro campo, empurrou energicamente para o primeiro plano o problema da *Gestalt*. Com a ajuda dessa psicologia, compreendemos a obra de arte não como um produto de processos primários de uma estruturação que calcula e sopesa, mas como o todo que, como configuração (*gestalt*) enformada, antecede suas partes. O que há no princípio não são as linhas do quadro isoladas, as pedras separadas da construção, mas os contornos do todo, tal como se apresentam à alma do artista por meio daquele impulso em direção à forma significativa que é inerente ao homem em si, mas que no artista é elevado a uma magnitude criadora. Não se trata de negar com isso a existência de etapas gradativas na formação da obra de arte, nas quais se realiza um trabalho refletido de polir, modificar e acrescentar. Mas como isso sempre sucede com vista à *gestalt* como um todo, esta configuração já se encontra em todo princípio e não é um produto posterior de partes reunidas previamente. Nossa tarefa, porém, consiste em abarcar e descrever essa configuração como um organismo que possui em si a riqueza de um ser vivo. A essa tarefa cabe a busca das partes que, no entanto, não mais consideramos como elementos primários em que a obra de arte pode novamente se decompor; também a ela cabe a questão sobre a estrutura, que entendemos como expressão do espiritual e não mais como exclusivo resultado da habilidade técnica. E como a *gestalt* não se enforma no espaço vazio, a essa tarefa compete a questão relativa à personalidade e ao ambiente do autor, em que já

93

se encontra preparado tudo aquilo que converge afinal para a configuração significante, através de um processo que mais pressentimos que compreendemos. Com questões dessa índole é que começaremos a falar de Ésquilo.

Com o ano de seu nascimento, pois nasceu em 525/4, em Eleusis, filho do nobre proprietário de terras Euforion, nos é dada toda a grandeza da época em que se desenvolveu Ésquilo como adolescente e como homem. Quando veio ao mundo, ainda não haviam desaparecido para Atenas os graves abalos causados pela dissolução e transformação do antigo Estado aristocrático. Já chegavam ao fim seus anos de adolescente quando, em 510, se encerrou a época da tirania, época que, apesar dos longos anos de calma e florescimento da cidade, não logrou proporcionar a solução definitiva dos conflitos. Um nobre, Clístenes, assumiu o governo do *demos* e estabeleceu aquela ordem que agora havia de constituir por longo tempo a base de um vigoroso desenvolvimento. Essa *polis* ática é, como todo fenômeno histórico, algo único, e ao chamá-la de democracia não atingimos mais que a orla de sua compreensão. Pelo menos devemos pensar naquela democracia ática em que Cleonte teve a palavra, e seu mais feroz inimigo, a demagogia, levou Atenas de suas alturas ao fundo de um abrupto precipício. A ordem fundada por Clístenes garantia a cada cidadão, fundamentalmente, a igualdade perante a lei, e no entanto, não impediu que até aos tempos de Péricles os melhores homens das estirpes nobres, em posições preeminentes que se lhes reconheciam voluntariamente, pusessem seus conhecimentos e capacidades a serviço da comunidade. É uma dessas épocas felizes na história dos povos, em que a vontade do indivíduo tem a consciência de que é parte de um grande todo significativo. E se perguntarmos se este espírito ajudou Atenas a resistir às suas graves crises ou, inversamente, nasceu sob sua pressão, provavelmente acharemos a resposta certa se falarmos daquela influência recíproca entre o ambiental e o pessoal, que está na base da maioria dos grandes acontecimentos da história.

Quando Ésquilo era efebo, o Estado recém-fundado parecia, nos primeiros anos de existência, já fadado a desaparecer. Os reis de Esparta avançavam contra Atenas e, entre outros, haviam ocupado o povoado onde nascera o poeta; os beócios haviam atravessado o Citeron, e os calcídios assolavam, detrás da Ática, a costa de Euripo. Quem poderia deixar de reconhecer a intervenção dos deuses que mantinham sua mão protetora sobre Atenas, quando, no último instante, uma desavença entre os reis de Esparta fez malograr o ataque do Peloponeso e assim, além da vitória sobre os demais inimigos, tornou possível a obtenção de grandes territórios?

Mas que a terra ática estava sob a proteção dos poderes divinos que nela habitavam, evidenciar-se-ia e de modo ainda mais glorioso na época em que Ésquilo já era homem. Uma historiografia que, aparentemente, se propôs reduzir às proporções do termo médio tudo o que possuísse inquietante grandeza baseou-se em indubitáveis exageros do número de tropas que a tradição cita a propósito das guerras dos persas, para reduzir esses combates à categoria de expedições pouco importantes que o grande império persa empreendeu contra um povinho situado à margem da sua esfera de interesses. Apenas roçamos a questão de saber se, nessas condições, seria concebível a presença do grande rei como chefe de tais forças de combate, pois o que essencialmente nos interessa é o significado dessas lutas para Atenas. Quanto a essa etapa decisiva, demos a palavra a um historiador da estrutura de Ulrich Wilcken, que restabeleceu em seus direitos, porque é o verdadeiro, um modo de ver tachado de fruto do entusiasmo humanístico: "Agora, quando a Hélade ia transformar-se numa satrapia persa, tratava-se do supremo e do definitivo da questão de saber se o povo grego havia de desenvolver suas forças em completa liberdade, ou havia de dirigir-se, sob opressão do império oriental, para uma paulatina orientalização, com a servidão do espírito e o domínio da classe sacerdotal". Com isso se disse o essencial: o que ameaçava a Grécia, no caso de uma submissão voluntária, não era uma cruel tirania, porque o regime persa em geral nunca a exerceu contra os povos submetidos, nem era a destruição da vida econômica, já que precisamente esta não era das piores no grande império, mas

95

tratava-se daquela liberdade que foi a única coisa que assegurou a vida espiritual dos gregos nas décadas seguintes.

Foi preciso entrar aqui em coisas conhecidas, porque a crise dessa época tem duplo significado para o nosso estudo. Nesse caráter incondicional da decisão com que Atenas, ante o aniquilamento, opõe sua força ao ataque do gigantesco império, na firmeza de vontade, que não recua nem mesmo ante o abandono da cidade pátria, reconhecemos de novo a atitude do homem trágico, tal como ele nas décadas seguintes pisará os palcos áticos, na força original de uma vontade que não conhece o compromisso, quer o aguarde no fim triunfante a preservação ou a inteira destruição. Este paralelo não é casual. Sabemos que a tragédia chegou à completude quando coincidiram o gênio de Ésquilo e a grande época de Atenas. Além disso, as guerras pérsicas constituem o capítulo decisivo na biografia de Ésquilo. Nada o expressa tão eloqüentemente quanto o epitáfio que, segundo consta, o poeta compôs para si mesmo. Aqui não se proclama *exegi monumentum aere perennius,* mas o fato de haver estado em Maratona, e esta é a grande glória da sua vida, que ele deseja preservar viva na posteridade.

Até bem dentro da época de Aristófanes, ligava-se à geração dos combatentes de Maratona um conceito de virilidade provada, que fora cunhado pelos grandes tempos da luta em prol da liberdade grega. Em Maratona tombou o irmão do poeta, Cinegiro, e em Salamina ele próprio participou ainda uma vez na hora decisiva. A importância de todos esses acontecimentos para Ésquilo, somente podemos compreendê-la com o sentido que tomaram para aqueles que os viveram. Não era como se os deuses, como poderes longínquos, houvessem interferido neles, mas sim, segundo se acreditava, os próprios poderes sagrados do solo ateniense haviam participado dos combates. Como sói acontecer, também aqui o que chamamos de lenda ou anedota nos desvela um sentido mais profundo. Quando o mensageiro, mandado de Atenas a Esparta em busca de auxílio, corria através da solidão do monte Parteion, apareceu-lhe o deus Pã e o encarregou de assegurar aos aflitos atenienses sua amizade e ajuda. O deus cumpriu a palavra e eles, agradecidos, dedicaram-lhe um santuário (Heród., VI, 105). Em Maratona, emergiu, em meio aos combatentes, um homem vestido de camponês que, com sua relha de arado, ceifava os persas. Era o herói Equetlo, que no nome trazia a rabiça do arado e surgira do sagrado solo pátrio (Paus., I, 32). E na hora crítica de Salamina, emergiam, da Eleusis dos Mistérios, misteriosas luzes flamejantes, e de Egina, gigantescos seres armados estendiam os braços protetores sobre as naves gregas (Plut., *Tem.* 15); daquela Egina dos heróis Ajácidas, cujo auxílio os gregos haviam invocado (Heród., VIII, 64). Poderiam os atenienses senti-lo diferentemente do que o expressa Temístocles em Heródoto (VIII, 109): não fomos nós que obramos isso, mas os deuses e os heróis?

Neste solo cresceu aquele profundo saber do entrelaçamento de todo acontecer humano no divino, saber que constitui, como nenhum outro, o elemento fundamental da tragédia de Ésquilo. Vemos também aqui a significativa influência recíproca entre povo e personalidade de que já falamos anteriormente: daquela *polis* em que os deuses vivem e atuam com os homens, brotou a luta do poeta pelo sentido e pela justificação do divino no mundo, brotou seu saber acerca da unidade de Zeus, Diké e Destino, coisas que veremos ainda mais claramente em sua obra, sobretudo na *Oréstia*.

É tão essencial o que, no caso de Ésquilo, nos deixa entrever a época em que viveu, que mal podemos lamentar a escassez de outras informações e a insolubilidade de algumas questões de pormenor. O poeta provinha de Eleusis, e tanto na Antigüidade quanto na Época Moderna, esse fato levou cada vez mais a ser relacionado com os Mistérios de Deméter. Devemos confessar que nada sabemos a esse respeito. Quanto à historicidade da notícia de que ele teria incorrido em processo por profanar os Mistérios, reinam dúvidas, porque já os antigos não sabiam dizer qual de suas peças teria provocado tal escândalo. Mas, se a notícia é verídica, devemos aceitar também seu suplemento, de que Ésquilo se viu absolvido, porque não fora iniciado e provocara escândalo sem o saber. Nada há, nas peças que chegaram até nós, qualquer que seja a passagem que se queira tomar como prova, que torne plausível uma relação mais estreita entre o poeta e os Mistérios. Seus pensamentos e sentimentos religiosos, como veremos melhor mais adiante, não apontam para Eleusis.

Alguns anos após Salamina, Ésquilo atendeu ao chamado do tirano Hieron para ir a Siracusa, que comemorava com um festival a fundação da nova colônia Etna. Não sabemos com certeza se o título da obra foi *As Etnianas* ou *Etnai*. Entre os novos achados de papiros referentes a Ésquilo, encontra-se um fragmento (Ox. Pap. 20, nº 2257, fr. 1) que provavelmente faz parte de um *hypothesis* desse festival. Segundo o fragmento, o drama constava de cinco partes, cada uma das quais se passava em cenário diferente. Outro fragmento desses novos achados (Ox. Pap. 20, nº 2256, fr. 9), que seguramente é de Ésquilo e contém uma fala de Diké, foi há pouco atribuído à nossa peça, com grande verossimilhança, por Eduard Fraenkel. Não podemos omitir certo fator de insegurança, que é dado com o fato de que a lista manuscrita das peças de Ésquilo registra uma *Etnai* autêntica e outra falsa, mas cumpre aceitar, não obstante, que os novos achados dizem respeito à peça autêntica.

Na Sicília, talvez Ésquilo também tenha reapresentado seus *Persas*. No ano de 468 vamos encontrá-lo em Atenas, onde foi vencido por Sófocles no ágono trágico.

A corte de Siracusa, como a de muitos outros tiranos (lembremo-nos, por exemplo, de Arion na corte de Periandro), era uma corte das Musas. Compreende-se facilmente que também Ésquilo o honrasse com sua visita. Mais difícil, porém, é explicar por que o poeta, ao fim de sua vida, deixou Atenas mais uma vez, para, longe da pátria pela qual lutara e para a qual escrevera, passar seus últimos anos em Gela, na Sicília, e aí morrer em 456/5. A Antigüidade supôs muitos disparates nesse caso, em conexão com o qual torna a emergir também o processo dos Mistérios, mas ao certo nada sabemos. Será que o poeta não encontrou na evolução política a realização daqueles ideais por que lutara em Maratona e em Salamina? Será que seu público não o entendeu mais? Aristófanes insinua algo assim nas *Rãs* (807). Mas não se pode externar mais do que conjeturas.

Na cronologia até agora tida como seguramente válida para as tragédias esquilinas, um pequeno fragmento de papiro (Ox. Pap. 20, nº 2256, fr. 3) provocou uma verdadeira revolução. Trata-se dos restos de uma relação dos poetas que apresentaram obras em determinado ágono e das peças com que concorreram. O minúsculo fragmento dessa didascália suscita toda uma série de problemas singulares e bem complexos, que não é necessário esmiuçar aqui, pois o que nos interessa está fora de qualquer dúvida. O relato se refere a um ágono em que Ésquilo conquistou o primeiro prêmio com sua trilogia *As Danaides* e o drama satírico *Amimone*. O segundo prêmio foi outorgado a Sófocles, enquanto que o terceiro lugar coube a Mesato, figura que para nós continua misteriosa, mas cuja existência fica ao menos assegurada por meio desse achado.

Ora, a trilogia de *As Danaides* contém como primeira peça *As Suplicantes* (em grego, *As Hiketidas*), ou seja, aquela mesma peça que a investigação, com raras exceções, considerou como a mais antiga das que chegaram até nós. Era dado como certo que procedia de uma data anterior a Salamina e alguns, inclusive, não hesitaram em situá-la antes de Maratona. Isto tinha seu fundamento em certos traços da peça, que infundiam forte relevo a seu caráter arcaico. Diremos algo sobre o assunto quando tratarmos da peça. Mas um raciocínio simples mostra a impossibilidade de continuar a atribuir-lhe aquela data antiga. Segundo demonstra o fragmento, a trilogia das *Danaides* foi apresentada junto com peças de Sófocles. Desse autor, porém, sabemos que se apresentou pela primeira vez em 468, e que nessa ocasião alcançou sua primeira vitória. Destarte, a trilogia das *Danaides* não pode ser anterior a 468, mas tampouco foi apresentada nesse ano, pois ela obteve o primeiro lugar. O mesmo se pode dizer com relação ao ano de 467, em que Ésquilo encenou a trilogia tebana. Ora, entre esse ano e o de 458, em que se representou a *Oréstia,* devemos colocar, pois, a trilogia de *As Danaides* e, com ela, *As Suplicantes,* que chegaram até nós. Se pudéssemos completar um mísero resto de letras no papiro, para formar o nome do arconte Arquedemides, poderíamos indicar com certeza o ano de 463.

99

Não podemos ocultar o fato de que certos pesquisadores, entre os quais alguns da categoria de Max Pohlenz e Gilbert Murray, se recusaram a extrair do achado as conseqüências que expusemos aqui, porém os meios pelos quais pretenderam evitá-las são, em parte, impraticáveis e, em parte, sumamente duvidosos. Sabemos por certo que, após a morte do poeta, os atenienses providenciaram representações de suas peças, mas algo assim está registrado nas notícias das peças, ao passo que nossa didascália só se pode referir à primeira apresentação em vida de Ésquilo. O filho do poeta, Euforion, por quatro vezes alcançou a vitória com peças deixadas pelo pai, mas aqui o vencedor foi precisamente Euforion e, além do mais, como nos casos análogos de Sófocles e Eurípides, caberá pensar em tragédias dos últimos anos da vida de Ésquilo, a cuja representação ele próprio já não assistiu. Mas a idéia de que Ésquilo escrevera a trilogia numa fase muito temporã de seu trabalho criativo e depois a deixou ficar, de modo que ela só veio a ser encerrada muito mais tarde, por ele ou por seus herdeiros, não encontra nenhum apoio e tampouco corresponde à concepção que temos das relações entre a rica produção dos trágicos áticos e a viva procura de obras dos principais autores, para as festas dionisíacas.

E para que tanta fartura de hipóteses evasivas? Temos o direito de adaptar a cronologia das peças conservadas à nossa idéia de um desenvolvimento linear da produção de Ésquilo? A evolução dos grandes não se dá numa progressão regular e constante, e sim aos golpes. No entanto, mesmo sem levar em conta essa questão basicamente das mais importantes, será que a antiga cronologia nos oferece realmente a imagem de um contínuo movimento ascendente? Será que *Os Sete contra Tebas,* que são datados do ano de 467, apresentam, com seus sete magníficos pares de falas, uma composição de caráter excepcionalmente arcaico, ao lado do qual não temos quase nada de comparável a colocar?

Não nos resta outra alternativa senão rever tudo quanto sabemos a respeito da cronologia de As *Suplicantes,* como o fez também o autor desta exposição ao reelaborá-la. Então *Os Persas* se nos apresentam como a mais antiga peça subsistente, cuja primeira representação se efetuou, pelo que nos foi transmitido, no ano de 472. As conseqüências são importantes. Devemos nos resignar a ter de Ésquilo somente uma peça da primeira fase de sua obra criadora, assim como acontece no caso de Sófocles e de Eurípides. Até agora o quadro que dispúnhamos dos seus começos e de sua fase primeira estava dominado pelas *Suplicantes,* mas doravante esse espaço ficou livre. Agora podemos avaliar com muito maior exatidão a notícia contida na *Poética* de Aristóteles, segundo a qual teria sido Ésquilo o primeiro a acrescentar o segundo ator à tragédia, a reduzir as partes do coro e a assegurar a primazia à parte falada. O caminho que vai dos *Persas,* do ano de 472, à *Oréstia* de 458, com seus três atores, indica um progresso sem igual no emprego dos meios de expressão dramática. Pois bem, sabemos que já na 70ª Olimpíada (499/96) Ésquilo entrou na competição com Pratinas e Querilo; isto quer dizer que sua produção dramática se iniciou cerca de um quarto de século antes dos *Persas.* Não temos motivo para pensar que essas primeiras peças fossem elaboradas segundo o modelo dos *Persas* ou das *Suplicantes,* mas sim que são essencialmente mais primitivas e em grau muito maior são determinadas pelas canções do coro. No subtítulo de seu belo livro sobre Ésquilo, Gilbert Murray chamou o poeta de *creator of tragedy;* e somente os novos pontos de vista sobre a cronologia das peças nos oferecem o espaço histórico para o trabalho vinculado a esse título de honra.

Contudo, há algo mais: uma das maiores criações da arte humana é a trilogia esquiliana de conteúdo, de que a *Oréstia* nos dá um exemplo de magnificência superior a qualquer medida. Podemos constatar que os trágicos posteriores abandonaram essa poderosa forma estrutural e mais tarde teremos também ocasião de dizer algo sobre os motivos pelos quais sucedeu tal coisa. Mas logo nos vemos em embaraço ao perguntar quando e por quem as três tragédias encenadas foram unidas, no tocante a seu conteúdo, para formar um todo grandioso. Ora, *Os Persas* foram representados no ano de 472, como segunda peça entre outras duas tragédias, *O Fineu* e o *Glauco Potnieu;* como drama satírico se lhes seguiu o *Prometeu Pirceu.* Fizeram-se as mais diversas tentativas para tornar verossímeis as reações de conteúdo entre as três tragédias mas isso só levou à idéia de que não podemos pensar em tal coisa. Assim, esse drama, que agora consideramos o mais antigo dentre os que se nos conservaram, se apresenta fora da conexão em uma trilogia de conteúdo. É palmar a explicação de que, ao tempo dos *Persas,* para Ésquilo, ainda não era essa a forma costumeira de construção, e que ninguém mais que ele a promoveu.

Podemos ser mais breves na exposição da peça, para cuja representação Péricles se encarregou da coregia, pois já dissemos algo sobre o drama histórico, sobre Frínico como precursor, e principalmente sobre os fatos históricos em que a obra radica.

A primeira parte da obra descreve um estado de alma. Ao contrário de que ocorre em Frínico, a peça se inicia com a entrada do coro de conselheiros persas, de cujo canto se depreende o tamanho do exército enviado contra a Grécia, ao mesmo tempo que se patenteia a preocupação dos que ficaram na corte com a sorte a eles reservada. No relato que a rainha-mãe Atossa faz do sonho em que lhe apareceu uma mulher orgulhosa que não se deixava atrelar ao carro de Xerxes, condensa-se a temerosa preocupação, até que a narração do mensageiro, que precede o exército derrotado, traz a certeza da catástrofe. Ao lamento do coro segue-se a invocação de Dario morto, o rei a cujo nome estava vinculada a grandeza do Império. Ele se ergue do túmulo – que devemos imaginar como uma edificação na orquestra – e revela o sentido dos acontecimentos: a *hybris,* aquela arrogância que ultrapassa os limites do lícito, foi que impeliu Xerxes a marchar contra a Hélade; que as armas persas nunca mais se levantem contra a terra que lhes é denegada. Só a última parte traz ao palco o próprio rei vencido e, com os sons selvagens de um lamento asiático, a peça se encerra.

Na batalha de que fala *Os Persas,* o próprio Ésquilo combateu, nela experimentou por si mesmo sofrimento e terror, libertação e júbilo. Toda a grandeza de sua concepção religiosa do mundo, reconhecemo-la no fato de haver configurado esse tema, como qualquer outro que tenha tomado da mitologia de seu povo, inteiramente à base das relações com o divino. Provavelmente, o relato do mensageiro, no qual vivemos a luta dos helenos pela liberdade de mulheres e crianças, mas também pela morada dos deuses e pelas tumbas dos antepassados, constitui o mais belo monumento erigido às horas solenes e cruciais de um povo, porém o que determina a sua configuração não é um chauvinismo triunfante, mas, e precisamente neste acontecimento, uma fé profunda na ação do divino.

Assim compreendemos então que, nesta obra, o individual passe inteiramente ao segundo plano e que nenhum dos heróis gregos seja mencionado pelo nome. Quem venceu foi a comunidade e o poder dos deuses que nela vivem. Para apreender claramente a peculiaridade dessa arte de Ésquilo, totalmente arraigada na comunidade, basta pensar no modo como o drama histórico moderno, não menos que o romance, concentra seu interesse, sobretudo, e às vezes unicamente, nos motivos que dirigem o indivíduo.

Mas compreendemos também que não se pronuncie nenhuma palavra de desdém contra o adversário vencido, no drama que pinta com grandes traços a culpa trágica e o castigo divino. Dario interpreta a exposição contra a Hélade, durante a qual se encadeou o Helesponto como uma *hybris* odiosa, porém, muito antes, o coro já prepara essa concepção. Com aquele ascenso, tipicamente helênico, mas especialmente esquiliano, do acontecimento concreto ao conhecimento geral, canta (93) acerca da Ate, a terrível ofuscação que atrai o homem às suas redes para que nela pereça. Aqui nos deparamos com uma idéia básica da criação literária de Ésquilo, que se foi pronunciando cada vez mais. A existência do homem se encontra, por parte dos deuses, constantemente ameaçada por meio daquela tentação à *hybris*, à soberba, à arrogância, que, sob a forma de ofuscação da Ate, sobrevém ao ser humano. Sentimos a luta do poeta com as indagações derradeiras sobre a natureza da culpa e do destino, quando faz que os deuses enviem os infortúnios não indiscriminadamente, mas que eles decorram, constantemente, da falta cometida. Mas esta culpa sobrevém sempre ao homem como um destino: sem dúvida, não como se estivesse eximido da responsabilidade, pois ele, e ninguém mais, permanece como o autor da falta, ainda que o deus tenha parte no cego proceder do homem, conforme diz Dario:

739 Ai de mim! Ai de mim! Quão célere foi o cumprimento dos vaticínios. Sobre a cabeça de meu filho fez Zeus, o pai dos deuses, com que tombassem as predições divinas! Ai! Acalentava esperanças de que muito tempo passaria até que os deuses se decidissem a transformá-los em realidade; mas quando, desatento, corre o homem ao encontro do seu destino, até os céus o acompanham, facilitando-lhe a queda do mais alto dos cimos.

É preciso interpretar a palavra referente ao demônio decididamente como συλλήπτωρ (Ag., 1507) para compreender a participação divina e humana que Ésquilo reconhece no infortúnio da culpa humana. Porém o pensamento do poeta cala mais fundo e não se satisfaz com a imagem de deuses que, por meio da culpa e da ofuscação, precipitam o homem na ruína. O sofrimento que daí se origina tem um sentido profundo, é o caminho que leva o homem à compreensão e lhe permite reconhecer a eterna validade das leis divinas. Aprender e conhecer através da dor é, pois, também o caminho que Xerxes palmilha nos *Persas*, e aqui já vemos formar-se uma idéia que com toda a sua grandeza e luminosidade domina a *Oréstia*.

Os Persas já deixam claro, além disso, o que se nos depara também em outras tragédias de Ésquilo: o trágico desses acontecimentos é efeito do deus e do homem em igual medida. A ardente vontade do homem topa com uma grande ordem, apoiada no divino, que lhe mostra seus limites e faz com que sua queda se torne significativamente um testemunho dessa ordem. Tudo isto está relacionado com as questões de que tratamos no capítulo introdutório.

Na forma da tetralogia, Ésquilo configurou as lendas do ciclo tebano e, em 467, obteve com ela vitória no concurso. *Laio, Édipo* e *Os Sete contra Tebas* se uniam para formar uma trilogia à qual se seguia o drama satírico *A Esfinge*. As três tragédias são movidas pelo tema da maldição de família, que persegue a casa de Laio através das gerações, até que desmorona na mais completa ruína.

Na sua interpretação da natureza dessa maldição Ésquilo nos revela novamente uma parte de sua visão ética do mundo. Com a idéia de que os deuses amiúde só vêm a castigar o culpado na pessoa de seus filhos e filhos de seus filhos, Sólon já tentara explicar o modo como os deuses governam. Esse tipo de pensamento era afim precisamente à concepção grega da unidade genealógica através de todas as gerações. Cumpre entender como algo vivo a fé a partir da qual Ésquilo *(Coéf., 506)* vê os membros vivos de uma estirpe sob a imagem de cortiças que não deixam a rede afundar. Ora, em Ésquilo a idéia sobre a natureza da maldição da linhagem se aprofunda da tal maneira que ele não a vê como um acaso sem sentido a passar através das gerações, arrastando para a perdição seres inocentes, mas como algo que continuamente se revela em ações culposas a que se segue o infortúnio como castigo.

Também aqui a *Oréstia* nos mostrará a configuração final e completa desse modo de pensar, que, no entanto, já se insinua de forma inconfundível na trilogia tebana. A culpa reside no início do terrível fato ocorrido na casa real de Tebas. Três vezes Apolo advertiu Laio para que não gerasse filhos; somente através dessa renúncia poderá manter a cidade a salvo. Mas Laio, em sua cegueira e ofuscação, gera o filho que depois rejeita, para finalmente perecer em suas mãos. Tal devia ser, em essência, o conteúdo do primeiro drama, para o qual um novo achado (Ox. Pap. 20 n° 2256, fr. 2) nos assegura o conhecimento de que Laio proferia o prólogo, ao passo que a segunda peça (*Édipo*) revelava ao desafortunado filho de Laio seu assassínio do pai e o casamento com a própria mãe. Infelizmente, não nos é permitida qualquer comparação com o drama de Sófocles que chegou até nós, mas é certo que o de Ésquilo continha a maldição de Édipo sobre os filhos, de que haveriam de partilhar a herança pela espada. Assim, no drama conservado, já encontramos no auge o conflito entre eles. Tebas é cercada pelos Sete, por Polinices e seus companheiros, e vemos Etéocles numa posição de duplo significado: de um

105

lado, é o protetor da cidade sitiada, rei do país, a responder por ele e a acudi-lo nas agruras, e, de outro, é o filho maldito de Édipo, ele próprio condenado à perdição. A partir dessa duplicidade é que se deve entender a peça que, em si, como imagem de Tebas no perigo e na salvação, constitui um todo cerrado, um drama prenhe de espírito bélico (Ἄρεως μεστόν), como diz Aristófanes (*Rãs*, 1021), mas como tragédia de Etéocles é apenas uma parte do todo. Sua situação está de tal forma configurada que, da desgraça da cidade, se desenvolve, em sua solitária grandeza, o destino pessoal de Etéocles, no correr do drama.

A peça inicia-se com uma arenga de tipo prologal, em que Etéocles fala aos guerreiros da cidade sobre o perigo e o dever. É novamente o guerreiro de Maratona e Salamina quem faz com que Etéocles chame o solo pátrio de mãe e exija o máximo sacrifício para defendê-lo. Um esculca vem anunciar a iminência do assalto e, nos desesperados cantos de angústia do coro, que se precipita para as imagens dos deuses (como nos *Persas*, deparamos aqui uma construção que, no entanto, como nas *Suplicantes*, representa um grande altar comum a vários deuses), pintam-se desgraça e perigo. Mas Etéocles não tolera as queixas desmedidas e orienta as donzelas para a oração aos deuses.

Na parte central da peça, encontramos os sete grandes diálogos, separados por breves intervenções das partes corais, entre o rei e o esculca, nos quais se caracteriza o atacante de cada uma das sete portas de Tebas e o guerreiro tebano que, por meio de Etéocles, lhe é anteposto. Em largos trechos dessa grandiosa articulação de falas, estamos inteiramente no recinto da cidade sitiada, cuja situação aflitiva nos é revelada, cada vez mais claramente, por meio de todas as falas e cantos precedentes. Mas quando o esculca informa que diante da sétima porta se apresenta o próprio Polinices, então aflora, de forma nítida e crua, o destino carregado de maldição dos dois filhos de Édipo. Aqui já não responde o Etéocles que pondera cuidadosamente a defesa da cidade; suas primeiras palavras, ao replicar, são um lamento sobre a sorte de sua malfadada estirpe, odiada pelos deuses. Mas sabe que não há escapatória, mais ainda – e

106

nisso reconhecemos a concepção esquiliana do efeito da maldição – empenha sua própria vontade e agora ele mesmo exige a luta fratricida. Esta dupla motivação da ação, por meio da maldição da linguagem como força objetiva e por meio da vontade no próprio peito, é especificamente esquiliana; de novo encontramos o δαίμων συλλήπτωρ, porém aqui intensificado em seu efeito especial pelo fato de que, em Etéocles, o impulso para derramar o sangue do irmão no crime inexplicável, une-se à lucidez inexorável de saber o sentido do que há de vir como consumação final da maldição. Vemos os papéis invertidos; numa parte, em que Etéocles responde em forma falada ao canto do coro (falamos de composição epirremática), este adverte o rei e procura contê-lo. As donzelas, cujos gritos de terror o soberano fizera calar com rudes invectivas na primeira parte da peça, se opõem agora, com exortações maternais, à atitude impetuosa do rei:

686 *Coro:*
Filho! Pois que ainda o queres tentar? Essa louca e fatal ânsia pelo triste combate, não deixes que ela te arraste! Arroja para longe de ti o ímpeto da paixão!

Etéocles:
O céu anseia pelo desenlace. Então que se lance nas ondas do Cocito, que são sua herança, toda essa estirpe de Laio odiada por Febo!

Coro:
É o mais maligno dentre todos esse desejo que te devora e te impele a um fratricídio de amargas conseqüências, a fazer correr um sangue que te é sagrado.

Etéocles:
Não, é este o início da maldição de meu pai a se delinear. Sem lágrimas e rancorosa, aproxima-se e brada para seus ouvidos: Antes a vingança e depois a morte!

E quando o coro o aconselha a oferecer um piedoso sacrifício para aplacar a ira dos deuses e afastar o infortúnio iminente, Etéocles o rejeita com a amargura do que se sabe abandonado pelos deuses:

107

702 Penso que há muito os deuses me esqueceram!
   É só assombro que desperta a gratidão do condenado ao fim.

Se na introdução dissemos que, no âmbito do verdadeiramente trágico, era um requisito essencial que o portador do destino tivesse consciência dele em todo o seu horror e profundidade, esse requisito se cumpre na figura de Etéocles, como em poucas outras.

"Se os deuses o decretaram, não há como escapar à desgraça", são suas últimas palavras (719) e, com elas, eleva-se diante de nós até à grandeza trágica daquele que supera o inevitável ao incorporá-lo à sua própria vontade.

Depois de um angustiado canto do coro, o mensageiro anuncia a libertação de Tebas e a queda dos dois irmãos. As duas linhas do drama – o perigo da cidade e o destino da estirpe – chegaram ao término com sentidos contrapostos, e o lamento fúnebre pela morte dos dois irmãos, com a qual se extingue a linhagem, constitui a nota final da peça e da trilogia. Esta nota final, que leva um conflito cerradamente trágico a terminar na destruição de seus protagonistas, é tão significativa que se faz intolerável a cauda que apresenta na nossa versão tradicional. O arauto de um tribunal probulêntico, que só existiu em Atenas mais de cinqüenta anos depois de 467, anuncia a proibição de dar sepultura a Polinices, ao que Antígone se opõe apaixonadamente. Uma parte do coro também toma seu partido e critica a decisão do Estado. Acrescentam-se ainda alguns momentos de falação que por si realmente nada decidem, de modo que é provável que devamos relacioná-los, ao contrário de tentativas mais recentes de salvação, com uma reformulação do final para uma reapresentação ulterior da peça. Tais retomadas de peças antigas (παλαιά) eram comuns em épocas posteriores, segundo provam inscrições, e compreendemos que, sob a influência da *Antígone* de Sófocles e das *Fenícias* de Eurípides, fosse introduzido o tema do sepultamento em um drama que concluía organicamente com o extermínio da semente maldita.

As Suplicantes, sobre cuja cronologia já dissemos algo, começam como *Os Persas,* porém diferentemente dos *Sete*

108

contra Tebas, com a entrada do coro. Este é composto por donzelas com vestimentas estrangeiras, as filhas de Dânao, que, desde as margens do Nilo, através do mar, até Argos, fugiram ao casamento com os filhos do Egito, seus primos. Em Argos, outrora, Io, sua antepassada, gozou do amor de Zeus, para depois, perseguida pela cólera de Hera através de meio mundo, encontrar no Egito a libertação. Agora, a pátria da fundadora da linhagem deve dar proteção às jovens que, nos anapestos iniciais, relatam suas aflições.

Tem um significado simbólico o fato de ser "Zeus" a primeira palavra da peça. Logo no começo encontramos o deus que, para o poeta, se converteu na expressão mais profunda da sua fé, que em seu pensamento se elevou acima do olímpico e amiúde tão humano pai dos deuses do *epos*, para converter-se no protetor do direito, no sentido do mundo em geral. Também no canto seguinte vemos, num processo que se repete constantemente em Ésquilo, por meio das palavras suplicantes das donzelas, como irrompe o sentimento do próprio poeta, quando anuncia:

> 96   Ele precipita os mortais no seio de sua predição desde as altas torres de suas soberbas esperanças, e sem esforço algum, porque aos deuses tudo é simples. Sentada a mente divina no cimo do céu, executa dali todos os seus desígnios sem se mover do seu trono de glória.

Com as jovens veio o pai, Dânao. Só que, em relação ao coro, ele pouco aparece. Aconselhando e admoestando, fala às filhas, mas aquilo que diz fornece sobretudo material novo para os cantos, como se observa especialmente em 600 e seguintes.

Assim, depois do primeiro canto do coro, Dânao anuncia a aproximação do rei do país e, em tom suplicante, ordena às donzelas que se acerquem das imagens dos deuses, reunidas num grande altar (κοινοβωμία). O rei entra com seu séquito na orquestra e ouve, em longo diálogo que, posteriormente, na parte das donzelas, se eleva a canto, o motivo que as trouxera e o pedido de proteção em Argos. Esta cena de larga construção tem dupla importância para nós. Primeiro, vivenciamos em Pelasgo, pela primeira vez, a trágica angústia da decisão. Torna-se difícil repelir as jo-

109

vens, porque invocam a Zeus, que vela sobre os que rogam proteção. Mas também torna-se difícil acolhê-las, porque isso pode significar uma guerra para a cidade. Cada vez se faz mais premente a súplica das donzelas e cada vez mais difícil é a decisão do rei, que descreve sua angustiosa situação num quadro de força realmente esquiliana:

407 É este assunto que exige reflexão profunda. À maneira do mergulhador que desce ao fundo desconhecido, necessito de mente clara e olhos perspicazes, para que estas coisas se concertem sem prejuízo para a cidade nem para nós. Não desejo que as reclamações dos egípcios nos sejam causa de uma guerra, mas tampouco que, por vos entregar, depois de haverdes buscado asilo nos altares de nossos deuses, atraiamos o tremendo castigo do deus vingador, hóspede que não se afasta do culpado nem mesmo na morte, mas o persegue no próprio seio do Hades. Não vos parece, porventura, que preciso de pensar para chegar a uma boa solução?

Não obstante, ao fim, vence o coro com a terrível ameaça de se enforcar junto às imagens dos deuses e, deste modo, atrair infalivelmente uma grave mancha sobre a comunidade.

O segundo aspecto é que nesta parte nos fala o pensamento político do poeta. O rei é soberano em seu país, mas compartilha a responsabilidade com seu povo; só pode tomar decisões para este, mas nunca sem o seu consentimento. Essa imagem do governante, que quer sua ação conduzida pela vontade de seu povo, corresponde ao ideal de Estado que vimos dominar na Atenas daquela época. Aliás, encontrou também expressão nas condições argivas daquele tempo. Destarte, não é um consentimento definitivo o que o rei dá às Danaides, mas o de levar o caso perante a assembléia do povo e ali o defender de tal modo que o êxito seja garantido.

No canto seguinte, o coro fala da odisséia de Io, e de novo ascende triunfalmente de suas palavras o louvor ao mais alto dos deuses. Dânao anuncia o êxito. Os argivos resolveram acolher as donzelas, e agora brota de suas bocas um magnífico canto de vitória para Argos. Dânao indica um novo perigo. Os egípcios desembarcaram, e ele corre em busca de ajuda. Já surge o arauto dos filhos do Egito, com seus esbirros a fim de capturar as jovens, que se refugiaram, assustadas, junto aos deuses do altar. Mas na hora precisa chega o rei, faz retroceder os enviados dos egípcios e ordena que as donzelas sejam levadas à cidade.

Ora, este cântico com que se retira o coro tem a particularidade de nos esclarecer sobre o sentido da trilogia, da qual só dispomos da primeira peça. A cada uma das Danaides acompanha sua serva – temos assim um coro secundário, que até aqui permaneceu silencioso mas que agora canta. Confessa que sabe muito bem honrar Afrodite, a qual rege os laços amorosos dos humanos e ao próprio Zeus assiste em seu poder. Ao contrário do coro das Danaides, que, além de Zeus, invoca também a virginal Ártemis (150, 1031), este coro de servas sabe honrar a deusa que tem como auxiliares Himero e Peito, o Desejo e a Persuasão.

> 1035 Chipre, tampouco te olvido em meus piedosos cultos. Teu poder com o de Hera iguala-se quase ao de Zeus. Teus golpes, astuta deusa, são temidos dos mortais e assim procuram ganhar-te com homenagem reverente. Acompanham-na sempre, como à mão querida, o Desejo e a branda Persuasão, a quem ninguém resiste, e aquela harmonia, à qual deu Afrodite, por sorte, os sussurrantes requebros dos amores.

A partir daí se desenrola a seguinte pergunta: procedem direito as Danaides em fugir tão apaixonadamente da aliança com os filhos de Egito, e por que fogem com tanto empenho? Já o rei, no primeiro colóquio, formula tal pergunta, mas não obtém resposta clara. Trata-se pois de uma velha controvérsia: saber se as Danaides querem evitar precisamente esta união forçada pelos filhos de Egito, ou toda ligação com os homens em geral? No verso 9, as Danaides cantam sua αὐτογενὴς φυξανορία. A expressão, restabelecida a partir de uma corrupção do texto, mediante uma correção convincente, recebeu as mais diversas interpretações. Poderia muito bem significar uma inata aversão aos homens, mas também cabe considerar a possibilidade de que pretenda apenas indicar a livre resolução das jovens de escapar aos pretendentes. Também no decurso da peça te-

111

mos, por vezes, a impressão de que as Danaides fugiram precisamente desses candidatos brutais, enquanto que, em outras passagens, ressalta sua aversão geral e fundamental face aos vínculos matrimoniais. Somente dessa maneira se tornam compreensíveis a continuidade e o fim da trilogia. Ao final do primeiro drama, diz o coro das servas, que a realização última da mulher consiste na união com o homem; é *hybris* desprezar Afrodite, pois demasiado grande é o poder da deusa.

A segunda peça, *Os Egípcios*, introduzia no palco o coro dos pretendentes. Quanto ao seu conteúdo, só podemos inferir o essencial. De qualquer modo, os perseguidores conseguiram, por violência ou por negociações, impor o casamento com as Danaides. Este se transformou em bodas de sangue, nas quais os jovens maridos encontraram a morte pelas mãos de suas mulheres, com uma única exceção: Hipermestra poupa seu esposo Linceu. Seu destino talvez tenha constituído uma parte da terceira peça, *As Danaides*. Ela se subtraíra à vontade do pai e das irmãs, por isso levanta-se um agravo contra ela. Acorre aí em seu auxílio a deusa, cujo nome deparamos ao final da peça conservada. Com palavras que um acaso afortunado nos preservou, Afrodite anuncia seu poder:

O céu sereno quer acercar-se amoroso da terra
e a terra anseia a aliança do matrimônio.
Caudalosa jorra a umidade celeste
fecundando a terra, que produz para a estirpe dos homens
os pastos dos cordeiros e o nutritivo pão de Deméter.
Pela umidade do desejo nupcial, o fruto das árvores
atinge a sazão. E em tudo isso se manifesta minha obra!

É também no poder da deusa que Hipermestra encontra sua justificação. Isso de modo algum deve ter-se realizado num julgamento formal, para o qual Ésquilo ainda não dispunha do aparelhamento necessário, antes que pudesse introduzir em cena o terceiro ator. Devemos aceitar como muitíssimo provável que Afrodite haja decretado também a absolvição das Danaides e seu ingresso em nova aliança matrimonial. A variante de que Dânao teria posto as filhas

112

a prêmio de uma corrida poderia corresponder a isso mesmo. Seja como for, a trilogia se encerrava com a conciliação dos poderes antagônicos, no sentido de uma ordem superior, imposta aos homens pelos deuses.

A importância dos versos que nos chegaram da fala de Afrodite é incalculável, pois nos revela como a arte da época via os Eros. Aqui, o olhar não cai sobre a paixão do indivíduo, que raia pelo patológico, que tanto ocupou Eurípides. Este Eros é visto de um modo totalmente cósmico, como força primeva da natureza; ele é no homem não outro poder senão aquele que sustenta em geral a vida do mundo. Este Eros é divisado como força objetiva, e pressentimos as revoluções que teriam de ocorrer, antes que Eurípides pudesse levar ao palco uma Fedra, a qual, com a chama de seu próprio peito, põe uma casa em chamas. Por isso, tampouco nos devemos representar a ligação entre Hipermestra e Linceu como coisa desenhada com individualismo erótico. A confirmação disto, quase desnecessária, no-la oferece uma passagem do *Prometeu* (865) que, numa indubitável referência à nossa trilogia, narra ter Hipermestra poupado Linceu pelo desejo de ter filhos, inato na mulher.

Ao fim da tetralogia, o drama satírico *Amimone* põe em cena uma filha de Dânao, de quem Posseidon se aproxima apaixonado.

Duas coisas ainda é mister dizer, ao falar desta peça: a primeira se refere à tragédia esquiliana em si, e a outra, ao caráter especial do drama.

Aqueles elementos que consideramos ação no sentido próprio da palavra distribuem-se de maneira muito desigual no drama e se concentram precisamente em suas últimas partes. Aí, os egípcios desembarcam, o arauto chega, as jovens vão ser arrancadas de seu asilo, o rei se aproxima com seus guerreiros e traz ajuda. A acumulação de acontecimentos dessa parte se contrapõe aos extensos cantos e diálogos da parte inicial, bem mais longa, na qual somente a ameaça de morte, que paira sobre as jovens, atua dramaticamente sobre nossa sensibilidade. Essa distribuição da reflexão, de um lado descrição lírica de estados de alma e oração e, de outro, ação, volta a repetir-se nos demais dra-

113

mas de Ésquilo, principalmente nas duas primeiras peças da *Oréstia*. Aqui, cumpre falar do arcaico, por muito pouco que o conceito em si possa explicar Ésquilo, e constatar uma separação entre a ação e aquele Logos que revela as forças internas que a movem. Devemos já aludir aqui à obra perfeitamente clássica de Sófocles, na qual a compenetração recíproca dos dois elementos alcançou a derradeira altitude.

A preponderância de grandes partes corais na primeira metade do drama salta à vista principalmente em *Agamenon*, a única peça, além das *Suplicantes*, que conhecemos com certeza como a primeira peça de uma trilogia. Aqui e ali, acrescenta-se à peculiaridade esquiliana da composição, há pouco apontada, a circunstância de que a essas massas de cânticos incumbe não apenas expor esta peça, mas a trilogia toda em seu conteúdo religioso. Além disso, no caso das *Suplicantes,* deve-se ter em conta o papel especial que o coro desempenha na peça como protagonista propriamente dito. Todas essas considerações explicam a "coralidade" precisamente deste drama, a qual é estimada como um traço altamente arcaico e que, durante muito tempo, se quis converter no argumento maior em favor da extração temporã da obra.

Isso nos leva a relacionar a idéia que se tinha da grande antigüidade da peça com a notícia que se vê em Pólux (4, 110), de que o coro da tragédia se compunha originariamente de 50 cantores. A lenda nos informa que as filhas de Dânao eram cinqüenta e, embora nossa peça não contenha qualquer indicação desse tipo, as Danaides, em todo caso, falam uma vez (v. 321) dos 50 filhos do Egito. Ora, não devemos duvidar incondicionalmente da informação de Pólux, porque também os antigos coros cíclicos, que cantavam o ditirambo, tinham cinqüenta coreutas, mas às *Suplicantes* não se pode aplicar, de nenhum modo, aquilo que agora sabemos sobre o tempo de sua representação. Antes, devemos supor para essa peça os doze coreutas que, além do mais, estão atestados no caso de Ésquilo. Ainda na *Oréstia* é possível comprovar, de maneira incontestável, tal número de coreutas, na cena do assassinato de Agamenon no

114

interior do palácio (v. 1346). Sófocles elevou a quinze o total de coreutas.

Embora desapareça a necessidade de supor para a peça um aparelho extraordinariamente grande de pessoal não obstante, o cenário das *Suplicantes* apresentava um animado movimento de grupos. Já que na cena final (v. 977) se diz expressamente que cada uma das servas deve colocar-se junto à sua ama, cumpre admitir um coro secundário de igual número ao das Danaides. Além disso, nem o rei do país, nem o arauto dos egípcios aparecem sozinhos no palco. Este traz consigo número suficiente de esbirros para levar as donzelas, aquele comparece com guerreiros em número suficiente para repelir o ataque. No total, devemos contar aqui com o emprego especialmente abundante de figurantes, que, no entanto, tampouco poderiam faltar nos *Persas* e nos *Sete*.

Em compensação, o cenário era simples, a orquestra ainda não apresenta fundo fixo, mas uma construção de altura mediana que, neste caso, representava o altar da comunidade dos deuses e era provido de estátuas ou símbolos. Que o coro se movia por essa construção, no-lo sugerem certas passagens, que têm o sentido de direção cênica e dirigem as jovens para o altar ou dele para a orquestra (189, 508, 730).

A criação literária de Ésquilo encontrou na trilogia a forma apropriada que lhe permite ultrapassar o segmento singular do acontecimento, naquelas conexões maiores nas quais, e somente nelas, se revela todo o seu sentido. Assim, também, só podemos compreender o poeta por inteiro em sua *Oréstia*, composta das tragédias *Agamenon, As Coéforas* e *As Eumênides*, que se conservaram, e do *Proteu*, drama satírico perdido, e que em 458 obteve a vitória, que lhe continuará a pertencer na literatura universal, enquanto existirem seres humanos cujas mentes e corações estejam abertos à sua grandeza.

Começamos pela constatação, inteiramente extrínseca, de que o número de versos nos três dramas era de, respectivamente, 1673, 1076 e 1048, e daí depreendemos que a primeira peça é, ao mesmo tempo, uma exposição da trilo-

115

gia inteira, algo semelhante ao que podemos perceber nas *Suplicantes* em relação à trilogia das *Danaides*.

A cena nos oferece uma nova visão: pela primeira vez encontramos a parede do palco fixa, que, em todas as épocas do teatro clássico, foi uma construção provisória de madeira e aqui representa o palácio dos Átridas em Argos. Uma sentinela está deitada no terraço e se queixa do desconforto da vigília noturna, que, por ordem de Clitemnestra, lhe incumbe manter, para vigiar os sinais de fogo que, transmitidos de montanha a montanha, anunciarão a Argos a queda de Tróia. Todavia, não é só das agruras da vigília noturna que ele se queixa; pesa-lhe no coração que na casa de seu rei a antiga disciplina haja cedido lugar à mais vergonhosa corrupção. De repente, tem um sobressalto: as chamas brilham sobre as montanhas, anunciando a vitória; exultante, salta de alegria. No mesmo momento, porém, susta-se o seu júbilo triunfal: por certo é uma idéia agradável a de estreitar as mãos do senhor que regressa, mas temerosa inquietude desce dos muros do palácio que encerra a culpa e o crime. Entende-se, pelo que já dissemos, que este prólogo da sentinela deriva daquele prólogo que, num estágio primitivo, precedia, elucidante, o canto do coro. Mas em que veio a converter-se, na arte de Ésquilo, esse instrumento de explicação do tema! As palavras iniciais das *Fenícias* de Frínico nos deixam entrever a incrível distância. O prólogo de *Agamenon* está, como parte essencial da exposição, não só perfeitamente integrado na peça, como também, em seus poucos versos, nos transmite toda a atmosfera básica do drama, mas sobretudo prefigura aquela mudança em que, no que segue, o júbilo ascendente, inspirado pela queda de Tróia, é sempre de novo sufocado no surdo horror que sobe dos muros da mansão maldita.

Isto também soa nos cantos do coro de anciãos argivos, que entra neste momento. É claro que nos anapestos se fala de Páris, que pisoteou a hospitalidade ao raptar Helena e por isso não pode escapar à sua perdição, mas na Erínia que chega sempre (58), embora tarde, vem à tona a idéia de culpa e expiação, que constitui um motivo básico de toda a trilogia. Assim, também o canto seguinte, com seus grandiosos sistemas de estrofes, principia imediatamente com o signo da águia a devorar uma lebre, o qual anuncia não só a vitória final ao exército, que na Áulida está pronto a largar, como, ao mesmo tempo, o sacrifício de Ifigênia, exigido por Ártemis. E com efeito a deusa impede a partida da frota, e Agamenon vê-se diante da terrível necessidade de decisão: ou sacrificar a própria filha no altar, ou sacrificar a glória e o objetivo da expedição bélica. Vemos novamente o homem de Ésquilo naquele imperativo do destino, que, no entanto, não o exime do fardo da própria responsabilidade. Os Átridas atiram ao chão os seus cetros, de seus olhos brotam lágrimas e o homem se rebela sob o jugo de Ananke. Mas a decisão continua em sua mão. Novamente vemos que Ésquilo interpreta os eventos humanos como um engrenamento da coação do destino e da própria vontade, quando diz de Agamenon: ele se curvou sob o jugo da necessidade e dirigiu o senso para o crime (218). De modo impiedoso se nos desvenda o quadro da virgem que implora por sua vida a ouvidos surdos. A significação dessa parte ultrapassa de longe a de um relato coral-lírico, como aqueles que, por exemplo, Eurípides incrusta à guisa de ornamento: forjou-se um elo daquela terrível cadeia de culpa e expiação – Ifigênia foi sacrificada, a frota pode partir, mas despertos permanecem o Ódio e a Vingança de Clitemnestra, no palácio dos Átridas (155). As palavras alusivas do prólogo da sentinela adquiriram maior profundidade.

O poderoso canto aparece tripartido, numa forma que amiúde se repete em Ésquilo: no meio entre o oráculo da águia, com seu horrível presságio, e sua consumação no sacrifício de Ifigênia, ergue-se significativamente, conduzindo-nos da maior necessidade às alturas libertas, aquele magnífico hino a Zeus, em que devemos deter-nos brevemente, pois constitui o testemunho mais impressionante da religião de Ésquilo:

160 Zeus!... Seja Zeus quem for! Que a minha invocação,
se lhe apraz, encontre-o propício!
Depois de muito ponderar, somente em Zeus
diviso o fim de minha angústia enorme.

Aqui se usa a antiqüíssima forma cultual do hino de invocação. Sua raiz última é a idéia, amplamente difundida pelo mundo inteiro, do poder mágico do nome: quem pretenda realmente alcançar deus com sua invocação, deve chamá-lo por seu verdadeiro nome e, se tem diversos, por todos os seus nomes. Mas quão profundo é o conteúdo que Ésquilo dá a essa antiqüíssima forma! Mesmo quando começa com Ζεὺς ὅστις ποτ᾽ ἐστίν, no "quem quer que seja" não se exprime a dúvida sofística sobre a cognoscibilidade de sua essência, mas a superabundância do coração, que já não sabe falar de seu deus por meio de palavras. Mas, ao mesmo tempo, expressa que este deus é superior àquele a que a poesia homérica dava o nome de Zeus. Já indicamos antes, rapidamente, que o sentimento religioso do homem grego não podia lograr satisfação no mundo dos deuses olímpicos de Homero. Encontramos no êxtase um caminho palmilhado pela religiosidade grega em muitos cultos de mistérios, não só nos de Baco, e sabemos que outro caminho, muito diferente, nos introduz no âmago da filosofia grega. Em ambos os casos não se trata de um ulterior desenvolvimento da religião homérica nos quadros da sua tradição, sendo ela procurada em uma terceira via, cujo ápice é representado por Ésquilo. Já Píndaro abordara os mitos tradicionais com uma crítica ética, a qual é atestada por sua rejeição da lenda de Pélops em sua forma usual no primeiro canto olímpico de vitória e da luta entre Apolo e Heracles pela trípode, no nono. No entanto, enquanto ele simplesmente toma a insuficiência moral do que é relatado, como motivo para sua recusa, Ésquilo penetra muito mais fundo. Para ele, a figura de Zeus sobrepõe-se às de todos os outros deuses, em suas mãos repousa o direito, que ele faz triunfar no correr das coisas, e seu domínio está tão profundamente entrelaçado a este mundo que ele se torna o portador de seu verdadeiro sentido. Assim o diz o poeta no hino de *Agamenon:*

176   Agora os mortais que reconhecem
        convictamente em Zeus o vencedor final
        desfrutam do conceito dos mais sábios,

pois foi o grande Zeus que conduziu os homens
pelos caminhos da sabedoria
e decretou a regra para sempre certa:
"o sofrimento é a melhor lição".
Da mesma forma que em pleno sono, quando
somente o coração está desperto,
antigas penas nossas voltam à memória,
assim aos homens vem, malgrado seu,
a sapiência; essa violência boa
é comunhão da graça procedente
dos deuses entronados em augustas sedes.

Aprender por meio do sofrimento; aqui, como em outras passagens da trilogia, é expresso o que constitui o sentido dos acontecimentos, ou uma parte desse sentido; pois
o todo só o temos em mãos quando lhe acrescentamos o
outro conhecimento: quem faz, tem de pagar, diz um antiqüíssimo provérbio (*Coéf.*, 313). Agindo, o homem cai em
culpa, toda culpa encontra sua expiação no sofrimento, e o
sofrimento leva o homem à compreensão e ao conhecimento. Este é o caminho do divino através do mundo, tal como
Ésquilo o viu.

Em Zeus, também encontra suspensão a antinomia entre a coação do destino, que às vezes se apresenta como
maldição de uma linhagem, e o livre arbítrio do ser humano.
Zeus e o Destino significam o mesmo, dizem as últimas palavras da *Oréstia*, mas é Zeus também que conduz o homem
pelo árduo caminho para o conhecimento, através da ação
e da dor, Zeus está em tudo: "Zeus que tudo faz e causa
tudo! Que acontece a nós, mortais, sem Zeus?" (*Ag.*, 1488).

Depois do canto do coro, Clitemnestra entra em cena
e mostra aos anciãos o fanal, no brilhante relato da chama
que salta de monte em monte até trazer sua mensagem a
Argos. Poderosa e autoritária ergue-se diante dos anciãos,
sentimos que não é só a eles que domina. Nenhum júbilo
puro ressoa no canto seguinte do coro. Somente a vontade
de Zeus e sua infalível punição é o que revela a queda de
Tróia. Logo o canto volta a alargar-se para o pensamento
geral de culpa e expiação, que dessa maneira experimenta
aqui uma intensificação, até falar da vingança que atinge

119

inclusive os descendentes (374). Isso não se refere a Páris, mas à casa diante da qual canta o coro. Então, com a menção a Helena (402), cai a palavra que transporta à maldição pairante sobre uma luta na qual, devido à vontade de uma mulher, um povo deve derramar sangue. Como quer que comece o coro, seu canto sempre se encaminha com necessidade interna para a culpa que reside na atuação dos Átridas. E o fato de a transição das idéias não coincidir com a divisão estrófica, mas de passar livremente por cima desta, é expressão formal de sua necessidade interna.

Nesse ínterim, o exército desembarcou, e vemos que na obra artística de Ésquilo o transcurso calculável do tempo não tem importância alguma diante da configuração do poema. A escusa do racionalismo, de que o canto coral intermediário significa um lapso de duração indeterminada, é refutada pelo claro parêntese das palavras finais do coro (475), segundo as quais a notícia transmitida pelas tochas corre pela cidade, e ela receberá agora desmentido ou confirmação.

Chega o mensageiro, ouvimos seu júbilo face à pátria reencontrada, ouvimos acerca das agruras da expedição e da tempestade que destruiu uma parte da frota e desgarrou Menelau; assim é ligada à trilogia o drama satírico *Proteu*, que se baseia no relato da *Odisséia* (4, 364).

Quem compreende a arte do poeta, percebe como o comovente pensar e sentir do homem simples permanece, em meio ao acabrunhante horror, intocado por este, tal como o veremos na figura da ama nas *Coéforas*. Novamente aparece Clitemnestra e triunfa das dúvidas do coro quanto à verdade da mensagem das fogueiras. Agora sabemos também que ela vai receber com humildade hipócrita o marido a quem odeia, a quem há muito tempo vem traindo com Egisto.

O terceiro canto do coro começa com Helena, a verdadeira destruidora de Tróia, porém volta ligeiro ao significado do todo, e de novo somos introduzidos um pouco mais fundo neste significado. Num vigoroso tom de confissão, o poeta vai de encontro à crença do seu tempo, de que os deuses, movidos por pérfida inveja, põem abaixo a felicidade humana demasiado grande:

120

750 Repetem os mortais há muito tempo
velhíssimo provérbio: "Da fortuna
desmesurada de um homem brotam
inda maiores males para os seus".
É diferente o seu entendimento:
ações iníquas geram fatalmente
iniqüidades umas sobre as outras,
idênticas em tudo à sua origem
porém nas casas onde houver justiça
jamais perfeitos filhos faltarão.

Aqui se nos diz claramente o que já acreditávamos reconhecer na trilogia tebana: a maldição, que engendra a culpa como o maior dos males, surte todo o seu efeito pelo fato de, a partir dela, surgir fatalmente nova culpa através das gerações e com isso sempre novos desastres. Não que dessa forma a *Oréstia* se transforme em um exemplo moral em que se compensam simplesmente culpa e expiação; vemos, porém, o destino e a culpa naquele encadeamento indissolúvel que determina a estrutura interna da trilogia.

Encontramo-nos ao final da primeira metade do drama, e os críticos imbuídos das categorias aristótelicas e modernas poderão achar que até agora faltou ação. Aprendemos a compreender aquela forma do drama esquiliano, em que os acontecimentos externos significam em tão escassa medida o todo, que nunca se concede espaço bastante amplo à interpretação de seu sentido. E com que extraordinária mestria Ésquilo permite que as nuvens negras se adensem cada vez mais sobre o palácio maldito dos Átridas! De um momento para o outro tem de cair o raio; esperamo-lo com tanta ansiedade quanto uma libertação. É então que, de volta para casa, Agamenon entra em cena. A tristeza de sua vitória está em suas palavras; abalado, defronta-se com seu próprio feito: "Por uma mulher, a ruína de todo um povo" (823). Clitemnestra lança sobre o rei a invisível rede da hipocrisia, à qual há de seguir, no palácio, a outra atrozmente real e antegoza o triunfo no ceder do vencedor, a quem ela força a pisar, no caminho da morte, o purpúreo tapete que se estende até o palácio. Terrível duplo sentido

121

tem seu apelo ao Zeus da consumação, com que, ao fim da cena carregada de tensão, penetra no interior da mansão.

O coro assistiu ao retorno do vencedor, mas está tomado unicamente de profundo terror. Então Clitemnestra volta a sair do palácio. Com Agamenon chegou uma estrangeira, Cassandra, filha de Príamo, que o rei trouxe como sua mulher. Ela deve morrer com o rei, por isso Clitemnestra, com palavras amistosas, convida-a a entrar em casa. O silêncio, que nenhum poeta manejou com igual mestria, como meio de expressão, dá-lhe a resposta. Mal a rainha se retirou, Cassandra irrompe em gritos selvagens. O deus que a obrigou a realizar um terrível e nunca recompensado serviço de profeta, Apolo, desceu sobre ela, dando-lhe a contemplar o horrível passado da casa diante da qual se encontra.

Os cantos do coro já nos fizeram ouvir muito sobre culpa e expiação, reconhecemos no sacrifício de Ifigênia um elo dessa cadeia. Mas agora a vidente arranca o véu de sobre as coisas, e nosso olhar remonta às profundezas da história amaldiçoada dos Átridas. Essa casa é um matadouro humano, o sangue brilha em suas escadarias, e lá estão, chorando e gemendo, os meninos que Atreu trucidou para servi-los em banquete a seu irmão Tiestes. Nunca se afasta dessa casa o coro das Erínias, que nela se embriagou de sangue humano. Assim se vai propagando o crime, nele Agamemnon cairá e também para Cassandra não há escapatória. Nenhuma análise pode mostrar a arte do poeta que, depois do apaixonado êxtase das partes líricas, entrelaça, com palavras inexoráveis, as idéias de destino e culpa com a realidade da história dos Átridas. Por duas vezes, os concisos discursos alternados, as esticomitias, articulam o grande discurso, e a cada vez volta a irromper depois disso a vidência sobre Cassandra. Em seu caminho para a morte, no palácio, ela atinge grandeza trágica. Consciente, caminha para a destruição inevitável, parente próximo daquele Etéocles, que abandona o palco com palavras deste conhecimento. E a par da grandeza de Ésquilo, sentimos também sua humanidade, quando faz com que Cassandra, numa última vez, no acendrado desejo de viver, próprio da juventude,

122

recue com um frêmito de horror ante a sangrenta exalação que da porta do palácio lhe vem ao encontro, antes de, completamente perdida, se render.

O duplo homicídio foi perpetrado, o coro trêmulo não sabe o que fazer, então se abre o grande portal do palácio, e vemos Clitemnestra de pé, ao lado dos dois corpos, com o machado ensangüentado na mão. Cenas como esta, nossa fantasia quer vê-las plasticamente realizadas e, na medida do possível, recuperar a impressão do palco antigo. Mas aí sempre tropeçamos nos limites de nosso conhecimento. Neste caso, e em todos os casos análogos do teatro clássico, parece-nos suficiente abrir uma grande porta central, e recusamo-nos a admitir que já nesta época existisse o *ekkyklema*, máquina provida de rodas, sobre a qual se podiam levar do interior da casa para o palco cenas pré-fabricadas.

O crime foi cometido, Clitemnestra continua a assumi-lo inteiramente. Com palavras de fúria glorifica a mancha de sangue que traz sobre a fronte qual uma bênção celeste que umedecesse o campo semeado. Tem início uma longa e difícil luta com o coro, que lhe lança ao rosto a monstruosidade de seu crime. Mas o arrependimento está longe desta mulher altiva, nenhuma mudança se produz nela; isso é estranho ao drama daquele tempo. Contudo, nela se abre outro conhecimento. A ação que ela executou em sua ardente paixão se lhe aparece claramente como um elo da terrível cadeia que encerra a casa dos Átridas. Torna-se-lhe visível a dupla face do ato, dada pelo destino e pela vontade, aqueles poderes que em Ésquilo encontramos sempre ativos em fatídica convergência. Nela agiu o demônio da casa, e continuará agindo. Ela gostaria de traficar com ele, comprá-lo com todos os seus tesouros, para que finalmente se afaste, mas sabemos, com o coro, que seus esforços são vãos: quem faz deve pagá-lo. Com Egisto, o amante covarde, que se gaba do ocorrido, ela volta ao palácio. Egisto esteve a ponto de lutar com os anciãos indignados, mas Clitemnestra manteve a paz. Já aconteceu o bastante, sua embriaguez de sangue se evaporou, deixando atrás de si o fastio. Que os anciãos voltem em paz às suas casas, antes que também neles se enredem crime e sofrimento, na sua

123

urdidura. Simbolicamente, ressoam mais uma vez as terríveis palavras: παθεῖν ἔρξαντας (1658).

Do prólogo da segunda peça, pronunciado por Orestes junto ao túmulo do pai, só temos resquícios, mas vemos que também aqui a atmosfera emocional era intensa. Orestes chegou de longe e agora se encontra postado, em prece, junto à tumba de Agamenon, ponto central da segunda peça, *As Coéforas*. Seu coração é puro, mas também a ele a casa arrastará na corrente da maldição, pois sobre Orestes pesa o decreto de Apolo de vingar em sua mãe a morte do pai. Já se aproximam algumas mulheres, Coéforas, que trazem oferendas ao túmulo. Electra as conduz. Terríveis pesadelos levaram Clitemnestra a enviar as dádivas para aplacar o morto. Mas Electra não pode rogar pela mãe, ela ora pela volta de Orestes e pela vingança, enquanto verte as oferendas. Seus cabelos e pegadas são conhecidos pelo irmão, que se mantinha escondido; ele aparece e se dá a conhecer à irmã, que saúda nele o pai, o irmão e o rei. Orestes fala da ordem inexorável de Apolo, e segue-se então aquela grandiosa parte lírica em que o coro, Electra e Orestes, num entrelaçamento sumamente artístico, se unem no *kommos*, o canto junto à tumba. Repetidas vezes invoca-se a ajuda de Agamenon; à maneira primitiva, o morto é concebido como poderoso demônio atuante e é conjurado com toda a magia do culto funerário. E mesmo assim o *kommos* não se refere somente a ele. Seria certamente um erro afirmar que Orestes resolve matar a mãe levado por todos os relatos da afronta sofrida pelo pai e dos tormentos de Electra, pois já entra no palco com a decisão. Todavia, uma vez mais, recordamos que nas ações dos homens atua o destino decretado pelos deuses e sua própria vontade. Já vimos ademais o demônio como συλλήπτωρ, coadjuvante na paixão humana, assim o ato de Orestes lhe veio inicialmente de fora pela ordem de Apolo. Por isso, deve também, ao fim, ser dele redimido. No entanto, para que antes se converta para ele em infelicidade, deve ser assumido inteiramente por sua vontade. E isso vivenciamos com Orestes naquela passagem do *kommos* em que exclama: "ela deve ser castigada" (435). Aqui não pensa mais em Apolo, ao qual a peça não volta até o momento da breve exortação de Pílades (900) e no seu final; os δαίμονες do verso (436) são aqueles poderes das profundezas, em cujo domínio se move todo o *kommos* (475). Orestes tampouco pensa na proteção do deus, de que só se lembrará mais tarde; o que deseja é vingança, ainda que lhe custe a vida (438).

A coriféia ainda relata o sonho de Clitemnestra, no qual julga dar à luz um dragão que lhe suga o sangue do peito, logo se discute o ardil pelo qual Orestes há de aproximar-se do palácio. De novo chegamos ao meio da peça, antes que se inicie a ação propriamente dita. Fazendo-se passar por um andarilho da Fócida, Orestes se acerca de Clitemnestra e lhe comunica a morte do filho no estrangeiro. Não se trata de fingimento, quando ela pronuncia umas breves palavras de lamento. Provavelmente deve desejar a morte de Orestes, no entanto crê reconhecer também nesta morte a fatalidade que pesa sobre a casa, diante da qual ela se torna tão clarividente. Convida Orestes a entrar e manda chamar Egisto. Isso representa o máximo perigo, pois se ele vier acompanhado de homens armados, tudo estará perdido. Clitemnestra enviou a ama de Orestes com a mensagem, uma mulher simples que, inatingida pelas desgraças e vícios da casa, pranteia em comovedora fala a morte da criança que ela criara com todos os cuidados necessários. Quando o coro lhe avisa que tudo ainda pode acabar bem, prontifica-se a dizer a Egisto que venha sem homens armados.

Depois de um canto do coro em que de novo se conjuram as forças do abismo, apresenta-se Egisto e logo sucumbe pela mão de Orestes. Clitemnestra se precipita do aposento das mulheres, a frase do criado "os mortos matam os vivos" ilumina-lhe, com fulgor de um relâmpago, o sucedido. Orestes já corre atrás dela. No terror da morte, procura despertar seus sentimentos filiais; repetidas vezes aparece a palavra τέκνον, enquanto Orestes evita o nome da mãe. Quando ela desnuda o seio, Orestes sente faltar-lhe as forças da vontade e Pílades, que só fala neste momento da peça, precisa obrigá-lo a cumprir a ordem do deus. E então dá Clitemnestra à morte.

125

Num claro paralelo com *Agamenon*, também este drama, depois de longa preparação em várias fases, passa à ação. E aqui como lá, à conclusão, delineia-se com nitidez sua dupla face. Por mais que o coro louve a Argos libertada, o homicídio era ao mesmo tempo necessidade e crime. Já Cassandra falara profeticamente daquele que coroaria o edifício de crimes da casa (*Ag.* 1283) e o coro apresenta (466), depois do *kommos*, o matricídio como parte da maldição que pesa sobre a família. Novamente, como em *Agamenon*, abrem-se as portas do palácio e o assassino está postado junto de suas duas vítimas. Com o último resquício de razão luta por justificar-se, agarra-se à ordem de Apolo. Nessa cena, que mal tem comparação no teatro trágico, a força da imagem verbal esquiliana alcança seu ponto culminante. Mesmo a melhor das traduções só poderia ser uma sombra:

1021   Para que vós saibais – pois eu não sei aonde isto irá parar – parece-me segurar as rédeas de cavalos desgarrados fora da pista, meus sentidos indômitos arrastam-se de roldão e o terror surge prestes a soltar seu canto, ante meu coração que salta de raiva – até que ainda me domino suficientemente para proclamar a todos os meus: – Sim, matei minha mãe, mas com todo o direito, porque manchada pelo assassínio de meu pai e odiada pelos deuses. E grito bem alto que o filtro que me deu coragem foi o oráculo de Lóxias, adivinho de Apolo. Vaticinou-me que se executasse a vingança não incorreria na acusação do crime; se a preterisse, não vos referirei os castigos, pois nenhum desses tormentos atingiria o alcance do arco.

É vã sua luta. Visíveis somente para ele se erguem terríveis figuras, as Erínias.

1048   Ai! Ai! Vede, as escravas!... Ei-las! Parecem as Górgonas vestidas de negras túnicas com as cabeleiras revoltas de serpentes!... Não posso mais ficar aqui!

E, fustigado pela loucura, foge precipitadamente.

Em meio à profunda paz da paisagem montanhosa de Delfos começam *As Eumênides*, a terceira peça. Com devota prece, a sacerdotisa de Apolo ingressa no templo, mas imediatamente, toda marcada pelo terror, volta a precipitar-se para fora. Junto à pedra sagrada do deus, que significa o umbigo do mundo, está sentado Orestes com a espada ensangüentada e ao seu redor dorme a horda das Erínias. Então se abre o templo, mostrando seu interior. O próprio Apolo aproximou-se de Orestes, acudiu ao seu chamado e não quer abandoná-lo. Quando a sombra de Clitemnestra desperta as Erínias para a perseguição, ele, o deus da luz, expulsa do seu templo as filhas da noite. Anteriormente já enviara Hermes com Orestes para Atenas:

79 Quando, porém, chegares à cidade de Palas, cai de joelhos, abraçando sua antiga imagem. Aí, com juízes e palavras acalmadoras, encontramos modo de ficares completamente livre da angústia. Fui eu, com efeito, quem te persuadiu a matar tua mãe.

Ainda nos é acessível a antiga lenda, segundo a qual Apolo, que ordenara o crime, também sozinho absolveu Orestes em Delfos. Mas a solução de lavar o sangue humano mediante o sangue de animais sacrificados já não é suficiente ao pensamento do poeta que, ao lado da antiga expiação do assassinato, que ele não abandona, coloca outra solução, que seu coração lhe dita: Orestes vai para Atenas, onde a própria deusa da cidade, Atená, por meio da fundação do Areópago, deposita o direito nas mãos dos homens, que julgam segundo os preceitos da justiça, ali onde nos velhos tempos eram praticados ritos mágicos de purificação.

O local da cena muda. Em Atenas, está Orestes sentado junto à imagem da deusa da cidade. Logo o encontram as Erínias e, dançando ao redor de seu asilo, cantam seu canto de aprisionamento, o ὕμνος δέσμιος. Mas nem só terror suscitam elas; através delas também fala o poeta, quando apregoam a bênção daquele temor que resulta saudável ao homem e sem o qual a vida de uma comunidade se vê desfeita:

389 Que mortal haverá que, ouvindo-me, não respeite nem tema uma lei que o destino impôs e os deuses sancionaram?
Possuo antigas prerrogativas – não sou desprezível, não obstante habitar sob a terra, em um crepúsculo onde o sol não abre.

127

Atená estabelece então o tribunal, composto por cidadãos de sua cidade, e realiza-se o processo no qual o próprio Apolo aparece perante os juízes de Atenas e defende Orestes contra as Erínias. Mas já ouvimos o poeta dizer que não se pode lavar o sangue de um assassínio e que a culpa, uma vez gerada, sempre prolifera. Como pode Orestes ser absolvido? Seu caso é insolúvel para a ponderação calculada (470!), o que se expressa na insatisfatória briga da cena do julgamento e, especialmente, no empate dos votos. Porém, o deus supremo que rege o universo segundo leis eternas, conhece também a χάρις, aquela misericórdia capaz de resolver o que parece insolúvel. Sua filha predileta, Atená, estatuiu que um empate significa absolvição. O homem não pode, por suas próprias forças, sair do círculo em que a culpa e o destino o encerram, mas pode resgatá-lo a χάρις dos deuses em cujas mãos nos encontramos. É o que o poeta quer dizer quando sua peça, na última parte, traz os próprios deuses ao palco. Cheio de alegria, Orestes pode regressar à sua pátria, e Argos deve permanecer para sempre a aliada mais fiel de Atenas. Estamos na época em que a aliança com Argos, com sua ponta dirigida contra Esparta, era de importância decisiva para Atenas.

Mas as Erínias ainda estão iradas, e com cantos malignos querem carrear desgraças sobre a terra de Atená. A deusa as enfrenta com palavras tranqüilas (a maior parte apresenta composição epirremática em sua alternação de prosa e canto), até que estes espíritos da vingança se deixam aplacar; daí por diante querem gozar de culto em Atenas como Eumênides e prometem derramar largas bênçãos sobre o país da deusa. Pois desde os mais remotos primórdios são espíritos da subterrânea profundeza, a qual os gerou, e, como tais, caracteriza-as, na religião grega, além do horror do subterrâneo, o poder de bênção que dormita na profundeza da terra. Não são derrotadas e expulsas do mundo, ao ver de Ésquilo, mas inseridas neste com a bênção daquele temor, que é veneração saudável, e com as dádivas que, segundo crença piedosa, enviam das profundezas.

A terceira peça da *Oréstia* é sobretudo apropriada para indicar-nos um traço essencial de tragédia ática, que é da

128

maior importância. O drama se inicia diante do palácio de Atreu, em Argos, leva-nos a Delfos, e encontra seu fim e solução no solo de Atenas. Dessa forma, todas as perguntas, de que é pródiga esta trilogia, são totalmente incorporadas à vida da comunidade ateniense. Quem quisesse ver nisso uma atualização do mito em função do espetáculo de gala estaria em definitivo impedido de compreender a tragédia ática. Aqui não se trata de introduzir idéias no tema, a fim de forçar, assim, maior proximidade da vida; aqui a configuração da obra se plasma a partir de um saber verdadeiramente religioso do caráter sagrado do solo pátrio.

O tribunal, em cujas mãos a própria Atená deposita o direito que procede de Zeus, é aquele Areópago que poucos anos antes da apresentação da *Oréstia* fora arduamente combatido. A estrutura única da *polis* ática, que sobrevivera à grave crise dos anos das guerras médicas, começava a ceder às pressões em favor de uma radicalização da democracia, e Efialtes conseguira despojar o alto conselho do Areópago, portador da tradição política, de todos os seus direitos, menos a jurisdição em assuntos de sangue. Ésquilo não coloca nas *Eumênides*, que não é uma peça de tendência, qualquer protesto contra este fato específico. O Areópago fundado por Atená, como aquele da época em que foi representada esta peça, só tem em mãos a jurisdição nos assuntos de sangue. Mas é com temor que o poeta vê o espírito da evolução e, inspirando-se totalmente no mundo de seu pensamento ético, faz Atená dizer, no discurso de fundação:

696   O conselho que dou a meus cidadãos é que se guardem respeito-
samente quer da anarquia quer do despotismo, e que não expulsem
completamente o temor para fora da sua cidade. Que mortal guar-
dará a justiça se nada tem a temer?

Também aqui não se impõe atualidade à peça, como acontece às vezes nos ataques de Eurípides contra Esparta. Surgido totalmente do espírito da peça, o que Ésquilo põe na boca de Atená não é outra coisa senão o que as Erínias haviam proclamado anteriormente. Sua tragédia é política no mais nobre sentido da palavra, no da educação, que não se acrescenta à obra de arte como objetivo, para assim infalivelmente destruí-la, mas que decorre da força viva nela encerrada.

No capítulo introdutório tomamos posição quanto ao problema de saber se o intuito pedagógico é compatível com a grande obra de arte e se cabe exigi-lo do autor. Pareceu-nos ter encontrado o correto em Goethe e não em Lessing, mas de modo algum excluímos, para o teatro ático, as cenas em que o autor trágico se dirige diretamente a seu público. O exemplo mais grandioso de como isso pode suceder, sem que se destrua a moldura da peça, nos é dado pelas *Eumênides*.

A passagem que acabamos de citar provém do solene discurso de Atená com o qual ela anuncia, antes da votação, que o Areópago deve ser para todo o sempre um refúgio da justiça em Atenas. Começa com as seguintes palavras (681): "Ouve então o que vou fundar, povo da Ática". Formulemos de pronto a pergunta referente à técnica teatral, trata-se de saber primeiro a quem se dirigia Atená aqui na realidade da apresentação, para em seguida aprender outras coisas. O racionalismo se vê tentado a colocar em cena, junto aos partidos disputantes e junto aos juízes, um grupo de figurantes mudos, que representariam "o povo de Ática". Basta considerar apenas o *ethos* do lugar, para reconhecer que a solução mais simples é a correta. A deusa de Ésquilo não se dirigia a ninguém mais exceto ao próprio povo da cidade reunido no teatro! O livre jogo na orquestra permitia com facilidade esse endereçar-se aos espectadores, que nos mostra nitidamente o vínculo que unia a obra de arte à comunidade, vínculo que atualmente mal podemos conhecer. Aquela unidade da vida cultural que tão calorosamente desejamos aqui se fez plena realidade histórica naquela tragédia que, totalmente nascida da *polis*, se dirigia de novo completamente a ela.

Quando a arte se desvincula do solo primogênito da cultura da comunidade, corre o perigo de se distanciar cada vez mais dessa comunidade, uma evolução que desemboca no absurdo de *l'art pour l'art* e engendra criaturas anêmicas, cuja alma efêmera logo expira. Como toda arte verdadeira, a tragédia ática, enquanto máximo contraste imaginável diante de semelhante monismo estético, haure suas forças diretamente da vida da nação, e não só haure suas forças dessa vida, mas também está totalmente incorporada nela. Somente assim compreenderemos que a tragédia de Ésquilo e Sófocles não foi o alimento espiritual de uma elite, mas a grande festa de todo o povo. Decerto, não pretendemos negar a lacuna produzida pela ausência dos escravos que, aliás, em sua maior parte não eram gregos, mas o *demos*, que politicamente estava unido na igualdade de direitos, constituía também diante da obra de arte uma unidade. O ceticismo pretendeu sabê-lo melhor e acreditou que, em última análise, os trágicos só eram compreendidos por uma parte do público, permanecendo totalmente estranhos ao restante. Não precisamos contestá-lo com reflexões de caráter geral, pois a própria história refuta tal erro. As comédias de Aristófanes, esses substanciosos testemunhos da vida da sociedade ateniense, estão repletas de alusões, citações e paródias, que chegam a remontar até os primórdios da tragédia. Aristófanes nunca teria conquistado, de modo tão indiscutível, a cena cômica de Atenas, se se tratasse unicamente de remendos literários por ele afixados à sua obra, e não de coisas com que acertava o próprio cerne da vida intelectual de sua cidade. A tragédia ática nos mostra muitos traços grandiosos, e um dos maiores é esse laço indiscutível entre o viver e o pensar de seu povo, laço que a converte numa arte social, no mais nobre sentido da palavra.

No entanto, permaneceu fora de nossas considerações um drama, o *Prometeu Acorrentado*. Seu começo nos leva a uma selvagem e primitiva paisagem onde, por ordem de Zeus, Hefaistos, com seus esbirros Cratos e Bia, acorrenta o titã a um rochedo. O regime de Zeus é recente e cruel. Prometeu, também titã, passara para o lado de Zeus, quando este lançou os titãs às trevas e subiu ao trono do mundo. Mas Prometeu roubou o fogo, e assim salvou a raça humana, que Zeus queria exterminar. Então o novo deus, irando-se, condena Prometeu a um castigo que excede qualquer medida. O coro da peça é formado pelas Oceânidas, que,

131

lá na beira do mundo, emergem à superfície das águas, diante do Sofredor, para executar seu destino e acompanhá-lo com seu sentimento e ponderações, através do discurso e do canto. O andamento da peça – já que até seu final não se pode falar em ação – se faz possível graças às diversas pessoas que se acercam do acorrentado. Aparece o próprio Oceano, cuja prudente exortação à submissão e à paciência se opõe debalde à obstinação de Prometeu. Entra em cena Io, também levada por Zeus a grave infortúnio. Despertou o amor do rei dos deuses, mas agora ciúmes de Hera a impelem a errar pelo mundo. Ela se queixa de sua desgraça e se inteira, pela boca de Prometeu, das peregrinações imensuráveis que a esperam através de terras desérticas e da salvação que lhe advirá do deus no Egito. Assim como Zeus, que domina ambos os destinos, os coloca numa relação significativa, do mesmo modo a redenção de Io faz supor a do titã, que se realizou em uma peça posterior da trilogia. A Heracles, descendente de Io, caberá trazer libertação e reconciliação.

Como terceiro personagem, entra em cena, ao final da peça, Hermes, o mensageiro de Zeus. Prometeu, na qualidade de filho de Têmis, a quem outrora pertencia o oráculo de Delfos, tem percepção profunda do acontecer cósmico. Por cima de tudo está Ananke, a Necessidade, cujo leme é dirigido pelas três Moiras e pelas Erínias, que nunca esquecem (516). Assim como Zeus derrubou seu antecessor, da mesma forma também ele pode cair, e há de cair, pois não conhece o segredo que Prometeu conhece: aquela união com Tétis – da qual lhe nascerá o filho mais forte, de armas mais poderosas, capaz de derrubá-lo. Em sua própria dor e ignomínia, Prometeu antegoza aquilo que espera o deus hostil, mas Zeus o ouve e envia Hermes, para que lhe arranque o segredo. No entanto, o titã fecha-se em silêncio e prefere antes que o raio de Zeus se abata sobre ele e que, juntamente com o coro das Oceânidas, que persevera ao seu lado, o precipitem da montanha esfacelada para o abismo.

Não deixamos de reconhecer os traços de uma grande criação poética, porém não podemos tampouco silenciar quanto às dúvidas sobre sua autenticidade. Até hoje divergem os pareceres a respeito, e o fato de se encontrarem,

132

nos diferentes campos, eminentes conhecedores da tragédia, evidencia a dificuldade da questão. A linguagem e a métrica, sobretudo a primeira na sua singeleza distante das outras peças e na sua proximidade ao linguajar da vida, oferecem algo muito inusitado. Mas atualmente é opinião firmada que tais momentos não bastam, por si sós, para excluir a origem esquiliana. E o mesmo cabe dizer dos momentos insólitos do arranjo cênico dessa peça singular em sua situação, como é o caso, por exemplo, do estranho regatear em torno daquilo que deverá ser narrado por Prometeu ou, quando já relatado, não deverá ser repetido (615, 621, 631).

O problema se concentrou cada vez com maior clareza, em torno da questão de saber se o conteúdo da peça pode integrar-se na obra de Ésquilo. Desde o princípio até a *Oréstia* vemos, aprofundada, é verdade, ao longo do desenvolvimento, mas de modo algum alterada em qualquer de seus traços essenciais, a imagem daquele Zeus que constitui ele próprio o direito e o sentido do mundo, que se funde com o Destino, como se afirma ao final da *Oréstia*. No *Prometeu*, ele é o tirano, novato no poder, que pune desmedidamente um delito, pois é isto que vem a ser, sem dúvida, o roubo do fogo na ordem cósmica, e que se esqueceu da ajuda anterior. Seu trono não está firmado para sempre; o Destino pode derrubá-lo, porque acima dele estão as Moiras. O que não podemos esquecer, de modo algum, no caso de todos os outros momentos insólitos, é que das noventa peças que, segundo a *Suda*, Ésquilo escreveu, das setenta e nove cujos títulos conhecemos, dispomos apenas de seis com as quais podemos confrontar o *Prometeu*, o que mal nos pode tranqüilizar com respeito às coincidências nesses dramas. No entanto, cumpre levar em conta que nossa peça estava inclusa em uma trilogia. Desta não fazia parte o *Prometeu Pirceu* que, como drama satírico, encerrava aquela trilogia de que possuímos *Os Persas*. Mas sabemos, com certeza, da existência do *Prometheus Lyomenos*, que trouxe ao sofredor a libertação e a reconciliação com Zeus. O *Prometeu* que chegou até nós já alude a isso e ao papel de Heracles que abate a águia que devora o fígado do titã, o que é um dos argumentos mais fortes em favor da autenticidade da peça. Nela, a peregrinação de Io corresponderia à viagem de Heracles para o Ocidente, em busca dos pomos das Hespérides, o coro era formado pelos titãs que Zeus libertou do Tártaro. A posição de um terceiro drama, o *Prometheus Pyrphoros*, continua sendo problemática. Pohlenz, principalmente, foi quem expôs as razões que recomendam colocar o *Pyrphoros* como primeira peça da trilogia, antes do *Desmotes*, que chegou até nós. Mas também merece consideração a hipótese de que fosse a última peça. Então, o conteúdo constituía-se, por certo, da conciliação dos poderes divinos adversos e da elevação de Prometeu, o que se coaduna bem com a estrutura de outras trilogias de Ésquilo. Não se pode solucionar a questão com segurança, mas, em todo caso, cumpre pensar que o desenvolvimento da trilogia poderia tornar compreensível muita coisa, sobretudo a imagem de Zeus nesta obra.

Alinhamos o *Prometeu* entre as peças de Ésquilo, mas não compartilhamos da concepção de que o problema de Prometeu tenha, como tal, deixado inteiramente de existir. O mais grave é, sem dúvida, o deslocamento do tema do roubo do fogo. Na obra subsistente, esse motivo passou a um plano acentuadamente secundário e, no grande relato de Prometeu às Oceânidas (436), cedeu lugar a uma extensa narração, que atribui a Prometeu a criação ou, como diziam os antigos, a invenção de praticamente todos os bens culturais humanos: construção de moradas, emprego dos animais domésticos, exploração de minérios, medicina, astrologia, tudo isso ele deu aos homens e assim os elevou de um estado em que vegetavam qual animais a uma existência digna do homem. É impossível separar esse relato das perguntas levantadas principalmente pelo pensamento sofista acerca da origem da cultura humana, perguntas que surgem à vista no *Protágoras* de Platão. Mas também aqui devemos conformar-nos com a impossibilidade de dizer até que ponto Ésquilo se abriu às novas idéias em sua obra literária. Diante dessa insuficiência do nosso conhecimento, cumpre levar em conta o fato de que o *Prometeu Acorrentado* aparece também aqui na obra de Ésquilo. Todavia, não podemos sufocar as dúvidas que permanecem ligadas a essa incorporação.

Durante muito tempo acreditou-se que a época clássica posterior, à exceção do labor de estudiosos, mal conhecerá Ésquilo, e tal crença era confirmada por não terem ocorrido descobertas de papiros, que tanto nos trouxeram no caso de Eurípides e no de Sófocles nos deram, entre outras coisas, um drama satírico. Mas conclusões feitas à base de carência são sempre inseguras, e ademais o solo do Egito forneceu, em 1932, alguns fragmentos da obra esquiliana. Alguns versos procedem do drama *Níobe*, aliás segundo nossa interpretação, bastante contestada, de uma fala desta figura tragicamente batida que, depois de calar longamente sua dor, nos comunica seus sofrimentos e inclusive os interpreta de uma forma autenticamente esquiliana: "Quando o deus quer destruir uma casa, deixa que, como causa, surja nela a culpa". Nessas palavras, que já conhecíamos de uma citação de Platão (*Rep.* 2, 380a), reconhecemos um traço básico do pensamento de Ésquilo. Outros poucos versos provêm dos *Mirmidões*, o primeiro drama da trilogia em que Ésquilo dramatizou a *Ilíada*. A peça apresentava a ira de Aquiles e a morte de Pátroclo, seguindo-se-lhe *As Nereides* sobre o destino de Heitor e *Os Frígios* sobre o resgate de seu cadáver.

Não menos sensacionais do que os achados italianos foram as publicações dos textos de Ésquilo, nos volumes 18 (1941) e 20 (1952) dos Papiros de Oxirrinco. Para toda uma série de tragédias de Ésquilo obtivemos amostras, sem dúvidas muito reduzidas na maioria, ou valiosas notícias cênicas. O que, na biografia do autor, tivemos a dizer a respeito do festival em que se representou as *Etnai* e, ao abordarmos a cronologia dos seus dramas, a respeito das *Suplicantes* pode dar uma idéia da importância desses achados. Porém, o melhor é que nos permitem revisar definitivamente uma frase da primeira edição da presente exposição sobre a tragédia grega. Nela tivemos de lamentar que de um drama satírico, o *Diktyulkoi* (*Os Puxadores de Redes*), houvéssemos recebido, através dos achados italianos, uns restos tão insignificantes que continuava sendo impossível conhecer o poeta também nesta sua faceta. Isto havia de parecer tanto mais contristante quanto vozes antigas conferiam a Ésquilo o mais alto grau, justamente no drama satírico. Hoje dispomos de material suficiente para compreender esse juízo e, com o mesmo espanto respeitoso que em Sófocles, admirar a fresca alegria dessas peças, ao lado da solene seriedade das obras trágicas.

Ao Papiro de Florença (PSI 1209) do drama satírico *Diktyulkoi* acrescentou-se um fragmento maior dos Papiros de Oxirrinco (18, n° 2161), que, segundo sua numeração Θ (= 800), provém da parte posterior da peça e permite reconstruir a ação em grandes linhas, bem como compreender o estilo. Em ambos os aspectos foi E. Siegmann quem realizou o melhor trabalho.

A peça nos transporta para a ilha de Serifo e, em seu início, do qual o Papiro de Florença nos dá uma idéia, vemos dois pescadores empenhados em trazer à superfície um objeto misterioso, pesado, que se prendeu a suas redes. Por fim, vêem-se forçados a pedir ajuda para a difícil tarefa. Mais tarde somos inteirados de que os sátiros, comandados por seu pai Sileno, acorreram e ajudaram a puxar para a terra uma grande caixa. De seu interior ouviam-se sons estranhos, como gritos de mulher e choro de criança, e é bem concebível que os covardes sátiros tivessem fugido daquela coisa assustadora, tal como o fizeram nos *Ichneutai*, de Sófocles, diante dos misteriosos sons da lira. Mas, quando da caixa sai uma belíssima mulher, Dânae, abandonada ao mar por seu pai, junto com o filhinho dela, Perseu, os sátiros voltam a aproximar-se e reúnem-se, curiosos, ao redor dos estranhos recém-chegados. Provavelmente, um dos pescadores, Díctis, foi à cidade a fim de comunicar o fato ao rei da terra, seu meio-irmão Polidectes. Mas, ao fazê-lo, não pensou em que situação desagradável deixava Dânae. Pois imediatamente se inflama a luxúria do eternamente lascivo Sileno e aflige até o desespero aquela que acabava de ser salva com seus requestos amorosos e com suas promessas das delícias de uma vida comum. É exatamente este o conteúdo do segundo e mais extenso fragmento do drama satírico. É sumamente encantador ver como esse velho tratante sabe servir-se do pequeno Perseu para seus propósitos

136

nada platônicos. Abaixo transcrevemos aqueles versos em que procura ganhar as simpatias do menino, para poder conquistar a mãe. Não menos enlevantes são os anapestos do coro de sátiros, o qual interpreta o desespero de Dânae, que se esquiva dele, bem como o desejo pudico de uma mulher que, na longa viagem por mar, foi obrigada a abster-se de homem.

786 Sileno:

> Como sorri o maroto,
> ao ver como reluz
> a minha calva avermelhada.
> *(6 versos)*
> ... o pequeno se diverte com o falo.
> *(4 versos)*
> Que a peste leve o Díctis! Não quer me deixar
> a minha parte de tal redada!
> Fínton, vem cá.
> *(estalos com a língua)*
> Alegria! Para que tens de chorar?
> Vem. Vamos ver o menino.
> Alegra-te, coraçãozinho meu,
> eu cuidarei de ti.
> Brincarás com doninhas, com os filhotes do veado,
> e com os bacorinhos da porca-espinho.
> Dormirás conosco, com tua mãe, e comigo, teu papai.
> E o velho e o menino vão divertir-se.
> O velho dará alimento ao filho,
> até que ele cresça bastante que sozinho possa ir caçar
> e possa descansar na floresta.
> Poderás pegar sem medo animais selvagens,
> e os levarás à tua mãe, para o repasto,
> tal como fazem os primos, de quem
> serás companheiro fiel.

Coro:

> Eia, amigos! Já se aproximam as núpcias!
> Pois é chegado o momento,
> ele nos chama à festa.
> Já estou vendo a noiva, diante de nós,
> desejando ardentemente divertir-se com o amor
> e o prazer que espera de todos nós.
> Quem poderia estranhar isto? Foi bem longo o tempo

em que, sem homem, no navio que estava no mar,
ela se consumia em sofrimentos.
Mas agora, contente, vê nosso vigor florescente...

Os modernos tiveram de esforçar-se muito até conseguir acesso a Ésquilo, já que a palavra e o mundo de idéias
do poeta não se abrem a uma leve batida na porta. Goethe,
que leu o *Agamenon* na tradução de W. von Humboldt
(1816), reconheceu precisamente nisto a grandeza da obra.
Hoje vemos em Ésquilo o mais vigoroso dos trágicos gregos e, pela força de sua plasmação e pela profundidade de
sua luta espiritual, um dos maiores escritores da literatura
universal. No que concerne, porém, à maneira como o trágico se manifesta em sua obra, resultam de nossos apanha-
dos importantes constatações. Tanto na trilogia das *Danaides*, quanto na *Oréstia* deparamos com situações trágicas
em que a disposição dos deuses indica o caminho para a
solução. Se interpretarmos corretamente a *Prometeida*, nela
ocorria o mesmo, e a pesquisa individual dos fragmentos
tornou pelo menos plausível uma igual suposição no tocante
às trilogias dos quais não possuímos nenhuma peça. Mas o
conflito cerradamente trágico também não é estranho a Ésquilo. O sombrio final dos *Sete contra Tebas* mostra como
a história de uma linhagem no terrível encadeamento de
culpa e destino termina com a sua destruição. Entretanto,
em parte alguma da obra de Ésquilo, encontramos sequer
o germe de uma visão do mundo cerradamente trágica, que
considerasse o trágico naufrágio como inexoravelmente
dado, devido à natureza do cosmo, e que julgasse o acontecer doloroso, em última análise, absurdo. Antes, a criação
literária de Ésquilo ergue-se como pólo oposto à forma trágica secularizada e relativizada, da maneira da já consigna-
da. Em seu ponto culminante, na *Oréstia*, esta criação se
revela como uma teodicéia nascida das profundidades do
pensamento religioso. A tragédia esquiliana pressupõe a fé
numa ordem justa e grandiosa do mundo e sem esta ordem
resulta inconcebível. O homem trilha seu caminho árduo,
e muitas vezes cruel, através da culpa e do sofrimento, mas

138

é o caminho determinado pelo deus, a fim de levá-lo ao conhecimento de sua lei. Tudo provém da vontade do deus:

> Aos deuses tudo é simples. Sentada a mente divina
> no cimo do céu, executa dali todos os seus desígnios
> sem mover-se de seu trono de glória (*Supl.*, 100).

Deus traz dentro de si o sentido do mundo e no seu conhecimento está encerrada toda a sabedoria:

> Mas quem louva a Zeus com jubiloso canto da vitória
> chegará ao cúmulo da sábia prudência (*Ag.*, 174).

Cabeça da estátua de Sófocles em Latrão, Roma.

SÓFOCLES

Sófocles, para cujo nascimento, junto aos dados de outras fontes, a Crônica de Paros indica, como mais provável, a data de 497/6, não foi mais que um quarto de século mais jovem do que Ésquilo. Mas este lapso de tempo significa muito no tempestuoso transcurso do século V, residindo profundo sentido na antiga tradição, segundo a qual, depois da batalha de Salamina, em que Ésquilo lutou como homem já maduro, Sófocles cantava no peã triunfal do coro de meninos. A época, em relação à qual se desenvolveu seu caráter, era diferente da de Ésquilo. O dia de Maratona viu-o criança, a quem permaneceu vedada a compreensão do terrível perigo e do milagre da salvação por obra dos deuses, e o terror na alma do jovem, quando sua cidade natal ardeu em chamas, dissolveu-se nos claros sons do hino de vitória.

Também ele cresceu e formou-se homem numa grande época de Atenas, mas essa grandeza era diferente da da época dos persas. Não foi a aflição nem a preservação atra-

141

vés dos deuses que a produziu, mas a esplêndida realização de orgulhosas idéias de poder. O que os deuses haviam negado à própria força dos helenos pareceu no caso, apesar de tudo, tornar-se agora realidade. A confederação marítima (478/7) ligou vastos territórios de colonização grega e seu laço federativo, frouxo a princípio, adquiriu formas cada vez mais sólidas e, em muitos aspectos, como nos inícios de uma jurisdição e cunhagem de moeda única, começavam a delinear-se os contornos de um império ático. Na festa oficial das grandes dionisíacas desdobra-se, com embaixadas dos confederados submetidos, o brilho da nova formação política, e Atenas, na qualidade de senhora do mundo grego, aparece como fim último, mas não inatingível, de todo esse processo. Quando Sófocles chega à idade adulta, a cidadela de Atenas, o monte dos deuses, começa a ser adornada de obras que conduzem a arte grega ao seu apogeu, e, no governo de Péricles, a democracia parece ter alcançado formas duradoramente válidas.

Essa evolução foi, ao mesmo tempo, turbulenta e perigosa. A escassez de meios de poder e a pressão externa haviam levado a comunidade, no tempo dos persas, à beira da ruína, da qual foi salva pelas virtudes cívicas e pela ajuda divina. O caminho ascendia íngreme, mas, quanto maior a altura que alcançava, mais graves eram os perigos que brotavam, agora, do desmesurado dos reclamos, do próprio viçoso eu interior. O espírito de Maratona transformou-se em lenda, novas aspirações intelectuais tentavam configurar a imagem do mundo sem a presença dos deuses que lá haviam tomado parte nas lutas. A solidez dessa forma de governo estava garantida, na verdade, por um único homem, o seu dirigente, e já se faziam sentir as forças que, após a sua retirada, a desintegrariam. E, acima de tudo, estava a inevitável disputa com a segunda grande potência grega, Esparta, que havia de trazer a realização plena ou o colapso total.

Essa vida prenhe de grandeza e perigo que, apesar de todo o alargamento externo de poder, se mantinha nos sólidos vínculos da *polis*, viveu-a Sófocles, e suas obras dão mostra de que conhecia seus dois aspectos: a orgulhosa in-

142

condicionalidade da vontade humana e os poderes que, à sua indomabilidade, lhe preparam a perda. Só assim se explica que o mesmo homem, cuja sorte se tornara proverbial em Atenas, cuja alegria de viver se espelha no gracioso relato de seu contemporâneo Íon, em suas *Epidemias* (*Athen.* XIII, 603 e = fr. 8 Blumenth.), e que, com o encanto de seu caráter, conquistou o amor de todos (*Vita*, 10), soubesse como nenhum outro descrever em sua obra os mais terríveis tormentos e criasse as mais trágicas figuras da cena ática.

A estreita vinculação de Sófocles com a sua cidade natal, vinculação que, ao contrário de Ésquilo e de Eurípides, não lhe permitiu atender ao chamamento de príncipes estrangeiros, se nos manifesta em tríplice forma: em sua obra literária, no desempenho de cargos públicos e no serviço do culto de Atená. Ainda não contava trinta anos quando, em 468, triunfou com uma tetralogia que continha o *Triptolemo*. A acreditarmos em Plutarco (*Cimon* 8), sua primeira representação constituiu ao mesmo tempo o primeiro triunfo. Foram extraordinárias as circunstâncias desse triunfo. Tão grande foi a impressão causada pela representação que o arconte diretor dos jogos transferiu ao conselho de estrategos, sob Cimon, o julgamento que geralmente era proferido por juízes específicos, escolhidos por sorteio. Por menos que conheçamos do *Triptolemo*, cremos, no entanto, sentir o traço esquiliano na fala com que Deméter envia o jovem herói para levar suas bênçãos ao mundo, e no detalhamento geográfico da descrição da viagem. Isso concorda com um depoimento do próprio autor (Plut., *De Prof. in Virt.*, 7) de que, originalmente, esteve sob forte influência de Ésquilo, com o qual seu próprio trabalho criador se entrecruzou por algum tempo e que só mais tarde achou seu caminho específico através do tosco e do artificioso, até chegar à serena naturalidade. Dispomos apenas de obras da idade madura e velhice, mas julgamos reconhecer, ainda em *Ajax*, vestígios da fase inicial.

Segundo o uso da época, Sófocles se apresentou a princípio também como ator, tal como Ésquilo nos primeiros tempos de seu trabalho criador. Seu jogo de bola, no papel

143

de Nausícaa nas *Plyntriai*, sua execução de lira em *Tâmiras*, a tragédia do trácio que desafia as Musas a uma competição e estas o cegam como castigo, conservaram-se na tradição. Quando esta sabe ainda informar-nos de que a voz do poeta era insuficiente, tal esclarecimento pode ser da maior valia. Devemos contar com a possibilidade de que o natural aumento das exigências levasse à diferenciação entre o autor e o ator.

A criatividade do poeta não esmoreceu até uma idade bem avançada e de sua riqueza nos dá prova a notícia de que os eruditos alexandrinos classificaram cento e vinte três peças sob o nome de Sófocles e até nós chegaram 114 títulos. Ao contrário do que sucedeu com Ésquilo (Aristófanes, *As Rãs*, 807), nunca precisou queixar-se de seu público ateniense. No ágon trágico, através de seus juízes, concedeu-lhe este, amiúde, o primeiro prêmio, e nunca o colocou em terceiro lugar.

Sófocles, como ainda veremos, tem suas raízes na tradição. Todavia, é indicação do espírito de uma nova época vê-lo preocupado com questões teóricas, relativas à sua criação literária. Os antigos conheciam um escrito em prosa, "Sobre o Coro", sendo lícito supor que aí se falava do aumento, introduzido por ele, no número de coreutas, de doze para quinze. Também deu à tragédia o terceiro ator. Ésquilo o utilizou em sua *Oréstia.*

Sófocles chegou a alcançar posição bastante destacada na vida política da cidade: em 443/2, quando se reorganizaram os distritos de tributação, foi tesoureiro dos fundos da confederação (Hellenotamias; IG I² 202, 36) e, pouco depois, na guerra de Samos (441-439), junto com Péricles, foi um dos estrategos, cargo que ocupou mais uma vez, provavelmente por volta de 428, na guerra contra os aneus. Por certo não foi nem grande general, nem grande político, mas nele se achavam reunidas as qualidades cívicas do bom ateniense, como diz Ion de Quios (*Epid.*, fr. 8, Blumenth.). Assim compreendemos também que o encontremos como membro da corporação dos dez próbulos, que, após o desastre siciliano (413), havia de constituir, na democracia que se quebrantava, um elemento de autoridade salvadora, embora sem poder impedir a queda. Pelo menos não temos nenhum motivo sério para não reconhecer o nosso poeta na pessoa mencionada por Aristóteles (Ret., 3, 1419 a).

A estreita relação entre Sófocles e o culto de sua pátria encontrou sua expressão no sacerdócio que exerceu para o demônio ático da cura, Halon. Sob a impressão dos achados que na encosta oeste da Acrópole trouxeram à luz o templo de um deus médico chamado Amino, pretendeu-se mudar o nome de Halon transmitido pela tradição. Investigações mais recentes demonstraram que essas dúvidas eram errôneas. Quando em 420 o grande deus da medicina, Esculápio de Epidauro, foi acolhido no culto oficial da cidade, Sófocles deu abrigo ao deus, a quem também dedicou um peã, antes que este obtivesse seu próprio santuário. Por isso, ele mesmo, como herói benfeitor, foi incorporado à fé de Atenas, depois de sua morte, com o nome de Dexion. Era assim que seu povo via o homem no qual vivia e agia um bom demônio, que era realmente um εὐδαίμων. É assim que também nós o vemos, e por testemunho da riqueza de vida que ainda existia no ancião tomamos o seu *Édipo em Colona*, sem poder vislumbrar nas informações sobre um processo que seu filho Iofon teria encetado contra ele perante os fratores, por um favorecimento de uma linha secundária ilegítima, nada mais que um desses chistes de comédia, como os que entraram, também para Eurípides, na literatura biográfica, escrita por gente da espécie de um Sátiro, e cujo fundo real já não podemos mais averiguar – nem é muito importante que o façamos.

Um destino magnânimo fez com que o ancião, no outono de 406, fechasse os olhos para sempre, antes que tivesse de contemplar a catástrofe de sua cidade natal, para a qual vivera e escrevera.

Toda a estrutura da obra, assim como alguns pormenores técnicos e métricos, não deixam remanescer qualquer dúvida de que, das sete tragédias subsistentes, *Ajax* é a mais antiga e anterior a *Antígone*, que é datada com bastante segurança do ano de 442. Bem no início desta peça e, portanto, nos umbrais daquilo que possuímos da tragédia so-

145

focliana, encontra-se uma cena que nos revela, como nenhuma outra, a visão que do mundo tinha o poeta.

Ajax é o melhor dos heróis de Tróia. E depois que Aquiles caiu, pode esperar receber a magnífica armadura do morto, trabalhada pela mão dos deuses. Mas o conselho dos aqueus resolve de outra forma e adjudica as armas a Odisseu. O terrível abalo que a decisão suscita em Ajax deve ser por nós compreendido a partir daquele espírito de heroísmo homérico, para o qual o reconhecimento externo e o valor interno ainda não demonstraram pertencer a mundos diferentes. Ajax não é nenhum filósofo estóico, mas um guerreiro e herói, cuja *areté* foi agravada com a mais grave mácula por essa preterição. No destempero de sua amargura, quer vingar a honra pelas armas, porém é acometido de loucura e, ao invés de lançar-se sobre os príncipes aqueus, ataca os rebanhos dos gregos. Agora, quando começa o drama, ele está sentado em sua tenda e, ébrio de sangue, pensa triunfar sobre seus inimigos. Odisseu saíra para ver por onde estaria ele andando, quando a voz de sua protetora divina, Atená, lhe revela o acontecido. Pela insânia, ela desviara dos príncipes gregos a espada do enfurecido; agora, a deusa chama Ajax para que saia da tenda e, com terrível sarcasmo, leva-o à autodescrição de sua cegueira mental e expõe sua desgraça diante de Odisseu. Ao final da cena (127), Atená interpreta com claras palavras o sentido do que foi mostrado, do ponto de vista dos deuses. Diante de seu poder, a dignidade e a grandeza humanas não são nada, um curto dia as derruba de suas alturas. Não é orgulho o que aproveita ao homem, mesmo que a sorte o tenha aquinhoado, porém uma reflexão moderada sobre o efêmero de sua vida e a humildade diante do poder incomensurável dos deuses.

Formulamos aqui uma pergunta de capital importância: Será que Sófocles via a marcha do divino através do mundo no sentido de Ésquilo, como um acerto, constantemente renovado, entre a culpa e a expiação e o conhecimento adquirido do fim último? Seu Ajax é um culpado a penitenciar-se? Certamente, concebeu o plano homicida antes do acesso de loucura, mas ele foi precedido de uma ofensa à

146

sua honra, cuja gravidade já tentamos compreender, e nada, nessa cena, indica que seu horrível destino esteja sob o signo da culpa e da expiação. A própria Atená o diz:

> 119 Viste algum dia homem mais razoável do que este, ou mais hábil em agir no momento azado?

Se mais tarde, no relato do mensageiro (762), se diz que Calcas falou da *hybris* de Ajax, que o colocou em contradição funesta com os deuses, principalmente com Atená, isso não constitui uma revelação do sentido último e próprio, como o que Cassandra descobre no *Agamenon*. É verdade que isso nos sugere uma interpretação no sentido de Ésquilo, mas ela permanece à margem das coisas, não penetra em seu âmago e mesmo sua ausência nas peças posteriores, como se observa precisamente na inculpabilidade de Édipo, o mais terrivelmente atingido pelo destino, nos autoriza a entrever, no motivo de Calcas do *Ajax*, um elemento da teodicéia esquiliana, que já aqui começa a ceder seu lugar a outra concepção.

A consideração que nos ensejou justamente o *Ajax* é importante para nos darmos conta de que a tragédia de Sófocles, com relação ao tema da culpa, se comporta de modo inteiramente diverso da tragédia esquiliana. O mundo de Sófocles, e especificamente seu mundo, também está cheio de deuses. Tudo o que sucede provém deles. Se nas *Traquinianas* uma esposa amorosa, que teme pela sorte do marido, lhe ocasiona uma morte dolorosa, devido precisamente a seus temores; se um herói, que livrou muitos países de suas calamidades, morre em meio a horríveis tormentos, assim anunciam as últimas palavras do drama, nada há em tudo isso que não seja Zeus. Também Ésquilo conclui sua *Oréstia* com o reconhecimento da unidade de Zeus e o destino e, não obstante, as palavras de Sófocles dizem outra coisa. Em Ésquilo aprendemos a entender o sentido desse destino ordenado por Zeus, que exige a expiação da culpa e leva o homem através da dor ao discernimento, mas que também conhece a graça (χάρις). Sófocles, em contrapartida, não procura por trás do acontecer mesmo o seu sentido

147

último. Tudo o que é e acontece é divino; Zeus está neste mundo com todos os outros deuses, mas o sentido de seu atuar não se revela ao homem. Não lhe cabe esquadrinhar os mistérios do governo dos deuses, nem se rebelar contra a terrível severidade com que, por vezes, ele se faz sentir sobre o homem. Aos deuses agrada, diz Atená, o homem de são juízo, que sabe resignar-se.

Entretanto, a grandeza do prólogo de *Ajax*, que o torna uma das mais belas cenas do teatro sofocliano, reside em outra coisa, na atitude de Odisseu. Atená não é aqui somente a sublime dispensadora da sabedoria divina, nela se encerra também muito daquela deusa homérica que tem seus favoritos entre os heróis, cujo caminho acompanha com um sentimento de amizade profundamente pessoal. E por mais que importe, em nossa cena, a grave advertência com que termina, também vemos, não obstante, a deusa que quer oferecer ao herói, que ela aprecia mais que todos os outros, o espetáculo do adversário caído. "Não é o riso mais agradável aquele que nos inspiram os nossos inimigos?", diz ela a Odisseu (79). Mas aqui, para nossa sensibilidade, o homem se revela maior do que a deusa. Nenhuma palavra de alegria ou triunfo aflora a seus lábios, e quando Atená, para fazê-lo avaliar a extensão da queda, lhe pergunta se conhece um herói maior que Ajax, ele responde profundamente comovido:

121   Não conheço, e lamento este infeliz, embora seja meu inimigo, ao ver pesar sobre ele a maldição. Em seu destino vejo o meu próprio destino. Pois todos quantos vivemos somos apenas figuras de ilusão e sombras vãs.

A arte do grande poeta consiste em revelar-nos seus pensamentos sem fugir à textura da obra de arte. Neste Odisseu fica completamente preso o espectador do drama, e a frase "em seu destino vejo o meu" nos indica a atitude com que devemos encarar as peças de Sófocles em geral, não somente esta. Engenho humano e luta humana, ao lado do inapreensível, inatingível governo dos deuses! Aí reside aquela irreconciliável oposição em que Goethe via a essên-

148

cia de todo o trágico, e com cujo reconhecimento alcançamos precisamente um elemento fundamental do trágico de Sófocles. Um trágico de natureza inteiramente diversa do esquiliano, o qual, todavia, não menos do que este, se desenrola diante de um plano de fundo desprovido do divino. No entanto, a consciência da tensão que ameaça continuamente sua existência, não produz no homem, aqui representado por Odisseu, uma atitude de passiva resignação. A prepotência das forças que ele enfrenta pode, a qualquer momento, arrebatar-lhe a vida, mas não pode confundi-la, depois que ele conquistou o saber quanto aos limites da sua existência e o converteu em posse completamente sua. Nessa atitude resoluta, que poderíamos chamar de verdadeiramente heróica, reside o segredo daquela serenidade típica de Sófocles, de que fala Hölderlin: "Muitos tentaram em vão expressar o mais alegre alegremente, e é aqui finalmente que isto se me expressa, aqui na tristeza".

Todavia, o que examinamos até agora nos mostra antes a moldura no qual se coloca o herói trágico. É-lhe estranho a serena compreensão que Odisseu tem de seu proceder: o desmesurado das forças que residem nele o impele a marchar contra todas as potências do imprevisível, fá-lo precipitar sua vida numa confusão, de que só a morte há de libertá-lo. Os traços do herói sofocliano se nos farão ainda mais nítidos em outras peças, por isso sua análise fica adiada para mais tarde. Mas também no tocante a Ajax, sem que levantemos com isso o problema da culpa, sabemos desde o começo mesmo que, de seu destino, da angústia do guerreiro, que sofre a maior afronta em seu brio entesado ao máximo, não sai outro caminho senão aquele que leva à morte. E é para lá que vemos Ajax marchar na primeira parte, a mais extensa do drama.

Chega o coro de soldados de Salamina, impelido por surdos rumores, ouve de Tecmessa o ocorrido e vê então o próprio Ajax, que desperta da loucura para a horrível realidade e só vê diante de si a morte. Tecmessa, que ele obteve como botim e que é para ele mulher e criada, procura demovê-lo de seu propósito, mas este se acha tão arraigado em sua alma que não percebemos sequer a mais

149

leve hesitação. As palavras de despedida que Ajax dirige ao filho são as últimas que tem para dirigir ao menino. Tecmessa fica totalmente em segundo plano, o que corresponde tanto à sua posição como ao espírito varonil da sociedade para a qual Sófocles escrevia. Agora o coro tampouco sabe cantar outra coisa a não ser o inevitável. Ajax sai mais uma vez da tenda e suas palavras soam como se tivesse sofrido uma transformação. Compreendeu que o mais fraco deve ceder ao mais forte, também não quer deixar sós a mulher e o filho, melhor procurar a purificação num banho de mar e enterrar em lugar seguro a espada da desgraça que Heitor lhe dera. E quer aprender a lição de que o homem, por respeito, deve ceder aos deuses, e também aos Átridas, que são os chefes do exército.

O coro prorrompe em júbilo quando ele se vai e, alegre, conclama à dança. De bom grado coloca Sófocles antes da catástrofe um canto de caráter livre e espontâneo, e não é apenas o configurar artístico que nos cumpre enxergar em semelhante contraste; por meio da trágica ironia dessa espécie, percebemos a terrível dissonância entre os propósitos humanos e o decreto divino. Por isso o júbilo do coro muda rapidamente. Chega um mensageiro, que Teucro, irmão de Ajax, preocupado, enviou a precedê-lo. Calcas anunciara que precisamente naquele dia Ajax estava ameaçado de perdição devido à animosidade de Atená. Já comentamos antes o significado desse motivo no conjunto da obra. O coro corre com Tecmessa em busca de Ajax. Temos aí um dos raros casos em que o palco fica vazio durante a representação e, como nas *Eumênides* de Ésquilo, isso está ligado também no caso a uma mudança de lugar, porquanto a unidade de lugar não constitui lei obrigatória para essa tragédia mais antiga. Agora, a orquestra representa um lugar solitário, apartado do acampamento, sem que devamos pensar num apresto cênico maior que alguns arbustos.

Ajax entra em cena e pronuncia o monólogo da morte, em que pede a Zeus que cuide de seu corpo, ao condutor das almas, Hermes, que se digne acompanhá-lo, mas na parte central pede principalmente às Erínias, com palavras em que se encontra algo de mágico encantamento, que o

150

vinguem dos odiados Átridas. E como o homem desse tempo sente sua vida inteiramente como parte da natureza circundante, suas últimas palavras são dedicadas à luz, às águas, ao solo pátrio e aos campos de Tróia. Depois se precipita sobre a própria espada.

No primeiro discurso que Ajax pronuncia em juízo perfeito, ouvimo-lo dizer (479) que entre uma bela vida e uma bela morte não existe, para ele, o meio-termo das almas mesquinhas, e na cena da morte suas palavras tornam-se realidade. No meio encontra-se aquele discurso da simulação com que tranqüiliza a preocupação do coro e de Tecmessa, para que o deixem seguir o seu caminho. Modernamente, tentou-se por diversas vezes, ao lado do significado de deixar o campo livre para Ajax na hora da morte, acentuar o outro sentido desse discurso, segundo o qual Ajax, pouco antes do fim, se não se arrepende inteiramente, pelo menos chega a compreender as ligações cuja ruptura deve expiar com a morte. O pensamento não resiste à paixão com que Ajax, em suas últimas palavras, no monólogo da morte, descarrega seu ódio contra os Átridas, a quem no discurso de simulação prometia submeter-se. Assim como a espada, que durante essa fala ele tem na mão, deverá pôr fim a seus males de maneira diferente da que anuncia, do mesmo modo suas outras palavras nada mais são que um caminho para sua meta que só pode alcançar dissimulando. Se as palavras de Ajax, para além da sua função dramática, encerram de fato um sentido mais profundo, este só pode ser o de que o herói olha perscrutante aqueles traços do curso das coisas que são estranhos a seu modo de ser e com as quais se defronta sem possibilidade de ajuste. Mas na extensão e profundidade dessa fala revela-se o autor dramático que pretende fazer-nos participar realmente da enganosa ilusão do coro, da qual brota o canto de júbilo.

O drama não termina com a morte de Ajax. O coro e Tecmessa encontram o cadáver, chega Teucro, ressoam os lamentos. Então, Menelau quer negar ao herói morto as derradeiras honras fúnebres e Agamenon, que intervém na cena da discussão, apóia a proibição com sua autoridade. Odisseu interfere e novamente representa o nobre comedimento que determinou sua atitude na primeira cena da peça. Quando Agamenon, espantado, sem compreender, pergunta:

Odisseu, *tu* o defendes contra mim?

Odisseu responde:

Eu, sim! Quando era lícito odiá-lo, o odiei.

Significativamente, preparam-se aqui as palavras que irão ressoar bem alto na *Antígone*. Ao ódio, esse terrível elemento de confusão de tudo o que é humano, se impuseram seus limites. Seria algo desmedido e criminoso desonrar, na morte, o herói que era o maior depois de Aquiles. Assim se concede ao defunto Ajax seu direito, a discussão é dirimida e, com a morte, ele não só restabeleceu a própria honra, como também o equilíbrio, que fora perturbado por sua atuação.

Como drama, *Ajax* ocupa uma posição à parte. É verdade que a inscrição didascália de Aixonai (Πολέμων 1929, 161), descoberta há alguns anos, nos fala de uma *Telefia,* que devemos considerar uma trilogia, mas em geral, segundo nos diz também a *Suda* (v. Σοφοκλῆς), Sófocles abandonou a composição trilógica. Se na *Oréstia*, depois de um impetuoso progresso da ação nas duas primeiras peças, na terceira encontramos solução e diminuendo, e se para a trilogia das *Danaides* devemos supor algo análogo, agora em Sófocles toda essa linha está contida num único drama. Assim, a catástrofe do herói não se produz muito depois da metade da peça e a última parte nos deixa com a sensação de esclarecimento; em outros dramas, como em *Antígone*, com a do ajuste. E nestas peças, que incluímos no grupo das tragédias mais antigas que se conservaram, sempre a ordem perturbada do mundo se lança de volta à sua situação de repouso.

Ajax só podia trilhar um caminho, para ele inelutavelmente determinado por seu próprio ser; Antígone também só conhece um único caminho. Nesta peça, que data provavelmente de 442, o acontecimento nos *Sete* de Ésquilo já pertence ao passado. Tebas foi libertada do perigo que a ameaçava, exterminando-se no fatricídio a descendência masculina da linhagem maldita. Mas Etéocles tombou como defensor da pátria, Polinices como seu agressor. Por isso, seu cadáver permanece insepulto, presa dos cães e das aves. Essa ordem do novo senhor da cidade, Creon, é um excesso, não aquele excesso de natureza nobre que quer realizar-se a si mesmo e falha na textura do conjunto, mas um crime contra o mandamento divino que ordena honrar os mortos, e que Odisseu defendeu em *Ajax*. Por isso, para Antígone não há hesitação: com a firme decisão de assegurar o sepultamento do irmão, pisa a cena. Seu caráter e sua decisão aparecem em contraposição ao modo de ser de sua irmã Ismena que não defende a proibição de Creon, mas submete-se a ela. É correto dizer que o poeta aqui faz sentir o contraste, mas com isso não se esgota o sentido dessa contraposição, que se repete em *Electra*. Desse contraste surge para nós a imagem do herói sofocliano, na incondicionalidade de seu querer, para o qual o condicionado, o ponderado e o cômodo parecem não só loucura, como também uma tentação a ser evitada. E quando, no curso da cena, Ismena se afasta da irmã, sendo Antígone obrigada a praticar seu feito inteiramente só, então se nos revela com clareza a solidão em que se encontram as grandes personagens de Sófocles e, em geral, todos os grandes deste mundo.

Devemos imediatamente acrescentar aqui algo mais: Hemon, noivo de Antígone e filho de Creon, na primeira parte da peça é uma figura inteiramente apagada, e no drama todo não há uma única cena que o apresente com Antígone no palco. É claro que a tragédia de Sófocles não dispõe de lugar para o Eros subjetivo, mas, afora isso, já pelo motivo mencionado, fica excluída qualquer cena de Hemon com Antígone.

No canto de ação de graças e louvor do coro dos anciãos tebanos, ouvimos o júbilo da cidade libertada; depois Creon proclama sua proibição, para ser logo em seguida informado, por um dos guardas que postara junto ao corpo de Polinices, de que sua determinação fora transgredida. Um desconhecido cobrira o corpo de uma camada de pó, a fim de garantir à alma do morto, com este sepultamento

153

simbólico, seu ingresso na paz do mundo subterrâneo. Creon se enfurece com a quebra da proibição, fareja traição e suborno, e ameaça de graves castigos as sentinelas caso não consigam agarrar o culpado. Contente por haver escapado por enquanto à fúria do rei, sai de cena a sentinela, que Sófocles caracteriza habilmente como um velho astuto e loquaz, de baixa gradação social e de mentalidade inferior.

Segue-se, agora, aquele canto que fala da perigosa grandeza do ser humano, canto que se quis mais de uma vez relacionar particularmente com esta ou com aquela parte da ação. Na verdade, encontra-se aqui uma confissão do poeta, uma daquelas passagens em que o trágico ático, da orquestra do teatro de Dioniso, fala a Atenas de seus dias, com súplicas e admoestações. Quando se representou *Antígone*, já tinha voz aquele movimento que, em todos os aspectos da vida, atacava as raízes do *nomos*. O que desde tempos imemoriais parecia firmemente disposto, consagrado pela tradição, inquestionado em sua validade por qualquer pessoa honrada, precisava ser agora provado pela razão em sua solidez. Só a razão devia ser juiz do antiquado que se lançava ao ferro velho, a arquiteta de uma nova era em que o homem se libertaria das cadeias da tradição, para palmilhar seu caminho para a perfeição. Teremos algo mais a dizer sobre o programa dos sofistas, quando falarmos de Eurípides. Era bem o programa de uma época em que a ascensão de Atenas a uma grandeza orgulhosa e perigosa suscitava o problema de saber para onde haveria de prosseguir tal desenvolvimento.

Nessa época, Sófocles entoou seu cântico sobre a sinistra faculdade do homem de empurrar cada vez mais as fronteiras de seu domínio para dentro do reino da natureza e de levar os símbolos de sua soberania até os confins do mundo. Esse afã de conquista desperta nele espanto e medo, a um só tempo. A última estrofe do canto é uma clara rejeição daqueles sofistas que exigiam submeter à sua crítica a fé nos deuses e nas normas por eles estabelecidas. Essa última estrofe constitui uma das maiores declarações já proferidas, sob o signo do absoluto, contra a relativização de todos os valores. Será preciso dizer ainda que estes versos, através do ateniense do século V, alcançam também o homem como tal? Demos a palavra ao próprio poeta:

332   Muitos milagres há, mas o mais portentoso é o homem.
Ele que singra o mar sorrindo ao tempestuoso Noto,
galgando vagalhões
que escancaram em torno o abismo;
e que a deusa suprema, a Terra,
a eterna infatigável,   ·
ano após ano, rasga a arado e pisa com cavalos.

E da espécie dos pássaros volúveis faz sua presa,
e a raça das bestas-feras
e à nadante do oceano
estende as malhas que teceu
e, destro, as aprisiona,
e com artifícios doma a agreste
fera do monte, e laça o cavalo de farta crina, e o touro
incansável das montanhas.

Palavras e pensamentos, fugazes como o ar, e leis
a si mesmo ensinou, e do gelo
e da chuva inóspitos
de tudo se defende; e, assim armado
nada do que pode acontecer receia.
Somente à morte
não sabe como fugir,
embora às piores doenças saiba achar remédio.

Senhor de arte e de engenho que ultrapassam qualquer sonho
pode preferir tanto o mal como o bem.
Quando respeita as leis
e o juramento dos deuses
é digno da pátria; mas é sem pátria
o que por orgulho a conduz ao mal:
esse não entre em minha casa
nem comigo tenha um pensamento igual.

(Guilherme de Almeida)

Mais uma vez entra em cena a sentinela e agora traz Antígone, a quem surpreendeu numa segunda tentativa de enterrar o irmão. Duas vezes vemos a irmã dirigir-se ao cadáver do irmão; na primeira, saiu vitoriosa, e vemos seu ato coroado de êxito. Mas agora deve suportar suas conseqüências. Sem dúvida, trata-se de técnica o que aprendemos assim a conhecer, e a qual nos foi indicada por Tycho von Wilamowitz para alguns outros trechos de Sófocles, mas não é uma técnica que sirva unicamente ao efeito dramático e que mostre o poeta como artistas, mas uma técnica que ajuda a pôr em relevo a configuração espiritual da obra de arte e é inseparável dela.

Creon e Antígone aparecem numa contraposição irreconciliável.

Em grande cena, Sófocles faz com que os dois se encontrem frente a frente. Aqui Antígone diz sob qual signo está lutando e sofrendo: ela responde pelas grandes leis não escritas dos deuses, diante das quais toda prescrição, que as desdenhe, se converte em opróbrio. De novo surge dessas palavras um grande conhecimento de validade intemporal, e de novo se faz dispensável qualquer palavra adicional para que percebamos como este protesto contra o Estado onipotente, que quer erigir-se em poder absoluto, até mesmo face à norma ética, parece dirigido diretamente à nossa época:

450   Porque não foi Zeus quem a ditou, nem foi
a que vive com os deuses subterrâneos
– a Justiça – quem aos homens deu tais normas.
Nem nas tuas ordens reconheço força
que a um mortal permita violar aquelas
não-escritas e intangíveis leis dos deuses.
Estas não são de hoje, ou de ontem: são de sempre:
ninguém sabe quando foram promulgadas.
A elas não há quem, por temor, me fizesse
transgredir, e então prestar contas aos Numes.

(Guilherme de Almeida)

Há ainda, na grande cena de luta, outra passagem com nítido caráter de profissão de fé. Mais uma vez, o poeta aponta os limites do ódio, esse inimigo do que é humano, de forma mais determinada e penetrante do que o fizera Ulisses no *Ajax*, pois agora é uma mulher quem diz:

Não nasci para o ódio, apenas para o amor. (523)

156

Constitui estranho episódio da história do espírito, nos últimos cinqüenta anos, o empenho com que se tentou restringir essas palavras ao caso especial de Polinices e negar-lhes aquela amplitude do humano que precisamente devemos considerar como um símbolo especial do sofocliano.

O poder está com o novo tirano e, por isso, Antígone deve morrer. Com Ismena, que agora se aproxima da irmã, é levada ao interior do palácio. Somente agora Hemon intervém, porém nem as súplicas nem as censuras, nem mesmo o apelo à opinião de todo o povo de Tebas, logram mover a vontade do tirano. O amor por Antígone foi que incitou Hemon, mas não fala dele, sua manifestação subjetiva excluía-se do teatro do Sófocles. E quando o coro colhe um reflexo da cena no seu canto a Eros, trata-se do Eros cósmico, que tem poder sobre o homem e o animal e até mesmo sobre os deuses, e que rege o universo inteiro; o mesmo Eros que encontramos em Ésquilo.

Antígone é conduzida à morte, deve ser enterrada viva. E agora se lastima: num grande *kommos* com o coro, flui seu lamento sobre sua vida, cuja realização na aliança matrimonial fica impedida. É a mesma Antígone que vimos imperturbável, em seu caminho para a ação, mas só agora chegamos a compreender essa ação em toda a sua grandeza. Não nasceu de rigidez doutrinária, nem de um caráter masculino que aceita a luta contra o poder do Estado; Antígone é mulher, como Ismena, como cada uma das mulheres tebanas, com todos os desejos e esperanças da mulher. Neste *kommos* é onde pela primeira vez sua figura assume validade humana e se patenteia a grandeza de seu sacrifício. Mas quanto à sua ação mesma, ela nada tem a retratar-se. Por isso ao lamento lírico faz seguir uma justificação, que se origina inteiramente da *ratio*. Assim como a Goethe, também a nós há de parecer estranha sua argumentação de que o destino poderia tê-la compensado pela perda de um marido ou de um filho, mas nunca pela do irmão. Nisto Heródoto (3, 119), com quem Sófocles teve ligações, provavelmente influiu, por meio da história da mulher de Intafernes. Todavia, mesmo prescindindo disso, não devemos ignorar, para o caráter grego, o valor peculiar da argumentação racional, através da qual se fundamenta aqui, de forma compreensível, o significado do amor fraterno.

Desde que Hegel pretendeu encontrar na *Antígone* o conflito objetivo entre duas pretensões justificadas, a do Estado e a da família, reiteradamente foram defendidas interpretações parecidas. Mas a maneira incondicional com que na parte seguinte da peça se condena a Creon as torna inconsistentes face ao texto. Antígone luta na verdade pelas leis não-escritas e invioláveis dos deuses, como ela mesma o diz, leis a que a *polis* nunca deve opor-se. Mas Creon, com seu ato, não representa, de maneira nenhuma, essa *polis* cuja voz está unânime ao lado de Antígone (733); sua ordem constitui arrogância e crime. A cena que segue imediatamente àquela em que Antígone parte para a morte não deixa dúvida a respeito. O vidente Tirésias aparece e anuncia a terrível culpa e profanação que Creon, com a proibição de sepultamento, atraiu sobre si e sobre a cidade. Por sua boca falam os próprios deuses, mas nem assim Creon quer ceder. "Não lhe dareis sepultura, mesmo que as próprias águas de Zeus carreguem às alturas os pedaços do cadáver" (1039). Somente a ameaça da fatal desgraça que atingira a ele mesmo decide-o a uma precipitada, e no entanto infecunda, reversão de ponto de vista. Que Antígone seja libertada. Mas ela já se enforcou em sua câmara mortuária, Hemon se mata junto ao corpo da noiva e a esposa do rei, Eurídice, a quem é relatado o desenlace, suicida-se. Creon apaga-se, uma sombra cuja existência física já nada significa diante do completo aniquilamento de sua existência psíquica. As leis eternas são confirmadas pelo sacrifício de Antígone, que as considerou dignas de dar a vida por elas, e pela ruína moral de Creon, que lutou contra elas.

A vontade humana, convertida em seu contrário por obra daquela disposição impenetrável à inteligência humana, é o tema das *Traquinianas*. Dejanira, mulher de Heracles, sabe agora que seu marido se acha há quinze meses no estrangeiro, e expõe sua preocupação pelo destino dele, no começo do drama, no prólogo. Hilo, seu filho, que está inteirado da expedição de Heracles contra a Ecália, deve sair em busca do pai. Heracles, ao partir deixara um orá-

158

culo, segundo o qual justamente a expedição contra a Eubéia significaria sua ruína, ou sua felicidade e paz. Por isso, a preocupação de Dejanira se torna mais premente, pois ouve falar da expedição contra a cidade de Eurito, e o coro de mulheres de Tráquis, a cidade ao pé do monte Eta, onde se desenrola a ação, não consegue impor-lhe silêncio. Mas aí vem uma boa notícia. Um mensageiro, que chegou antes de Licas, o arauto de Heracles, é quem a dá: o herói venceu e se encontra a caminho de Tráquis. Já se aproxima Licas com o cortejo de mulheres cativas, entre as quais está Íole, a jovem e bela filha do rei da Ecália. Ele não conta a Dejanira que Íole deve ocupar ao lado dela, já envelhecida, o lugar de segunda esposa, porém o mensageiro que trouxe a primeira notícia revela-lhe a verdade. No desenrolar tenso e emocionante da ação, segue assim, em lugar da simples comunicação da notícia, uma sucessão de cenas que nos permite compreender mais profundamente o abalo sofrido por Dejanira. Esconde-o, porém, de Licas, como o teria escondido de Heracles. Fala do imenso poder do amor a que também Heracles está sujeito, e afirma estar disposta a submeter-se à sua vontade. Mas, diante das mulheres do coro, fala de sua dor profunda e do único recurso que, como mulher fraca, tem à mão. Ao morrer, o centauro Nesso lhe doou o sangue, como poção mágica infalível, para o dia em que o amor de Heracles por ela começasse a vacilar. Assim embebe nele uma túnica e a envia ao esposo amado como presente por sua vitória. Está consciente de que com isso não comete mal algum, sua pura alma de mulher não conhece a ousadia do mal, odeia quem faz tais coisas (582). Porém, depois de um curto canto do coro, o hino sofocliano da alegria serena que precede a catástrofe, ela entra em cena completamente transtornada. A lã com que umedecera a túnica se desfez em espuma sanguinolenta à luz do sol e logo chega Hilo, maldizendo desesperadamente a mãe, que fez com que seu pai perecesse em meio a dores enlouquecedoras. Silenciosa, como Eurídice na *Antígone*, Dejanira se encaminha para a morte, que nos é comunicada pelo relato de uma escrava.

Heracles é trazido à cena, em meio ao sono da exaustão. Logo desperta, em novo acesso de dor. Ele, que personifica a força e o valor inquebrantável do ideal dórico do homem, contorce-se em meio de sofrimentos desesperados. Depois de uma vida de trabalhos heróicos, só lhe resta o ardente desejo de vingar-se de Dejanira. Todavia, ao informar-se de que ela lhe trouxe a morte involuntariamente, através do sangue venenoso deixado pelo centauro, reconhece a mão do destino. Cumprira-se o velho oráculo de que um morto lhe traria a morte. Agora, só lhe resta pensar no fim. Hilo, mau grado seu, deve obedecer à ordem do pai, construir a pira funerária no monte Eta e tomar Íole como esposa. O cortejo deixa o palco, para levar Heracles ao seu túmulo de chamas. Na dor de Hilo ressoam palavras contra os deuses (1272), em cujo opróbrio redunda o sofrimento de seu melhor herói, palavras que de resto mal encontramos em Sófocles. Mas esse grito de indignação é logo suspenso no significativo encerramento da peça: nada há em tudo isso que não seja Zeus. A terrível ocorrência, que o poeta não abranda com nenhuma alusão relativa a uma vida bem-aventurada de Heracles no céu, significa o mundo, e o mundo é Zeus.

Não podemos ignorar que, nas *Traquinianas,* Sófocles revela, em alguns aspectos, certa influência de Eurípides, seu rival mais jovem. É o caso da fala de Dejanira, no prólogo, com a manifestação de seus sentimentos e a exposição de alguns pressupostos da ação, mas não devemos confundir o típico de Eurípides com o especificamente sofocliano. Também no debuxo mais livre do caráter feminino acreditou-se ver a influência de Eurípides. Com tocante ternura mostra Dejanira sua feminilidade, quando dá a Licas a saudação de amor para Heracles e no entanto não a dá, pois não sabe se ele lhe corresponde ou não (630). Mas exagerou-se unilateralmente o elemento euripidiano da peça e não se compreendeu o quanto ela revela, não obstante, todos os traços da tragédia de Sófocles. A catástrofe não surge daquele amor que sopita no *pathos* de Fedra, mas daquela desarmonia autenticamente sofocliana entre a vontade do homem, que em Dejanira é compreensível e pura, e o conjunto do destino como imprevisível potência divina. Portanto, através do oráculo, este elemento inapreensível intervém igualmente de maneira assaz significativa na textura da tragédia, e apologia desta por meio da infalibilidade de seu cumprimento, como a encontramos amiúde em Sófocles, constitui não apenas um paralelismo externo com a concepção de Heródoto.

A superestimada influência de Eurípides tampouco oferece, para datar a peça, o préstimo que se pretendia assim obter. Sobretudo não foi corroborado o ponto de vista, longamente defendido, de que a cena do sono nas *Traquinianas* teria sido moldada segundo o *Heracles* de Eurípides, e que faz recuar consideravelmente a cronologia do drama de Sófocles. O acervo de suas idéias, sua estruturação (ainda que apenas exteriormente) em duas partes, os indícios ainda escassos de uma plasmação do diálogo entre três personagens, algumas particularidades métricas, colocam esta obra entre as peças do grupo mais antigo, sem que possamos ousar dar indicações mais precisas. Todavia, é altamente provável que a despedida de Dejanira da casa e do leito conjugal (900) tenha sido calcada na descrição que uma criada faz da despedida de Alceste (152) no drama de mesmo nome, de Eurípides, representado em 438. As coincidências são por demais acentuadas para que se possa supor a existência de paralelismos espontâneos, e em *Alceste* o tema é fortemente consolidado pelo sentido que o poeta dá ao sacrifício de sua heroína.

A ordem cronológica, que consideramos a mais provável para as tragédias de Sófocles, coloca no centro de sua seqüência o *Édipo Rei*. Tomamos isso como símbolo de que nesta obra havemos de ver o cerne da criação trágica de Sófocles.

Os acontecimentos decisivos, a morte de Laio nas mãos de Édipo, o casamento de Édipo com a mãe, situam-se alguns anos antes do início do drama. A própria peça nos oferece a "análise trágica" (Schiller) por cujo intermédio o sentido desses atos penetra destrutivamente na consciência de Édipo. No prólogo, vemo-lo no apogeu de sua realeza, que o poeta nos mostra magnificamente não em sua pleni-

161

tude do poder, mas em seu profundo conteúdo humano. A peste está assolando Tebas e bem podemos supor que sua descrição teve uma determinante na terrível epidemia que devastou Atenas, no começo da guerra do Peloponeso (430). Pela boca de um sacerdote, o povo grita sua dor e sua miséria ao rei, que já uma vez apareceu como salvador, quando a Esfinge dizimava a cidade. E o rei quer ajudar. Com a bondade de um pai solícito, fala aos que o suplicam, chama-os de "pobres filhos". Já enviou seu cunhado Creon a Delfos e ele já retornou com a informação de que a peste só se retirará quando for lavada a mácula que cobre o país desde o assassinato de Laio.

Após o canto de entrada do coro dos cidadãos tebanos que roga e se lamenta, inicia-se a luta para descobrir o feito carregado com a maldição do deus. Édipo, que decifrou o enigma da Esfinge, anuncia sua firme decisão de encontrar também o assassino de Laio. O adivinho Tirésias deve prestar a primeira ajuda. Na estrutura desta peça, a mais magistral da literatura universal, do ponto de vista dramático, o traço genial consiste em que, desde o início, toda a verdade é de pronto revelada. Tirésias quer calar, mas Édipo arranca-lhe a verdade da boca, de que ele próprio, o rei, é o assassino, que agora vive incestuosamente. Tão terrível é a revelação que, de início, tanto em Édipo quanto no coro provoca qualquer outra reação menos a do temor de que possa ser autêntica. E lentamente, passo a passo, preenche-se o que foi dito na primeira parte da peça com a validade do que fora reconhecido como verdadeiro. Antes de tudo, Édipo chega à conclusão, precipitada, de que Tirésias é um instrumento de Creon, que deseja usurpar o trono. Aturdido e desesperado, Creon se defende numa longa cena e, no entanto, somente a intervenção de Jocasta é que o salva da sentença já pronunciada. As palavras do adivinho Tirésias foram o motivo da querela, por isso ela quer agora poupar ao marido o temor a todas as predições. Por acaso os oráculos não predisseram que Laio morreria pelas mãos do próprio filho, e, no entanto, não fora ele morto por assaltantes, numa encruzilhada! Todavia, a tentativa de tranqüilização resulta no seu oposto: Édipo, certa vez, numa encruzilhada, num ato de fúria, golpeara com seu bastão um velho, que batera nele primeiro, até causar-lhe a morte. Agora, pela primeira vez, sente oprimido o coração. Mas aquele criado de Laio, que fugiu e que vive longe da cidade desde que Édipo é rei, falou de assaltantes, e isso dá lugar à esperança. É preciso chamar esse criado e esclarecer tudo.

Na continuação, Sófocles prova sua mestria no emprego do contraste. A dúvida de Jocasta com relação ao oráculo provocou um piedoso canto do coro, em que se fala da grandeza do divino. Novamente o poeta eleva os olhos para as leis eternas e não-escritas pelas quais morreu sua Antígone, e que o arrogante engenho de seu tempo procura derrubar de seu alto posto:

863   Conceda-me o destino manter-me imaculado
       em tudo quanto digo, em tudo quanto faço,
       submisso às leis excelsas
       nascidas na região do éter celeste,
       filhas do Olimpo unicamente.
       Não as gerou a perecível natureza humana,
       nem poderá adormecê-las nunca o esquecimento.
       Trazem em si um nume poderoso e sempre jovem.

(Jaime Bruna)

A cena seguinte, porém, traz um mensageiro de Corinto que, aparentemente, refuta de modo definitivo o oráculo de que Édipo haveria de matar o pai. Polibo, o rei de Corinto, em casa de quem Édipo se criou e a quem chama de pai, morreu de morte tranqüila. Agora Édipo teme ainda a segunda parte do oráculo, que lhe predizia o casamento com a mãe, pois Mérope, esposa de Polibo, ainda vive. Mas nessa altura o mensageiro coríntio quer tranqüilizá-lo e de novo a tentativa se transforma em seu angustioso contrário: Polibo e Mérope não são os pais de Édipo. O próprio mensageiro, sendo pastor, o recebeu das mãos de outro pastor, um criado de Laio, no monte Citérion, onde o recolhera como criança enjeitada, com os tornozelos furados. Então os véus se abrem para Jocasta. Ela ainda tenta impedir que Édipo continue a fazer perguntas e, ao ver que não pode

163

evitá-lo, porque ele manda buscar o outro pastor, lança-se ao interior do palácio, para morrer. O coro porém, ainda na mesma incerteza que Édipo, suscita também aqui, mais uma vez, aquela ascensão, depois da qual a profundidade da queda é ainda mais horrível: provavelmente um deus gerou Édipo no Citérion, um daqueles deuses que vivem nos bosques e nos prados da montanha, Pã, ou Apolo, ou Dioniso.

Com o golpe genial de reunir várias pessoas numa só, Sófocles consegue uma concentração inaudita no desenvolvimento da ação. Assim como o mensageiro de Corinto é o mesmo homem que outrora recebeu no Citérion a criança votada à morte e a levou a Corinto, assim também o pastor tebano, que a entregou no monte, é precisamente aquele que acompanhava Laio em sua viagem a Delfos, que foi testemunha de sua morte e posteriormente fugiu da cidade com o conhecimento do segredo do novo rei. Agora, ao comparecer por ordem do soberano, quer calar a princípio, como Tirésias; mas também dele Édipo arranca a verdade: é ele mesmo o filho de Laio, o qual, assustado com o oráculo que predissera sua morte pela mão do filho mandara expô-lo no alto do Citérion, de modo que Édipo é ao mesmo tempo parricida e incestuoso. Ao saber disto, Édipo se precipita para o interior do palácio.

O coro mede em seu canto a profundidade da queda e, logo em seguida, um mensageiro relata o que aconteceu no palácio: Jocasta se enforcou e Édipo, com um broche do vestido dela, extinguiu a luz de seus olhos. Em meio a terrível lamentação, ele adentra o palco, o mesmo em que, no início da obra, aparecera como rei amado, como auxílio para os outros. Agora roga apenas a Creon que o desterre, e lhe permita dar um último adeus a suas filhas. Creon, diferente do tirano de *Antígone*, manda trazê-las. O pai abraça as filhas ainda uma vez, depois volta ao palácio, a fim de esperar a sentença de Apolo, que Creon quer obter antes de decidir qualquer passo ulterior.

A reprodução mais sucinta do drama basta para dar-nos uma idéia da maravilha de sua textura. Sem dificuldade reconhecemos também a antítese sofocliana entre a vontade humana e as disposições do destino. Justamente aqui se converte no sinal evidente desta oposição irremediável a trágica ironia que levou Édipo, de início, a amaldiçoar o assassino e a pretender vingança, como se Laio fosse "seu próprio pai" (264), ironia que transforma cada vez no contrário toda aparência de consolo. E no entanto, o sentido da peça torna-se quase tão falho quando se afirma que nela o protagonista é o destino, como no juízo incompreensível, recentemente repetido, de que estamos lidando, no caso, com um romance policial. O protagonista é o homem que enfrenta esse destino, o herói da tragédia. Pois, enquanto na tragédia de Ésquilo, em que tanta importância se dá à influência do divino mundo, mal se poderia aplicar esse conceito a Etéocles e seguramente não às personagens da *Oréstia*, na tragédia de Sófocles, ao contrário, está perfeitamente em seu lugar. Aqui também cumpre levantar a questão relativa a seus traços característicos.

O destino, como força imprevisível que os homens devem simplesmente aceitar, produziu na arte dramática aquela tragédia fatídica que, na literatura alemã, desde o *24 de Fevereiro* de Werner, goza, e com razão, de péssimo conceito. Mas a verdadeira tragédia se origina da tensão entre as incontroláveis forças obscuras a que o homem está abandonado, e a vontade deste para se lhes opor, lutando. Essa luta é em geral sem esperança, afundando, mesmo, o herói cada vez mais nas malhas do sofrimento, e muitas vezes até ao naufrágio total. Todavia, combater o destino até o fim é o imperativo da existência humana que não se rende. O mundo dos que se resignam, dos que se esquivam à escolha decidida, constitui o fundo diante do qual se ergue o herói trágico, que opõe sua vontade inquebrantável à prepotência do todo, e, inclusive na morte, conserva íntegra a dignidade da grandeza humana.

Já vimos em *Ajax* como Sófocles relega a plano secundário os problemas da culpa, e introduzi-los no caso de de Édipo significaria compreender muito mal essa figura, mas essa falta de compreensão dominou bastante tempo a interpretação da peça. O traço fundamental da natureza de Édipo, que ele compartilha com outras personagens de Só-

165

focles, tais como Ajax, Antígone e Electra, é a extraordinária atividade e uma linha de conduta inquebrantável. O destino o envolveu em suas redes; ele vê como as malhas vão-se apertando de um modo cada vez mais inextrincável, porém ainda no último instante poderia ter evitado a catástrofe, se houvesse deixado cair novamente sobre as coisas o véu que ele mesmo erguera. Poderia tê-lo feito, não fosse ele Édipo, o herói trágico que compreende tudo menos uma coisa: no covarde compromisso, entregar-se a si mesmo em troca da paz externa, para salvar a mera existência. Pelo inexorável de sua vontade, mesmo quando ela o conduz diretamente à morte, se converte no herói de uma tragédia que alcança seu ponto culminante na antítese dos versos 1169 e seguintes. Antes do momento da última revelação, o pastor se lastima:

> Ai de mim! Chego à parte que mais me custa dizer.
>
> E a mim ouvir! Mas é preciso que ouça!

é a resposta de Édipo. E quando, cego, se encontra na noite do infortúnio, seu desejo por certo é que Citérion houvesse ficado com o menino, mas o outro pensamento, o de que a horrenda verdade teria permanecido para sempre sob o véu que durante tanto tempo a encobrira, é em seus lábios inconcebível.

O pensamento das pessoas medíocres, que querem segurança e a preservação da vida a todo custo, surge como uma sedução para as grandes figuras trágicas que assumem a luta, na qual não se trata da existência, mas da dignidade do ser humano. Tecmessa arroja-se com seu filho aos pés de Ajax para que recorra ao caminho que só ele pode trilhar; Ismena está para Antígone assim como Crisótemis para Electra, e junto a Édipo vemos Jocasta. Quantas palavras ela não profere contra os oráculos (857 etc.), mas nem por isso se torna blasfema, pois vemo-la orar, ela mesma, a Apolo (911). Suas palavras são guiadas pelo anseio de evitar o perigo que os ameaça, e não para ir-lhe ao encontro, como no caso de Édipo, e ainda no último instante implora a este (1060) que interrompa as averiguações. Mas é impossível embargar-lhe os passos.

Ésquilo nos mostra o homem completamente inserido na ordem divina do mundo, que nele se cumpre por meio da expressão de ação e sofrimento, sofrimento e compreensão. Em Ésquilo, é no próprio homem que essa ordem não só está representada como também é justificada. Nas peças do grupo mais antigo, Sófocles vê o homem de outro modo, numa irremediável oposição com os poderes que regem o mundo, que, também para ele, são divinos. Sua religiosidade não é menos profunda que a de Ésquilo, mas é de natureza inteiramente diversa. Encontra-se mais próxima da expressão délfica que, com o "Conhece-te a ti mesmo", dirige o homem aos limites de sua essência humana. Com aquele respeito piedoso que constitui o melhor da religião da Grécia clássica, Sófocles renuncia a compreender o curso do divino no mundo, da maneira como Ésquilo quer compreendê-lo. Na *Filha Natural*, de Goethe, encontram-se, numa conexão de gênero inteiramente diverso, alguns versos que poderiam traduzir vantajosamente a relação entre o pensamento de Sófocles e a irracionalidade dos acontecimentos determinados pelos deuses:

O que lá em cima, nos espaços incomensuráveis, se move de forma estranha e violenta, anima e mata sem conselho nem juízo, talvez conforme outra medida, conforme outro número é medido e calculado, mas será sempre misterioso para nós.

O próprio Sófocles o expressa com toda clareza nos versos de um drama que se perdeu (fr. 833 N): "É impossível reconhecer o divino quando os deuses o ocultam, mesmo que na investigação se recorra a qualquer meio imaginável".

Aquilo que os deuses decretam para o homem pode ser cruel e compreende-se que uma linha que aqui se inicia desemboque na afirmação de que o trágico exige deuses cruéis. Nesse sentido Hofmannsthal continuou a elaborar o tema em seu *Édipo e a Esfinge*. Aí Édipo brada sua acusação aos deuses:

> Vós, deuses, deuses!
> Estais sentados aí em cima em trono de ouro,
> e vos alegrais de ver agora preso nas redes,
> aquele que com vossos cães acossastes da manhã à noite.
> (grandioso, sombrio)
> O mundo inteiro é vossa rede, a vida
> é vossa rede, e nossos feitos
> nos deixam desnudos ante nossos olhos sem sono,
> que nos contemplam através da rede.

Essas palavras que ardem em chama sombria pertencem à grande poesia, mas são tão pouco sofoclianas quanto a *machine infernale*. Constitui também grave mal-entendido a suposição feita recentemente de que Sófocles se achava em crise religiosa quando escreveu esta tragédia. O certo é o contrário: que, por cima do horror deste conflito trágico – verdadeiramente cerrado! – levado até à completa destruição, encontramos a fé inabalável e profunda do poeta na grandeza e sabedoria dos deuses de sua crença. No mesmo drama, que nos mostra a queda da criatura tragicamente golpeada, encontramos o canto coral em louvor às leis eternas, a serem piedosamente honradas, que já mencionamos antes. Sófocles, como tampouco Ésquilo, não nos oferece a imagem de um mundo que, abandonado pelos deuses, entrega ao absurdo os trágicos acontecimentos.

Em Sófocles, a figura do herói trágico se ergue em meio a tensões inauditas. Porém, como a luta contra as potências da vida o homem só pode assumi-la com base nas forças que tem em seu próprio íntimo, aqui o herói trágico se converte em personalidade, e o homem trágico é visto e representado como um todo em si fechado.

Compreendemos agora o sentido mais profundo do fato antes constatado, de que Sófocles renunciara à forma da trilogia. O que liga sua obra não é a linhagem, em suas diversas gerações, como cenário abarcador do governo divino, mas a personalidade do indivíduo. Assim, Édipo é liberto dos laços da trilogia tebana de Ésquilo e, assim também, o drama isolado *Electra* corresponde, em Sófocles, às *Coéforas* como parte da *Oréstia*. Isto se relaciona com o fato de que, em ambas as peças, foi quase eliminado o motivo, que para Ésquilo era central, da maldição da família. O homem já não trata com o demônio como συλλήπτωρ, da vontade de seu próprio íntimo e só dela surge tudo quanto faz, por muito pouco que esteja em suas mãos a decisão sobre o desfecho.

Para compreender a *Electra* de Sófocles, partimos do fenômeno de que, tanto em Ésquilo quanto em Sófocles, se narram a lamentação e a angústia de Electra e o júbilo que demonstra ao reencontrar o irmão. Mas, em Ésquilo, as duas cenas se sucedem imediatamente uma à outra na primeira parte do drama, enquanto que, em Sófocles, se encontram largamente separadas, uma no início e outra no fim da obra, respectivamente. Se tomarmos as duas cenas como duas poderosas tenazes de uma textura em si fechada, e se a partir de nossas observações sobre estas cenas prosseguirmos até a parte central da peça, tropeçaremos com duas cenas mutuamente correspondentes entre Electra e Crisótemis, ambas determinadas por um conflito do tipo Antígone-Ismena. Na primeira, faz-se ressaltar vivamente o contraste ante o caráter de Electra, sua consciência do opróbrio da família e do preceito de vingança, e o caráter de Crisótemis, que conhece bem o incondicionado, mas prefere um cômodo pacto com os donos da casa, Clitemnestra e Egisto. Na segunda das citadas cenas, Electra está sob o efeito que lhe causou a notícia da morte do irmão. A esperança da irmã, que, da oferenda de mechas de cabelo no túmulo, deduziu a presença de Orestes, deve afastá-la de si por infundada. E agora está decidida ao ato extremo. Ela mesma quer levar a cabo a vingança que devia ser obra de Orestes. A tímida esquiva de Crisótemis permite-nos reconhecer de novo a solidão em que devem ser planejados e executados todos os grandes atos dos heróis sofoclianos.

Se destas duas cenas passarmos à parte média da obra, chegamos, através de trechos líricos com a mesma extensão aproximadamente (o *stasimon*, 472-515, e o *kommos*, 823-870), ao complexo de cenas que nos mostram, em conflito, as duas forças contrárias do drama, Electra e Clitemnestra. Uma cena de briga põe mãe e filha frente a frente e faz com que esta arranque a máscara da assassina de seu pai:

169

não foi a vingança de Ifigênia que guiou sua mão no ato assassino, mas a paixão criminosa por Egisto, com quem vive no palácio. Electra sai vitoriosa e, como a confirmar suas acusações, Clitemnestra roga que lhe seja dado conservar os bens adquiridos por meio da culpa, e a realização de seus desejos secretos, que só podem significar a morte de Orestes.

Mais uma vez interfere no acontecer a ironia trágica, por mais que, de resto, ela recue nas peças posteriores, ante o entrelaçamento da ação com os traços característicos das personagens. Nem bem Clitemnestra pronunciou as últimas palavras de sua fala, entra em cena o pedagogo, que chegou com Orestes, para preparar o caminho da vingança por meio da astúcia de uma falsa notícia de morte. Orestes teria perdido sua jovem vida por uma queda nas corridas de carro em Delfos. A arte do poeta apresenta o conteúdo deste relato com tão inaudita força impressiva que, para o espectador desprevenido, a idéia de ficção cede ante o impacto que a notícia produz sobre os personagens da peça. Depois de um breve transporte de sentimento materno, Clitemnestra não reprime o júbilo, no qual ela deixa dissolver-se o medo de tantos anos. Mas Electra vê destruídas todas as suas esperanças, sente-se impelida ao nada, de que só sairá na segunda cena com Crisótemis, mais uma vez pela decisão de agir.

Assim vemos como a grande parte central do drama, que, como num espelho ustório, capta suas forças móveis, está encerrada por círculos concêntricos de cenas que são colocadas em estreita relação, uma vez por meio de Crisótemis como interlocutora, outra vez pelo contraste entre os lamentos de Electra em sua desgraça e sua alegria nos braços do irmão. E em toda esta grande textura dramática, após a conversa dos homens junto ao túmulo, não há uma única cena em que Electra não esteja no palco, diferentemente de Ésquilo, que a faz sair depois da primeira parte das *Coéforas*, sem que volte a mostrá-la no decorrer da peça.

Já na estrutura do drama deciframos aquilo que um estudo da personalidade de Electra nos confirma: ela é a figura principal da peça, todos os eventos são orientados significativamente para seus sentimentos, pensamentos e

170

projetos. Uma parte dos fatos acontecidos na casa de Atreu, como palco da justiça divina em Ésquilo, transformou-se aqui no drama de uma alma humana, a quem acompanhamos ao longo do corajoso caminho que vai do sofrimento e do desespero à libertação.

Em uma de suas mais belas cenas o poeta mostrou esta libertação. Electra já está decidida a agir sozinha, quando se aproxima Orestes, a quem ela não reconhece, com uma urna que, segundo o relato, destinado a enganar Clitemnestra e Egisto, contém suas próprias cinzas. Ele tampouco reconhece Electra. Só quando ela lhe toma a urna das mãos e, chorando, abraça, com toda a ternura de um grande coração, aquele que acredita morto, ele a reconhece e ao seu sofrimento, e faz a irmã passar da mais profunda dor ao mais incontido júbilo.

Não há menção das perguntas sobre o caminho que segue a maldição através das gerações, mas o poeta precisava mostrar a vingança de Orestes, e por isso ele o traz ao palco logo em seguida à cena inicial, junto com o pedagogo que conduziu o jovem à pátria e o dirigiu à ação. O cumprimento da ação, no-lo mostram as breves cenas finais em que Clitemnestra cai diante de Egisto. Assim, embora o tema do matricídio não seja aqui tão dominante quanto em Ésquilo, o poeta não ignorou simplesmente o problema de sua justificação. A cena da briga na parte central do drama liga estas cenas marginais extremas ao conjunto da obra. Aqui, por boca de Electra, Clitemnestra, a adúltera, que assassinou o marido e repeliu os filhos, é repudiada, sua morte é um castigo merecido, e compreendemos que para este Orestes, no final da peça, não subam do mundo subterrâneo as Erínias, mas, ao contrário, que lhe seja aberto o caminho para um futuro de paz.

Mais do que qualquer outra parte, ao comentar esta peça, ressaltamos o aspecto formal, pois é aqui onde melhor podemos compreender a tragédia de Sófocles como obra de arte clássica, obra de arte da época do Partenon. Classicismo no sentido de um fenômeno histórico único, como o que nos apresenta o século V dos helenos, sem dúvida não será acessível a uma consideração puramente estético-for-

171

mal. De fato, semelhante modo de ver as coisas, que faz do formal algo, por assim dizer, independente, deve ser falho desde o princípio, quando se trata da essência deste classicismo. Mas aquela interpretação íntima de forma e conteúdo, que aumenta até alcançar a intensidade de uma unidade orgânica e em que a forma integrada e harmônica não aparece por si mesma, mas como expressão adequada das grandes forças vitais contidas na obra de arte, essa interpretação, consideramo-la, sem dúvida, como o elemento essencial deste classicismo. Em nosso caso, a correspondência entre a posição central de Electra e a articulação do drama deveria levar-nos a compreender a configuração clássica da forma, tal como a observamos nas esculturas do Partenon.

A *Electra* dá ocasião de lembrar o cabedal científico de K. Reinhardt, como o qual promoveu, de forma decisiva, nossa compreensão da obra de arte de Sófocles. Por seu intermédio, pudemos entender melhor o desenvolvimento da forma interna dentro das tragédias que nos foram conservadas. Os dramas mais antigos, para os quais *Ajax* é particularmente característico, encerram a imagem das grandes figuras lendárias com firmes contornos; seu caráter não se nos desenrola em constante e movida luta com seus adversários, mas os destinos, que lhes sobrevêm de fora, é que desatam a auto-exteriorização de seu modo de ser. Aludimos às grandes falas de Ajax (430, 815) e também do fato de que o ardil que lhe abre o caminho para a morte não nos é mostrado num movimentado jogo de forças opostas, mas unicamente numa grande fala do herói (646) que, cercada por dois cantos corais, nem é resposta a outro interlocutor, nem ele mesmo recebe resposta de ninguém. Para designar a justaposição de cenas isoladas, nas quais em cada caso se expressa uma idéia básicas, Reinhardt fala acertadamente de construção paratática uma expressão extraída da sintaxe. De outro lado, justamente a *Electra* nos mostra como, nas peças posteriores, a natureza humana se desenvolve mais na movida luta com a oposição dramática e como a dinâmica de cada uma das cenas que amiúde, como na do *Édipo*, entre Creon e Tirésias, ocasiona completa reviravolta da situação inicial se tornou muito mais animada. Se quisermos arriscar uma interpretação para este fenômeno, visto antes de tudo a partir do ângulo estilístico, também aqui reconheceremos o caminho que conduz a personalidade humana, cada vez mais, ao primeiro plano da obra. Em vez da luta do indivíduo com o destino aparece a do indivíduo com os outros que o rodeiam. O *Édipo Rei* ainda está inteiramente determinado pela relação entre o homem e as forças do destino. De outro lado, a movimentação do arranjo cênico nos leva a ver nele uma obra de transição.

Onde, de modo mais nítido, se nos apresenta a dinâmica fluente de uma peça integralmente dominada pelos traços de caráter das personagens, é no *Filoctetes*, representada em 409. Três figuras movem este drama. O próprio Filoctetes, por causa de uma chaga repugnante e incurável produzida por uma mordida de cobra, durante a expedição contra Tróia, foi abandonado pelos gregos na ilha de Lemnos, que o poeta nos apresenta como desabitada. Ali vive ele, suportando com valor seus sofrimentos e odiando profundamente os que o abandonaram a tão mísera situação. Diante de Tróia, desenrola-se a interminável luta para apoderar-se da cidade, e Filoctetes parece ter sido esquecido. De repente passa a ser de importância decisiva, por causa de uma frase do vidente troiano Heleno, prisioneiro dos gregos. Somente o seu maravilhoso arco, presente de Heracles, poderá trazer a vitória ao exército grego. Mas é difícil conseguir este arco. A arma maravilhosa protege o herói de qualquer violência, e os sofrimentos endureceram-no de tal modo que não se pode pensar em dobrá-lo. Dois homens de natureza diferente se encarregaram da difícil missão. Odisseu é inteiramente o mesmo que já conhecemos através da epopéia. Enérgico e prudente ao mesmo tempo, só conhece sua meta, sem se embaraçar com o meio de alcançá-la, que aqui é a astúcia, seu elemento mais peculiar. E se em algumas das suas palavras (por ex., 98) parece-nos ouvir o sofista, isso não traz, contudo, qualquer elemento estranho à sua imagem. Veremos que, para o modo de ser de Neoptolemo, Odisseu representa a sedução

173

que o impulsiona a ser infiel a si mesmo, mas isso não quer dizer que seja mau. O que ele defende é a vontade da assembléia do exército, e o faz como seu fiel servidor. Acompanha-o Neoptolemo, filho de Aquiles, o qual, também por causa de uma sentença do vidente Heleno, foi trazido da ilha de Skiros para a guerra, a fim de ajudar a decidi-la. Aqui Sófocles inovou, segundo podemos comprovar, pois conhecemos, através do discurso 52 de Dion, a forma como trataram o assunto Ésquilo e Eurípides, em alguns traços fundamentais. Em Ésquilo, Odisseu sozinho engana Filoctetes e consegue subtrair-lhe o arco. Um novo fragmento (Ox. Pap., 20, n. 2256, fr. 5) parecia indicar a figura de Neoptolemo também na peça de Ésquilo, mas é possível completar o que falta em outro sentido. Eurípides, que representou seu drama em 431 junto com *Medéia*, colocou no centro da peça o conflito entre a paixão pessoal e um sentimento nacional suprapessoal. Odisseu e Diomedes querem conquistar Filoctetes e, com ele, a vitória dos helenos, mas, por outro lado, uma delegação troiana lhe promete a máxima recompensa em troca de ajuda. Mas em Filoctetes o sangue helênico triunfa sobre o desejo de vingança da traição de que foi objeto, ele supera o rancor e acompanha aqueles a quem está ligado pelos vínculos da helenidade.

Totalmente diferente, o drama de Sófocles se movimenta com base exclusivamente no caráter das personagens, e sobretudo no caráter de Neoptolemo que, aqui independente da tradição, é companheiro de Odisseu. No jovem vive todo o espírito nobre do pai, o mais magnífico de todos os heróis gregos. Quando Odisseu, no prólogo da peça, lhe revela sua missão, a de conquistar com astúcia e enganos o arco que trará a vitória, seu caráter nobre se rebela com todas as forças e só com grande dificuldade, como soldado, é que se presta à farsa. Neoptolemo encontra Filoctetes, em meio a todo o seu sofrimento, e, apoiado pelo coro dos marinheiros, mente como Odisseu queria que ele fizesse: profundamente ofendido por lhe terem negado as armas do pai, abandonara o exército e agora velejava rumo à pátria. Conquista rapidamente a confiança do sofredor solitário, que lhe implora para participar do regresso à pátria. Odisseu

174

contribui ativamente por intermédio de um espia disfarçado de mercador, que relata terem as naves gregas partido em perseguição a Neoptolemo e, com base nas palavras de Heleno, em procura também de Filoctetes. Este insiste com maior veemência para que se apresse a partida. Contudo, quando sua fraude parece ter surtido efeito, a primeira cena nos mostrou sobre o caráter de Neoptolemo o suficiente para podermos adivinhar a tortura que lhes causam a confiança e o desamparo daquele a quem está enganando. Quando, muito mais adiante, numa passagem decisiva (906), fala da angústia que há muito o oprime, devemos relacionar de pronto essas palavras com seu primeiro encontro com Filoctetes.

Logo lhe será dado experimentar essa angústia em toda a sua gravidade. Antes de partir, as dores do enfermo recrudescem. Ainda tem consciência bastante para entregar o arco a Neoptolemo, a quem pede que o guarde durante o sono de exaustão que se seguira ao acesso. Agora, Neoptolemo tem nas mãos a arma que decidirá o destino de Tróia e pela qual tudo aquilo fora posto em ação! Poucos passos o separam do navio e nenhuma circunstância externa pode impedi-lo de esconder o precioso bem. Assim é como o coro vê, mas Neoptolemo oferece resistência. Contudo, não declara francamente que tal traição à pessoa de um homem indefeso constitui crime indigno; em solenes hexâmetros (839), ressalta uma advertência do oráculo, que o poeta, com bastante premeditação, deixara de revelar na cena inicial e a que mais adiante não mais se dá grande valor (1055): o arco por si só carece de valor, se o próprio Filoctetes não for levado perante Tróia. Decerto, podemos comprovar aqui a liberdade com que Sófocles lança mão dos temas no momento em que precisa deles, mas devemos compreender também que as insistentes hesitações de Neoptolemo, tão justificadas, exprimem um desvio em relação ao caminho que é o de Odisseu. O jovem afastou-se muito da sua maneira de ser a serviço do astuto Odisseu, mas aqui, no momento em que busca no oráculo um apoio, reconhecemos o ponto a partir do qual, passo a passo, enceta o caminho que o conduz de novo a si mesmo. Quando

Filoctetes desperta e lhe agradece a fidelidade com que permanecera ao seu lado, Neoptolemo arroja de si a mentira e lhe revela o verdadeiro motivo da sua vinda. Ainda uma vez cede à autoridade de Odisseu e conserva nas mãos o arco, mas logo depois, apesar de todas as súplicas e ameaças de seu companheiro, entrega a arma a Filoctetes. E, com toda a incondicionalidade do herói de Sófocles, quer agora percorrer até seu amargo fim o caminho que tomou. Tenta ainda, falando com toda franqueza, convencer Filoctetes a' acompanhá-lo voluntariamente contra Tróia. Mas como é mais forte o rancor do outro, profundamente amargurado, Neoptolemo está disposto ao extremo: quer manter a palavra que lhe deu antes em meio à farsa e levar Filoctetes à pátria, mesmo que isso signifique o rompimento com todo o exército e uma renúncia à própria glória.

Aqui um outro vence a obstinação de Filoctetes. Seu divino amigo, Heracles – análogo extremamente ao deus *ex-machina* de Eurípides, que dá a solução, ao aparecer no final da obra, porém muito mais unido ao conjunto da peça que a maioria de tais deuses euripidianos – indica-lhe o caminho que o levará, diante de Tróia, à cura e à glória.

As criaturas deste drama não estão em confronto com o irracional dos poderes impalpáveis; embora as palavras de um vidente hajam dado o impulso para ação, dentro da peça os atos e sofrimentos dos personagens nascem inteiramente do próprio íntimo destes. E assim, por meio especialmente de *Filoctetes*, somos conduzidos à questão que há muito se encontrava latente por trás destas considerações. De que forma é visto e representado o homem no drama de Sófocles, principalmente no drama de seu período mais tardio? Já vimos que a personalidade do herói aparece bem mais em primeiro plano do que nas obras de Ésquilo, nas quais o protagonista é a divindade, mas como é que essa personalidade se manifesta na obra de arte? Durante muito tempo se tratou a tragédia antiga de forma diferente da tragédia moderna e o problema de seus caracteres foi resolvido tradicionalmente, construindo-se uma espécie de mosaico de "caracteres", com base na interpretação de versos e partes de verso isolados. Continua sendo um mérito de Tycho

176

von Wilamowitz, em seu livro sobre a técnica dramática de Sófocles (1917), o haver terminado com esse método, embora de há muito tenham deixado de ser satisfatórios sua negação do desenho unitário dos caracteres e seu ajuizamento puramente técnico da arte de Sófocles.

Chegaremos mais longe em nossa indagação, se examinarmos a possibilidade de aplicação de dois conceitos que se nos parecem oferecer. Personagens como Ajax e Antígone expressam algo de validade universal, e que de fato o fazem, demonstra-o sua importância para seu tempo como para o nosso. Podemos portanto designá-los como tipos que, como tais, se confrontam com a vida individual mais rica de personagens dramáticas modernas? Quão pouco satisfatória é essa solução logo veremos, quando analisarmos mais incisivamente o conceito literário de tipo. Ele diz respeito ao debuxo de figuras humanas com alguns poucos traços característicos, falta-lhe aquele centro misterioso da personalidade, de onde brotam todas as manifestações de vida. Com base na comédia, conhecemos tipos teatrais em abundância: o velho avarento, o soldado fanfarrão, a hetaira nobre, apesar de sua profissão, e muitos outros. Mesmo que tomemos estas figuras na forma muitas vezes extraordinariamente aprofundada por Menandro, salta à vista a profunda diferença de natureza que as separa das grandes e inimitáveis figuras da tragédia. Não se lhes pode aplicar o conceito de tipo, tal como ele se fixou na história da literatura.

Por outro lado, não é possível ignorar que sua enformação diverge também da do moderno drama de caracteres. Por mais intensa que seja a força da personalidade única que nelas, precisamente, sentimos, não exigem aquela riqueza de traços individuais, que estamos acostumados a encontrar no drama moderno. Por isso, tampouco pode bastar o conceito moderno do caráter individual, com seus ricos traços peculiares, que amiúde são apresentados por seu próprio valor. Aliás, o conceito de particularidade psíquica não estava ligado à palavra χαρακτήρ, usada pelos gregos até Aristóteles, inclusive. Originariamente significa o cunhador, depois a coisa cunhada, e daí foi aplicada às manifestações

177

do homem no agir, no falar e no escrever. E quando o discípulo de Aristóteles, Teofrasto, em seu livrinho apresenta "caracteres", trata-se na realidade de tipos humanos, ainda que, como tais, na mais sutil diferenciação.

Para compreender as grandes figuras da cena ática e principalmente as do teatro de Sófocles, devemos ter em conta que não nos aproxima mais delas, nem o conceito corrente de tipo, nem o de caráter individual. Livres de todo o fortuito, de todo o acessório da individualidade moderna, desenvolveram-se completamente a partir das raízes da existência humana. Nisso reside sua validade absoluta, a forca de convicção com que atuam sobre nós; nisso, principalmente, demonstram ser criações do classicismo ático. Não são determinadas, porém, por traços típicos, reprodutíveis à vontade, mas sim *in totum* pelos grandes traços fundamentais de seu ser, sendo precisamente essa sua determinacão essencial que faz com que nosso encontro com elas represente sempre de novo uma grande vivência para nós. Para essas figuras, recusamos as expressões "tipo" e "caráter" (no sentido moderno), e se procuramos uma outra descrição, a melhor que encontramos é aquele conceito clássico da personalidade, que Herbert Cysarz cunhou em sua obra *Literaturgeschichte als Geisteswissenschaft* (*A História da Literatura como Ciência do Espírito*): "Personalidade, em vez de mera individualidade interessante; norma, em vez de exclusivismo e extravagância".

Podemos determinar mais exatamente esse conceito de personalidade em *Filoctetes*, num ponto decisivo para o pensamento grego dessa época. O moderno drama de caráter não só converte o indivíduo, com toda a riqueza dos seus traços individuais, no ponto central da ação, como também nos mostra, às vezes, o seu processo de transformação. Mas semelhante transformação, que em Eurípides, por meio de uma revolução na concepção do ser humano, foi incorporado tardiamente ao domínio da representação dramática, não só é completamente estranho ao drama clássico dos gregos, como também se encontra em relação a ele numa oposição muito significativa para sua concepção. Vimos Neoptolemo, em diversas partes de nosso drama, agir con-

178

traditoriamente, mas a suposição de que estaria em processo de transformação nos vedaria a compreensão de sua figura desde o início. Seu traçado vem determinado por um conceito inteiramente diverso. Quando Odisseu lhe explica sua incumbência, Neoptolemo o acolhe com as seguintes palavras (79): "Bem sei eu que tu, por tua φύσις não foste feito para agir desta forma". Deparamo-nos nesta frase com o conceito do modo de ser inato ao homem, que basicamente define a concepção da época sobre a essência humana, e que também nos leva à compreensão de nossa peça. Não é uma transformação que se processa em Neoptolemo, mas sim, precisamente, a vitoriosa afirmação de sua φύσις contra toda espécie de sedução e contra a negação desta, assaz laboriosamente a ele imposta, o que, do ponto de vista psíquico, constitui o cerne da peça. Assim o próprio Neoptolemo, numa passagem decisiva do drama (902), anuncia um dos mais profundos conceitos da sapiência da Grécia pré-sofística, ao falar da miséria a que se expõe o homem que nega a sua φύσις e faz o que não é próprio dela. E a mais bela recompensa de sua auto-afirmação lhe vem das palavras de Filoctetes (1310): "Tornaste visível, meu filho, o modo de ser do qual surgiste".

No conceito dessa φύσις que, como propriedade constante do homem, foi dada a ele como herança imperdível, que não está sujeita a mudanças, se nos descerra, de pronto, um dos traços básicos do homem sofocliano. Além disso, compreendemos dessa maneira uma das concepções da cultura grega mais antiga, que conservou incontestada validade até o fim do apogeu do classicismo: a herança transmitida ao homem por sua ascendência decide de vez por todas a sua natureza. Aqui o pensamento de uma sociedade aristocrática influiu profundamente na democracia, e reconhecemos a proveniência da idéia quando consideramos sua reiterada expressão em Píndaro, o poeta dos ideais da nobreza. Do poder de tudo quanto cresce naturalmente ele fala em *Ol.*, 9, 100, suas palavras a respeito da impossibilidade de ocultar a natureza inata (*Ol.*, 13, 13) poderiam servir de epígrafe ao *Filoctetes*, e *Ol.*, 9, 28 diz o mesmo que o fragmento 739 N de Sófocles: o ser de um homem é uma grandeza previamente dada, irrevogavelmente determinada. Assim, pois, em suas *Arquipalavras Órficas*, Goethe pensou de modo inteiramente grego: "E não há tempo nem poder que destruam uma forma marcada que, vivendo, se desenvolve".

Aqui nos deparamos diretamente com o problema de saber o que é decisivo para o homem, se a massa hereditária viva em sua *physis* ou se a influência do meio e da educação. Em nosso campo, a pergunta é respondida com uma decisão a favor da hereditariedade, que também condiciona nossa posição face a dois outros problemas, um social e outro pedagógico. Aquela distinção entre pessoas de nascimento nobre e plebeu entre χρηστοί e φαῦλοι, no âmbito da helenidade mais antiga, não brotou do orgulho social, mas sim da convicção de que o berço de nascença estabelece decisiva determinação. Veremos como estes conceitos, sob a influência de novas formas de pensamento, se tornam problemáticos em Eurípides. De outra parte, porém, a concepção aqui exposta inclui certa dose de pessimismo pedagógico. Os valores da natureza humana são sustentados pela *physis*, e não são produto de uma atividade educadora, por mais que esta seja importante e necessária para cuidar do já existente. Nessa conexão, é significativo que Píndaro (*Ol.*, 9, 100) faça ressaltar como verdadeiramente essencial a força daquilo que veio a ser naturalmente frente ao que pode ser aprendido, frente às διδακταὶ ἀρεταί. Salta aos olhos que nos encontramos aqui numa esfera de pensamento que se opõe tanto à sofística quanto ao ensinamento de um Sócrates. E mais uma vez haveremos de constatar em Eurípides a dissolução de antigas convicções no surgir de uma nova era.

Quando Sófocles escreveu seu *Filoctetes*, faltavam-lhe poucos anos para chegar aos noventa. Prova não menos convincente do prodígio de sua inesgotável força criadora é o *Édipo em Colona*, que só em 401 seu neto e homônimo levou ao palco. Esta peça requer um quarto ator.

Em *Édipo Rei* pudemos compreender aquele aspecto do trágico de Sófocles em que o ser humano se vê entregue a forças irracionais, sendo por elas impelido à desgraça e ao horror. Nenhuma luz consoladora brilha ao fim da peça,

180

onde aquele que fora outrora o privilegiado da sorte surge como abominação a si e aos outros. Agora, entra de novo em cena Édipo, na figura do velho mendigo, acompanhado pelo amor de Antígone. Sua vida foi mais rica em aflição e tormento que a de qualquer outro homem, mas os deuses também conhecem a misericórdia, e um oráculo de Apolo o leva à Ática, ao santuário em Kolonos Hippios, onde o sofredor sem paz será libertado de seus padecimentos, e continuará atuando como herói propiciador de bênçãos para os que o acolheram.

Na cena do prólogo, fica sabendo, por um dos habitantes do lugar, que se encontra no solo sagrado a cuja procura está, mas parece duvidoso que lhe seja dado permanecer nele. E quando entra o coro dos cidadãos de Colona, é obrigado a deixar o bosquete sagrado e a passar pelo horror que seu nome maldito desperta. Somente com a chegada de Teseu é que se lhe abre o caminho almejado. Assim como Eurípides o moldou nas *Suplicantes*, também aqui Teseu é a corporificação de todas as nobres qualidades do helenismo ideal. Para ele, é um dever humano amparar afetuosamente ao inocente tombado na culpa e no infortúnio, mas como rei do país reconhece também os benefícios que, segundo o oráculo do deus, o herói deverá trazer para o solo ático. Assim, é também Teseu que ao término da peça acompanha o ancião, quando trovões e a voz do deus o chamam para seu fim, levando-o até o lugar de onde é arrebatado, para ingressar em sua existência de herói.

Toda a solenidade da criação poética maior sobrepaira esta marcha de Édipo rumo à paz da morte. Mas com esse motivo apenas não seria possível configurar uma obra dramática. Antes de chegar ao repouso, os poderes da vida, dos quais deseja despedir-se, apoderam-se mais uma vez desse homem tão duramente experimentado. À cena da primeira parte da peça, em que o coro dos cidadãos de Colona se deixa convencer por Édipo e Antígone a aguardar a chegada de Teseu, que decidirá da sorte do ancião desvalido, segue-se a entrada de Ismena com intensa emoção dramática. Enquanto Édipo busca a paz em Colona, prossegue lá fora a selvagem luta da vida. Etéocles e Polinices disputam

181

o governo de Tebas. Polinices, exilado em Argos, arma-se para uma expedição contra sua pátria. Mas um oráculo anunciara que triunfaria o partido que contasse com Édipo. Então Creon, que junto com Etéocles reina sobre Tebas, vem levar ao exército aquele que fora outrora desterrado. É um Creon diferente daquele cuja calma e ponderação mostrava o *Édipo Rei*. Para ele, qualquer meio serve e, onde a persuasão não funciona, funciona a violência. Leva embora Antígone e Ismena, a fim de coagir o pai através das filhas. Mas Teseu também aqui está para defender os oprimidos e não teme a luta, se necessária, para restituir as jovens ao pai. Então chega Polinices. É o mais velho dos dois irmãos e sua pretensão ao governo está melhor fundada que a de Etéocles, que o expulsara. Indubitavelmente nesse delineamento dos irmãos, Sófocles segue Eurípides que, em sua *Fenícias*, fez do "litigante" da velha lenda o irmão injustamente expulso por Etéocles. Mas Édipo alimenta uma cólera irreconciliável contra os filhos que não haviam impedido sua expulsão de Tebas, e com selvagem dureza lança sobre eles a maldição que deverá realizar-se no duelo fratricida. Sem consolo nem esperança, deixa Polinices caminhar para a ruína. Despiu-se da vida, que aprendera a odiar, e repele-a, quer ela se lhe aproxime por violência quer por súplicas.

Já acentuamos antes a necessidade da plenitude dramática da ação, mas isto não quer dizer que, destarte, Sófocles, por razões simplesmente técnicas, enxertou elementos de ação no motivo básico da apoteose de Édipo. A luta por Tebas e o fim de Édipo uniram-se num todo, que só não é reconhecido por aqueles que gostariam de explicar o feitio da peça pela hipótese de uma reelaboração ou de uma inserção posterior de algumas partes isoladas. O caminho para a paz mais uma vez conduz o herói duramente experimentado através das misérias da vida, e a piedosa consagração de seus últimos passos coloca-se, duplamente comovedora, junto ao tumulto das paixões humanas, a partir das quais envereda pela serenidade da vida divina.

Mas também se juntam em unidade as manifestações com que Édipo, neste drama, responde ao mundo circundante. Os ímpetos coléricos com que enfrenta aos que se

182

lhe contrapõem no seu caminho para a paz são parte de sua natureza incondicional, empenhada no seu objetivo, que *Édipo Rei* no-la mostrou e que reside no mesmo peito que move este homem, tornado sábio pelo infortúnio, a trilhar seu caminho com tanto ardor.

Há muitas coisas que tornam significativo para nós o fato de que é justamente com esta obra que Sófocles encerra sua criação literária. Consideramos aquilo que Odisseu diz, no prólogo de *Ajax*, como a epígrafe da obra do poeta: é a própria vida, em seu fatídico entrelaçamento de sofrimento e desventura, em sua indefesa submissão a poderes superiores, que devemos reconhecer no jogo que se representa no palco. Essas palavras, ante um *Ajax* ou um *Édipo Rei*, têm um sentido grave, terrível. Somente em face da última obra do idoso poeta é que elas adquirem significado mais brando e conciliatório. O oráculo de Apolo atirara o rei do cimo da glória à mais profunda miséria e, agora, as palavras desse mesmo deus conduzem o ancião no caminho da paz. E as Eumênides já não são espíritos de maldição, que reclamam para si o culpado, mas sim as clementes potências das profundezas da terra, que recolhem e redimem sua dor. Conseguimos entender quão diferente se nos apresenta a visão da existência humana nos dramas de Sófocles e nos de Ésquilo, mas também no primeiro é possível divisar a mercê divina como solução aos mais pesados males. E na paz, que ao final do segundo *Édipo* se espraia sobre todas as coisas, o sofrimento e o horror da primeira peça surgem sob uma luz diferente. Torna-se visível o sublime paradoxo de que os mesmos deuses que precipitam Édipo na noite da mais profunda dor, ao mesmo tempo, por esse meio, o atraem para mais perto de si. No relato do mensageiro, na parte final do drama uma passagem da mais alta poesia, na qual somos inteirados da misteriosa morte do velho sofredor, sente-se essa proximidade familiar na maneira como os deuses o chamam:

1623 De repente, uma voz estranha o chamou,
e ele se assustou e seus cabelos se puseram em pé.
Muitas vezes, e de maneiras diversas, o deus chamou:

"Ó tu! Édipo! Por que hesitas? Parte!
Já adiaste demais!"

Nada pode apanhar melhor a misteriosa relação entre o grande homem e a divindade do que as palavras de Hölderlin, na primeira versão da morte de Empédocles, sobre a "briga entre os que amam". E novamente lemos no final do *Hiperion*: "Como a discórdia entre os que amam, assim são as dissonâncias do mundo".

Édipo em Colona nos é muito caro, mas o é também como peça da manifestação sofocliana de vida. Também o poeta encontrava-se ao limiar da morte, quando tornou a escrever sobre Édipo. E no anelo da morte, com que seu herói procura o repouso e a quietude, após as tormentas da vida, na região ática de Colona, podemos distinguir a própria voz de Sófocles. Muito lhe dera a vida, mas também para ele constitui o supremo fim da sabedoria este anseio de suspensão na paz incondicional da morte. Falando-nos diretamente, como poucas vezes em suas obras, anuncia esse desejo no terceiro estásimo:

1211   Quem quer demais,
         e em sua vida não observa a justa medida,
         é desastrado, ou assim se me revela.
         Porque muito se acumula nos longos dias,
         e está mais perto da dor.
         Mas a sede da alegria, mal a vês,
         tão logo se caia no excesso.
         E no fim, quando Hades aparece,
         sem canto nupcial, sem lira, sem nada,
         nos vem um auxiliar,
         para todos igual, a morte.

Também Sófocles, cuja felicidade se tornara proverbial para os atenienses, provou a fragilidade dessa ventura, e muito daquilo que lhe iluminara a vida, dissolveu-se em nada. Mas assim como a força de sua poesia, uma coisa ele levou consigo até os derradeiros dias: seu amor por Atenas, antes de cuja queda haveria de fechar os olhos. Pressentiu, por certo, que essa queda sobreviria. Assim, na Atenas da sua peça, sobretudo em Teseu, suscita mais uma vez a imagem de sua pura grandeza, e no primeiro canto do drama (668), um dos mais belos da poesia grega, louva o encanto da sua terra natal protegida pelos deuses.

Um feliz achado de papiros, efetuado em 1911, permite-nos mais um ensejo de voltar ao jovem Sófocles e arredondar o quadro de sua obra criadora com uma peça dos primeiros tempos. Ao lado da pesada seriedade de suas tragédias, coloca-se, nascido do mesmo tronco, o gracioso drama satírico que agora possuímos em sua maior parte, os *Ichneutai* (*Os Cães de Fila*). Os cães de fila são aqui os sátiros que, sob a chefia de seu pai Sileno, covardes e insolentes, percorrem a floresta montanhosa da Arcádia, a fim de ganhar o prêmio oferecido a quem descobrir o gado roubado a Apolo. Seu fino olfato os conduz até a gruta de Cilene, onde o pequeno Hermes, em pouco tempo, crescera de um modo inverossímil, em estatura e não menos em peraltice. O jovem deus, e disso já nos falava o hino "homérico" de Hermes, roubara o precioso rebanho ao irmão, e de passagem, com uma tartaruga morta, fabricara a primeira lira do mundo. São dela os sons que saem agora das profundezas da caverna e que põem os sátiros em grande perturbação. Mas por fim descobrem que o jovem inventor é um ladrão não menos expedito, que naturalmente consegue logo, dando-lhe a lira, conciliar o seu lesado irmão, e vincular-se-lhe pela mais íntima amizade.

Em contraste com o *Ciclope* de Eurípides, a quem não foi concedida essa jovialidade despreocupada, vemos aqui o drama satírico do teatro ático em consonância com o frescor das imagens que nos mostram os vasos da época. Mas, antes de tudo, a proximidade da natureza, de que, afinal, os sátiros não passam de uma parte, a maneira direta com que Sófocles revive montes e bosques nas imagens míticas de seu povo é que converte esta obra numa das mais graciosas da literatura grega. E não é só o quadro de sua obra que para nós se arredonda com essa peça, mas também o de sua personalidade, a que foram dadas em unidade duas coisas: o vislumbre das profundezas sombrias da vida, através das quais nós homens andamos, e a diáfana alegria com a luz, que apesar de tudo os deuses estenderam sobre este mundo.

185

Eurípides. Nápoles, Museu Nacional.

EURÍPIDES

Também para a biografia de Eurípides, é muito parca a ajuda recebida da tradição. E mais ainda, sobre o pouco que nos é dado conhecer, estendeu-se uma confusa mescla de anedotas. Porta-voz de uma nova época, Eurípides, mais que qualquer outra personalidade de seu tempo, foi alvo da zombaria da comédia. Aquilo que em invenções grotescas e atrevidas foi ligado ao seu nome, em muitos casos, passou a figurar na pseudo-história, e o Papiro do Sátiro (Ox. Pap., 9, n. 1176) pode nos proporcionar uma idéia daquilo que dessa maneira era criado.

Nem sequer o ano do nascimento do poeta está determinado com exatidão. Ao lado da indicação mais verossímil, a da Crônica de Mármore de Paros, que nos dá o ano de 484, coloca-se uma outra que, talvez numa retificação deliberada, vincula seu nascimento ao ano da batalha de Salamina. Seu pai, Mnesárquides, que a comédia apresentava, da mesma maneira que sua mãe Clito, como verdureiro, era um grande proprietário de terras. Foi na herdade paterna, junto a Salamina, que o poeta veio ao mundo e, muito tempo depois, ainda havia quem pretendesse conhecer, na ilha, a gruta em que gostava de compor, e de onde enviara seu pensamento inquieto através da infinitude do mar. Ao contrário de Sófocles, nada sabemos informar sobre alguma atividade de Eurípides a serviço do Estado. Veremos, por uma série de suas peças, o quanto se esforçou por servir como poeta a sua pátria em tempos de crise.

É bem possível que tenha a princípio se dedicado à pintura; em todo caso, no ano 455 conseguiu pela primeira vez um coro e representou *As Pelíades*. A imensa influência que exerceu sobre as épocas posteriores, precisou pagá-la bastante caro com o fato de que seus contemporâneos só a custo admitiram sua obra. Como em diversos aspectos estivesse em áspera contradição com a maneira de pensar de sua comunidade, provocou também sua oposição, que nos fala, em sua voz mais alta, através da comédia de Aristófanes; também ela é um pedaço da cultura comunitária, tal como a tragédia dos seus antecessores. Com *As Pelíades* obteve um terceiro lugar; só em 441 conseguiu uma vitória e, embora o número do seus dramas somasse noventa, os árbitros do certame só por três vezes chegaram à mesma sentença.

Os mexericos sobre a má experiência do poeta com suas duas mulheres, Melito e Coirile (ou Coirine), não merecem maior atenção. Contudo, é realmente significativo, tanto para o homem quanto para o poeta, aquilo que sabemos sobre o entardecer de sua vida. Ao norte, no reino da Macedônia, que também culturalmente ascendia, surgira uma espécie de corte das Musas. Menos brilhante, talvez, que a da Sicília, a qual Ésquilo honrara com sua visita, precisamente nela se abrigavam representantes das novas tendências culturais, tais como o trágico Agaton e provavelmente, outrossim, o lírico Timóteo. Em 408 também Eurípides atendeu ao chamado do rei Arquelau e lá no estrangeiro, em Aretusa junto de Anfíbolis, morreu na primavera de 406. Teria sido despedaçado por cães selvagens, mas isto por certo não passa de anedota.

Nutriu sempre intenso amor pela pátria ateniense, é o que dizem suas obras, mas, dada a sua atitude intelectual e o desenvolvimento político dos fins do século V, esse amor teria de ser, por força, doloroso. Se a sua poesia não arrebatou tanto o coração de seu povo quanto a de Sófocles, tampouco brotou, como esta, do mundo mais peculiar deste povo. É possível que tenha deixado a pátria com bastante amargura. Mas à sua morte sentiu-se que um grande ateniense acabava de abandonar este mundo. Na costumeira apresentação dos coreutas e atores que se efetuava antes das grandes Dionisíacas, Sófocles fê-los aparecer sem as coroas, e ele próprio, no limiar da morte, vestiu trajes de luto. Atenas erigiu um cenotáfio ao morto e concedeu, às suas obras representadas postumamente, a vitória que ridicara tanto ao poeta vivo.

A significação dos acontecimentos políticos de seu tempo não é, para Eurípides, a mesma que para seus dois antecessores. É certo – e aí está uma das muitas contradições da obra de Eurípides – que justamente nele encontramos, em número bem maior do que outros trágicos, trechos condicionados pelos sucessos históricos de seu tempo e, nos anos da luta com Esparta, amiúde elevou a voz contra ela. Mas isso não redunda em que um pensamento político dessa espécie moldasse, no seu âmago, a tragédia de Eurípides. O que tem a dizer a este respeito vem, muitas vezes, de fora para dentro de sua obra, e não raro sentimos seu caráter tendencioso. Passagens desse gênero costumam permanecer freqüentemente à superfície da obra, sem se lhe incorporar organicamente e devemos compreender seus traços essenciais a partir da alternância da personalidade do poeta e daquele movimento que nos anos de sua vitalidade começou a modificar desde a base a imagem intelectual de Atenas.

A palavra "sofista" tem um segundo sentido pejorativo, fruto da copiosa caricatura que se fez dessa tendência, na comédia e na crítica, a qual nos é dada a conhecer mais pela obra de Platão do que pela própria coisa criticada. Assim, torna-se difícil para nós discernir com clareza as autênticas forças desse movimento, aliás duplamente difícil numa época que, mais do que outra qualquer, aprendeu a perceber o perigo de tal entronização da *ratio*. No entanto, essa é a nossa tarefa mais importante, se é que pretendemos compreender Eurípides.

Até mesmo para o breve intento de caracterizar o movimento que, na segunda metade do século V, guindou a uma nova era, coloca-se em primeiro lugar a famosa frase de Protágoras: "O homem é a medida de todas as coisas, das que são enquanto são, das que não são enquanto não são". O homem que a pronunciou era originário de Abdera, uma cidade colonial jônica, assim como o era Leontinos, de onde provinha outro porta-voz da sofística, Górgias. Estes não são pormenores biográficos desimportantes, pois nos informam que devemos entender a sofística como uma irrupção do espírito jônico no centro do mundo grego, em cujas regiões limítrofes se tornara relevante sua ἱστορίη, sua indagação sem apriorismo das coisas deste mundo.

Nas palavras de Protágoras encontramos, como algo decisivo, a ruptura com a tradição em todos os setores da vida; há nelas a reivindicação revolucionária de converter em objeto de debate racional todas as relações da existência humana, tanto a religião quanto o Estado e o Direito. Para estes homens perdeu o sentido – e assim tornou-se impossível – orientar o pensamento e a atuação, segundo o costume consagrado pela tradição, segundo o *nomos*, e só podem esperar que suas normas lhes venham do próprio pensar. Mas este não lhes oferece uma imagem unitária do mundo que solucione, com a força da convicção religiosa, suas contradições numa unidade mais elevada, como vimos em Ésquilo, ou, ao menos, que as mostre contidas em tal unidade, como ocorre na obra de Sófocles.

Sob muitos aspectos, amiúde contraditórios, se apresentam as coisas ao intelecto especulativo. Neste movimento, o homem sai da guarda segura da tradição e é metido dentro do mundo das antinomias. O título de um escrito de Protágoras, Ἀντιλογίαι, *Contradições*, tem o significado de um programa, e o que Diógenes Laércio (9, 51) diz de seu autor confirma essa interpretação: "Foi o primeiro a afirmar que, para cada coisa, há duas maneiras de conceber que se contradizem". É verdade que daí também teve origem aquela má prática profissional dos sofistas que, segundo uma frase tristemente célebre, via no discurso um meio de converter em bom um argumento mau, porém o mais importante é que assim surgiu uma posição inteiramente nova do homem perante o mundo, qualquer que seja a nossa maneira de apreciá-la. A tradição já não era mais uma obrigação, mas tampouco podia servir de ajuda. Toda a carga de sua própria decisão e responsabilidade recaía agora, com esse conhecimento, sobre o homem, colocado em meio às antinomias.

Indubitavelmente, o quadro da sofística permanece assaz insatisfatório, mesmo quando podemos, através da tradição, corrigir as distorções tanto quanto possível. O fato de haver-se convertido em profissão prejudicou-a, como prejudica qualquer atividade espiritual. Sua crítica, em especial, assumiu muitas vezes um caráter destrutivo em relação ao existente, em troca do qual não era dado um novo valor em substituição e, acima de tudo, ela rasgou aquele abismo de formação, que ainda era estranho à época precedente. Apesar de tudo, porém, é impossível negar o trágico dessa surtida batalhadora do espírito humano, apoiado em si mesmo, para dentro do caótico e perigoso domínio das antinomias, e isto constitui precisamente o trágico do poeta e do homem Eurípides.

A tradição biográfica nos fala de uma relação de discípulo entre Eurípides e alguns dos principais sofistas, como Protágoras e Pródico, referindo-se, além disso, ao filósofo Anaxágoras, amigo de Péricles, e a Arquelau. São lendas que foram tecidas a partir de relações com as doutrinas destes homens, no âmbito das tragédias de Eurípides, mas, na verdade, Eurípides não se filiou a nenhuma doutrina determinada. Para ele, não era decisiva a determinação de um sistema, mas sim a entrega ao novo espírito da época e a espécie de indagação que este exigia. Por isso torna-se vão o esforço de querer encontrar em seus dramas uma visão de mundo nitidamente delineada, em todos os seus traços individuais. Se nos abstrairmos do fato de que muitas declarações só podem ser entendidas por nós como expressão da personagem atuante, ainda assim restam numerosas

191

contradições, que nem sempre se deixam inserir de algum modo na linha de uma evolução espiritual. Uma luta incessante, uma busca apaixonada percorre a obra do poeta, e precisamente no fato de que para ele a tradição perde o valor quando se trata de enfrentar uma nova questão, e de que muitas vezes em suas cavilações, em lugar de um claro conhecimento, se lhe evidenciam os δισσοì λóγοι, os aspectos contraditórios das coisas, é ele na verdade discípulo dos sofistas, sem que por isso seja mero divulgador de seus ensinamentos. No homem, e só no homem, foi que eles situaram todo o conhecimento e toda a decisão. No seu mundo, afora o sentir e pensar humano, não atua nenhuma potência capaz de determinar o agir do indivíduo. Os deuses, se é que existem de alguma forma e em algum lugar, são despojados dessa função determinante. Protágoras o disse: "Acerca das divindades, não posso saber se existem ou se não existem, ou como são figurados, pois muitos obstáculos impedem verificá-lo: sua invisibilidade e a vida tão curta do homem".

Desse modo de pensar brota também para Eurípides a crítica das figuras transmitidas pela fé, sem que por isso, no entanto, chegue à negação ateísta dos poderes superiores. Estes existem e, inescrutáveis ao conhecimento humano, tecem destinos, mas ainda assim, para Eurípides, inteiramente dentro do espírito da sofística, o verdadeiro centro de todo acontecer é o homem. As ações do homem e as diretrizes divinas já não se unem, para ele, no mundo de irreconciliáveis contradições, para formar um cosmo ético, e justamente aí é que entra no maior contraste concebível face a Ésquilo. Se para este o destino humano era apenas o cenário da preservação paradigmática de uma ordem superior, para Eurípides esse destino, em dramas como *Medéia* e *Hipólito*, nasce do próprio homem, do poder de suas paixões, ao qual já não recebe mais, no sentido esquiliano, a ajuda de um deus como συλλήπτωρ, que o guie pelo caminho da aprendizagem e do conhecimento. Mas onde quer que, como em algumas das peças posteriores, da classe de *Helena*, o destino humano surge em sua dependência de forças extra-humanas, a direção metódica dos antigos deuses é substituída

192

crescentemente pelo poder do acaso, mais tarde denominado *tyche*. Este, a Fortuna, mistura a sorte humana e produz aqueles jogos variegados que encontram sua continuação em outro gênero, na comédia de um Menandro.

Assim como a obra de Eurípides tem suas raízes no âmbito da sofística, pleno da problemática das antinomias, é também ela marcada por profundas contradições. A de mais graves conseqüências é: a firme crença nas figuras dos deuses da tradição desapareceu e a autonomia do pensar e sentir humanos leva à moldação de personagens para as quais uma nova concepção do homem é mais decisiva que sua preformação pelo mito. Por mais que a tragédia de Eurípides, porém, se abra para um novo espírito, tanto menos a firme estrutura do gênero literário lhe permite romper com a velha forma. Os deuses ainda se movimentam pelo palco, mesmo que sua significação, na crença do poeta, também tenha mudado e o tema ainda nasce do mito, por mais que este, indestrutível como forma, continue servindo de recipiente para novos conteúdos. Um contemporâneo de Eurípides, aquele Agaton, em cuja celebração de uma vitória no certame dramático (416) Platão coloca o desenrolar do *Banquete*, teria dado, segundo Aristóteles (*Poética*, 1451 b), em sua tragédia *Anteu* ou *Anto*, o primeiro passo em direção ao que tanta coisa nas tragédias de Eurípides parece impelir: a ação e as personagens são aqui de livre invenção, o que, todavia, não significa necessariamente que o campo mítico geral tenha sido abandonado pela tendência para o drama burguês. Mas tal tentativa permaneceu episódica, pois a tragédia, como parte do culto estatal, estava por demais ligada aos mitos tradicionais, mesmo quando sua tradição interna começou a esboroar-se. Assim, o conteúdo da tragédia, em Eurípides, transborda amiúde da forma dada por seu gênero, e a configuração de sua obra reflete, no fato de que seus elementos nem sempre conseguem ligar-se para formar uma unidade orgânica, aquele dilaceramento que nos fala do austero semblante do pensador, que a Antigüidade nos transmitiu em diversas réplicas como sendo o retrato do poeta.

193

Ao tratar de suas peças, baseamo-nos na ordem cronológica, levando ao mesmo tempo em conta as incertezas subsistentes em alguns pontos. É realmente tentador agrupar, pelo teor, os dramas chegados até nós, mas dessa forma comete-se amiúde, facilmente, violência contra a variedade da obra precisamente desse autor.

Com as dezoito peças remanescentes, dispomos de um número maior de obras desse tragediógrafo que as dos dois outros somadas. Poderá ser casual o fato de que, na tradição, aos dramas reconhecidos por canônicos se tenham acrescentado partes de uma antiga edição completa em ordem alfabética. Mas este acaso só se tornou possível devido à enorme importância dada ao poeta nos séculos que se seguiram à sua vida, do que testemunham, acima de tudo, os grandes achados de papiros, feitos em solo egípcio.

Como no caso de Sófocles, tampouco no de Eurípides temos alguma obra que remonta aos primeiros tempos de seu trabalho criador. A mais antiga peça subsistente, *Alceste*, para a qual ficou estabelecida a data de 438, está separada por um bom par de anos de sua primeira apresentação com *As Pelíades*, em 455. No entanto, embora nos permaneçam ocultos os inícios dramáticos do poeta, *Alceste* apresenta traços que o aproximam do drama de cunho clássico e o separam das obras posteriores em que esse classicismo afrouxa.

A peça fundamenta-se num motivo que conhecemos no folclore e nas canções populares de muitos povos, o tema do sacrifício até a morte por amor. Compreendemos cada vez melhor a maneira pela qual a mitologia grega atraiu um sem-número dessas histórias errantes, ligando-as às suas figuras. Aqui está pois Admeto, rei de Feras, que, no dia de suas bodas com Alceste, deverá ser arrebatado pela morte. O sombrio deus da Morte estaria disposto a aceitar outra vítima em substituição, mas os pais de Admeto recusam a sacrificar-se pelo filho, tamanho é o amor que têm por este mundo. Então a jovem esposa em flor se oferece em seu lugar, e dá a vida pela dele. Antes de Eurípides, Frínico havia tratado desse tema, mas de sua obra só chegaram até nós alguns poucos extratos, e certamente ajuizaremos com correção, se adjudicarmos a Eurípides decisiva modificação, o qual deu por este meio ao sacrifício de Alceste toda a sua grandeza humana. No relato original, a consumação do sacrifício seguia-se imediatamente à aparição do deus da Morte, mas Eurípides intercala aqui um lapso de vários anos. É possível que, no próprio momento do perigo, durante as bodas, Alceste estivesse pronta para o sacrifício, mas só deverá consumá-lo bem mais tarde. Não cabe perguntar como pôde viver, tendo sempre diante dos olhos o dia em que a morte viria buscá-la, mas devemos admirar a arte do trágico, pela qual não é a noiva nem a jovem recém-casada que se sacrifica numa decisão súbita, mas sim a esposa e mãe que, por muitos anos, conheceu a maior felicidade que pode ser dada a uma mulher, e que só então, sabendo claramente qual a grandeza de seu sacrifício, caminha para a morte.

No início da peça, Apolo deixa a casa do rei, a quem precisou servir para expiar uma culpa e de quem se tornou amigo. Não lhe é permitido deter Tanato, o deus da Morte, que vem em busca de Alceste. Após a entrada do coro dos anciãos de Feras, que temem e lamentam a sorte da rainha, participamos de sua separação em duplo arranjo cênico. Através do relato da serva, vivemos a sua despedida da casa, dos familiares e do leito conjugal, e depois ela mesma entra em cena ao lado de Admeto e dos filhos.

É difícil para a sensibilidade moderna acomodar-se com o fato de que em suas últimas patavras Alceste não fale do amor pelo marido, que a leva à morte. É verdade que o poeta nos faz sentir seu horror pela morte na visão da viagem ao mundo subterrâneo e da extraordinária força do deus da Morte, mas de seu sacrifício Alceste fala com as serenas considerações do útil, que para ela é o necessário, e quando faz com que Admeto prometa não tomar outra esposa o faz pensando nos filhos. A expressão patética de sentimentos subjetivos ainda é estranha a essa Alceste; com sua natureza áspera, inteiramente fechada em si mesma, toma lugar ao lado daquelas figuras do palco trágico que nos permitem reconhecer os traços característicos do classicismo ático. Mas nessa aspereza, em que o sacrifício de

195

Alceste se objetiva em seu pleno significado, reside também sua grandeza, que a eleva bem acima de todas as figuras de Alceste que, falando ou cantando, pisaram os palcos do teatro moderno.

Eumelo, o filho pequeno, entoa um canto de lamentação pela morte de Alceste, e o coro louva a sua memória. Nesse momento, em meio do luto da casa, chega um hóspede: Heracles, a caminho de novos trabalhos, detém-se no palácio de Admeto. Este não o deixa partir, embora Heracles não queira aceitar a hospitalidade em um lar enlutado. A fim de dissipar todos os escrúpulos, Admeto cala-lhe até mesmo o fato de estar levando ao túmulo a própria esposa.

O esquife de Alceste, acompanhado do cortejo fúnebre, já se encontra diante do palácio quando chega o pai do rei, Feres, com oferendas para a morta. Nas duras palavras com que Admeto rejeita a compaixão do velho que, com seu próprio sacrifício, poderia ter impedido o daquela vida tão jovem, nas réplicas acerbas de Feres, que lança todas as recriminações de volta sobre o excessivo amor à vida e o egoísmo do filho, flameja uma daquelas cenas de disputa, de importância tão típica para a tragédia euripidiana. Claro que, em relação à peça como um todo, esta cena visa mostrar a grandeza da mulher capaz de tal sacrifício em contraste com esse fundo mesquinho, mas, para entender inteiramente a briga junto ao esquife de Alceste, cumpre considerar a autonomia que agora havia alcançado o *agon*, este entrechocar-se dos contendores. Aí, nenhum argumento é demasiado mau ou rebuscado; o gosto apaixonado dos atenienses pelos processos e a doutrina sofista da dupla concepção de todas as coisas atuam em conjunto e combinam-se. Por isto também é erro transformar aquilo que em tais cenas é dito por amor ao debate numa chave para compreender o todo. Para a estrutura do drama de Eurípides, é da mais alta importância essa emancipação de uma parte individual claramente delimitada. Também por esse lado, o organismo do conjunto afrouxa e, mais tarde, no prólogo, no relato do mensageiro e no canto do coro, teremos ocasião de ressaltar o mesmo desenvolvimento para a autonomia de partes isoladas. O perigo de tipificação e de rotina se encontra por trás disso, e Eurípides nem sempre soube evitá-lo completamente.

O coro segue o cortejo fúnebre de Alceste. Como em *Ajax*, o palco permanece vazio durante algum tempo. Entrementes, Heracles andou se divertindo no palácio; ficamos sabendo disso através de um criado, o qual não concorda absolutamente com tanta alegria numa casa enlutada. Heracles entra então no palco, embriagado. A cena foi repetidamente utilizada para caracterizar este Heracles como o alegre beberrão da comédia dórica e, assim, introduzir no drama o máximo possível de traços burlescos. Na realidade, o poeta é aqui muito comedido e vemos bem depressa que este Heracles é outro, verdadeiramente herói e salvador dos mortais em apuros: quando é inteirado da identidade da morta pelo criado, dispõe-se, sem titubeio, a retribuir a hospitalidade de Admeto, arrebatando da morte a preciosa vítima. Aqui encontramos outro motivo do conto folclórico, o da luta com a morte combinado ao do sacrifício da vida por amor.

Admeto volta do enterro com o coro. A caracterização desta figura certamente não foi menos difícil para o dramaturgo do que é para nós compreender um homem que aceite tal sacrifício. A antiga narração lendária não precisava preocupar-se com motivação psicológica, e Eurípides consegue, com a promessa de Admeto de manter fidelidade, na cena da despedida, com sua atitude perante o hóspede Heracles, com os amargos lamentos com que retorna do enterro, apenas fazer com que não levemos a mal o feliz desenlace da peça. Mas há um ponto em que a sua caracterização adquire uma profundidade totalmente inusitada. A este Admeto junto ao túmulo se lhe abriram os olhos e ele percebe que, votado à morte, não devia ter aceito que a mulher morresse por ele e que este sacrifício, destinado a preservar-lhe a vida, foi no fundo o que o destruiu por inteiro. Em sua exclamação: "Só agora compreendo" (940) há uma mudança, uma distensão da vontade e da ação trágicas, que indicam uma nova posição do homem no drama de Eurípides.

O difícil problema que nos coloca a caracterização de Admeto, até os tempos mais recentes, foi tratado de ma-

197

neiras tão diversas que fazemos empenho em delinear nossa interpretação da forma mais clara possível, razão pela qual precisamos distanciar-nos um pouco das formulações anteriores. Em face da figura da lenda, totalmente incolor, que não se explica por qualquer motivação, Eurípides nos mostra, certamente, como o sacrifício de Alceste repercute sobre o homem que o aceitou. Mas nem foi intenção do poeta reduzir o mito *ad absurdum* pela indicação de suas conseqüências impossíveis, nem é nossa intenção mudar o nome da peça de *Alceste* para *Admeto*, e passar a concebê-la como a tragédia desta última personagem. A questão de saber até que ponto podemos empregar a nossa psicologia na interpretação das personagens euripidianas é a mais importante e a mais difícil para a compreensão deste autor. Em nosso caso específico, cumpre refletir bem sobre a advertência que veio a ser externada por Goethe, em tom folgazão, na farsa *Deuses, Heróis e Wieland.*

Agora, quando Heracles aparece trazendo pela mão a Alceste salva, coberta por um véu e silenciosa, que o herói arrancara das garras da morte, Admeto é obrigado a suportar mais uma prova. Heracles diz que gostaria de deixar na casa do rei uma mulher estranha, que obtivera como prêmio de uma luta. Na recusa assustada de Admeto, vemos a seriedade com que pretende ser fiel à morta, o que o torna digno de reconhecer a esposa e conduzi-la para sua casa a fim de iniciar uma nova vida. Mas Heracles não participa da festa comemorativa, pois o trágico de sua vida, levemente insinuado, o força a novos trabalhos.

A Antigüidade chamava de misógino o poeta que criou a figura de Alceste. Nas *Tesmoforiazonsai* (no ano de 411), Aristófanes faz com que as mulheres de Atenas o submetam a julgamento criminal, e a anedota quis explicar sua misoginia como fruto de infelizes experiências domésticas. Concebe-se um juízo tão errôneo, se se considera que o olhar dos contemporâneos se fixava exclusivamente em figuras como Fedra e Estenobéia. Mas nós entendemos Eurípides como o poeta a quem precisamente na mulher se lhe abriram todas as grandezas e misérias da alma humana. Trouxe ao palco mulheres que consomem a si e aos outros nas

198

abrasadoras chamas de paixões desencadeadas. Naquela Atenas em que as mulheres melhor reputadas eram aquelas das quais pouco se sabia dizer, isso produziu o efeito de um ataque inaudito ao sexo feminino, e lhe valeu a fama de inimigo das mulheres. No entanto, é exatamente a ele que devemos agradecer aquelas personagens femininas nas quais a natureza humana alcança sua maior realização, a do sacrifício abnegado.

Repetidamente o poeta voltou ao tema da oferenda abnegada da própria vida e, embora nem sempre o tenha plasmado com o vigor e a profundidade da figura de Alceste, trata-se quase sempre de mulheres dotadas dessa grandeza de coração. Nas *Heraclidas*, Macária sacrifica-se pelos seus, no drama perdido *Erecteu* (em conjunto com as *Suplicantes*, por volta de 424) junto à filha, que padece semelhante morte, apresenta-se a mãe, que aprende a sobrepujar sua dor e, numa particular transição em uma das últimas obras, Ifigênia passa do terrível medo da morte à oferenda resoluta da vida pela causa maior. O autor se revela psicólogo profundo lá onde o sacrifício não é feito pela mulher. Nas *Fenícias*, Meneceu salva a cidade natal dando a vida por ela, e aqui se trata do rapaz, cuja pura juventude, como o coração de mulher, é capaz de tal abnegação. Texto hoje perdido, *Frixo*, pelo sacrifício de uma vida jovem, também pertencia com toda certeza a esse grupo de obras.

Sabemos que *Alceste* ocupava o quarto lugar numa tetralogia, ou seja, o lugar que cabia comumente ao drama satírico após as três tragédias. Precediam-na *As Cretenses*, com a história do adultério de duas filhas do rei de Creta, o *Alcmeon em Psofis* que, como drama dos destinos de um matricida e do fiel amor de mulher, passamos a conhecer melhor através de um papiro florentino (Pap. Soc. It. nº 1302), e *Telefo* que, para indignação dos atenienses e de sua comédia, fez o rei dos músicos entrar em cena vestido de farrapos. É inútil querer encontrar aqui uma conexão trilógica e depreendemos que, para expressar o forte interesse de Eurípides pela personalidade individual, a trilogia vinculada em unidade não é a forma adequada. Não nos aproveitaremos do fato de que *Alceste* estava colocada depois das três tragédias hoje perdidas, no lugar do drama satírico, para descobrir traços burlescos nessa peça que é séria, apesar do final feliz. Relacionamo-la todavia com a observação de que, das setenta e cinco peças que entraram como autênticas na biblioteca de Alexandria, apenas sete ou oito eram dramas satíricos. Eurípides portanto, com freqüência, substituiu o drama satírico ao termo da tetralogia por outro drama não-satírico, mas de epílogo feliz. O fato de assim proceder radica em sua índole, carente da despreocupada alegria que nos torna tão preciosos *Os Ichneutai* de Sófocles. Ele próprio nos dá testemunho disso no seu único drama satírico subsistente, *O Ciclope*. Ainda que muitos aspectos dessa obra, como a desenvolvida técnica do diálogo a três, apontem para o período tardio da vida do poeta, sua cronologia é tão imprecisa que, sem maiores receios, poderemos inseri-la aqui.

Seu tema é o conhecido episódio do Ciclope na *Odisséia*. A obra faz-se drama satírico pelo fato de que os sátiros, por alguma circunstância, foram lançados com seu pai, Sileno, à terra do Ciclope, e ali, muito a contragosto, lhe servem de pastores, servidão de que os livra a astúcia de Odisseu. Não falta humor à pintura desses semi-animais, com sua fanfarronice e ocasional covardia; no entanto, sentimos a ausência daquela luz diáfana e alegre que banha a obra de Sófocles. Traços do pensamento da época penetraram o drama satírico de Eurípides, mas não desabrocharam inteiramente na obra. Este Ciclope acentua seu desprezo pelo *nomos* e sua confiança exclusiva na própria força bruta, expressando-os em palavras que, apesar de todo o caricaturesco, são apresentados à maneira como Platão faz um Calicles no *Górgias*, ou um Trasímaco na *República*, defender a pretensão do mais forte a toda transformação da lei.

Desde o princípio da sua atividade criadora, o poeta sentiu-se atraído pela figura demoníaca da Medéia. Já nas *Pelíades* (455), apresentou a feiticeira que destrói o velho Pelias em um ardil no qual as próprias filhas inocentes do rei são convertidas em seus instrumentos. Uma lenda ática relaciona Medéia e Egeu, mencionando, também, uma conspiração contra Teseu, que ainda não era desconhecido pelo pai. Era esse o conteúdo de *Egeu*. Até nós só chegou a *Medéia*, do ano de 431, que nos mostra no apogeu a arte do poeta em fazer que os feitos e destinos do homem nasçam do demônio que habita em seu peito. Nesta peça, Eurípides tampouco recua diante de uma ampla inovação do conteúdo, a fim de abrir caminho às forças em sua tragédia. A princesa da Cólquida, que Jasão tirou de sua pátria e abandonou em terra estranha, é sobretudo a mulher que opõe à ofensa e ao sofrimento o caráter desmedido de sua paixão. Por isso esquecemos a feiticeira com seus truques mágicos, ainda que possam também ser utilizados para a ação, no devido lugar. Não como bruxa e sim como pessoa humana é demoníaca esta Medéia, que é transformada por Eurípides em assassina dos próprios filhos. Com grande liberdade opõe-se ele aqui à tradição, que nos informa sobre um morticínio dos filhos pelos coríntios e sobre o culto que se lhes tributou (*Schol. Med.,* 9, 264; *Paus.* 2; 3, 6 etc.) e que, numa variante, nos permite ainda reconhecer o ponto de partida para a inovação de Eurípides: Medéia, na tentativa de imortalizar os filhos por meio de práticas mágicas, tê-los-ia destruído. É bem possível que o mito de Procne, que matou o filhinho para se vingar do marido Tereu, haja influído na versão que Eurípides deu à lenda de Medéia.

A altitude que a modelagem euripidiana atingiu neste drama se nos evidencia também pelo fato de que nenhuma outra de suas peças apresenta construção tão uniforme, elaborada a partir da figura central. Já no prólogo, dito pela ama de Medéia, nos é mostrada sua dor com a traição de Jasão, que deseja tomar para nova esposa a filha do rei de Corinto: ora explode em lamentações selvagens, ora se fecha em silêncio, e o ódio com que olha para os filhos faz a ama estremecer, num pressentimento daquilo que está por vir. O guarda, que aparece com as crianças, traz a notícia de que Creon quer banir da cidade Medéia e os filhos, e volta (92. 100) a agitar-se a preocupação de que o desespero de Medéia possa redundar em perigo para o seu próprio sangue. Cuidadosamente o poeta nos predispõe às suas inovações no tema e, como parte disto, ouvimos, dentre os dolorosos gritos de Medéia, que nos vêm do palácio, tam-

201

bém sua maldição contra os filhos (113). A ama adverte as crianças para que não compareçam diante da mãe, e aqui as palavras com que fala da natureza selvagem de Medéia nos descerram um conhecimento que parece dimanar do verbal, mas que vai muito além dele. Com as palavras quase sinônimas ἦθος, φύσις, φρήν, os versos 102 e ss. nos descreveram o caráter de Medéia, e nelas sentimos tanto o desejo de designar de forma precisa as forças que operam o decisivo no homem quanto a busca titubeante de tal denominação.

O coro das mulheres coríntias entra em cena. Com sua compaixão, acompanha o destino de Medéia, quer ampará-la, consolando-a. Medéia não repele as mulheres – deixa o palácio e lhes fala de sua desventura. O domínio com que fala e faz as palavras passarem logo de seu destino particular à idéia geral, corrente no tempo do poeta, sobre a desgraça social da mulher, contrasta eficazmente com os brados de desespero que escutamos no interior do palácio. Por meio desta disposição, Eurípides mantém, nessa primeira grande fala de Medéia, a auto-expressão dentro daqueles limites que irão permitir, nos discursos posteriores, o efeito máximo da emoção em grau ascendente. Mas o domínio que Medéia revela nesta fala prepara também a maneira pela qual enfrenta Creon, o rei do país, que lhe anuncia o desterro. Nesta cena, o cálculo frio de sua razão é mais forte que o fogo dentro de seu peito, e ela se humilha até a súplica e consegue do inimigo o dia de prazo que lhe dará espaço de tempo para a vingança. Segue-se a esta cena o primeiro dos três grandes monólogos, cuja estrutura nos foi revelada por Wolfgang Schadewaldt, na mais bela parte do seu livro *Monolog und Selbstgespräch* (*Monólogo e Solilóquio*) (1926). É verdade que, a princípio, Medéia se dirige às mulheres do coro, mas logo depois este interlocutor retrocede. É consigo mesma que dialoga, reflete sobre o caminho da vingança em que está inabalavelmente firmada, e procura o lugar que lhe dará segurança, uma vez consumada a desforra contra Jasão, sua noiva Creusa e o pai desta, Creon. O coro fica esquecido, quando Medéia chama a si mesma pelo nome (402), exortando-se a transformar o opróbrio no triunfo da vingança. Corresponde ao desfecho típico de uma fala pateticamente intensificada, o fato de ela concluir com uma palavra generalizada sobre a aptidão da mulher para a ação malévola.

Também esta tragédia tem seu *agon*, mas ele nos apresenta uma luta de armas desiguais. Jasão que, através de sofismas, quer marcar sua infidelidade como um ato de inteligência e prudência se agüenta mal perante Medéia, que recusa sua ajuda mesquinha e não poupa recriminações.

A cena subseqüente ao próximo canto do coro, a que mostra Egeu, rei da Ática, em viagem para Delfos, passando por Corinto, onde se encontra com Medéia, deu margem a diversas interpretações e censuras por seu caráter episódico, mas ocupa, ainda assim, dentro da textura do todo um lugar facilmente compreensível. Boa parte da primeira fala monológica de Medéia (386) coubera à reflexão sobre o sítio onde poderia asilar-se depois de consumada a vingança. Agora, a cena com Egeu dá-lhe a resposta: o rei lhe dispensará abrigo seguro em Atenas. Mal ele sai, Medéia revela seu plano, completamente amadurecido. Num presente envenenado, as crianças levarão a morte a Creusa, e a seguir ouvimos as terríveis palavras que as primeiras cenas do drama já preparavam: os meninos morrerão pelas mãos de sua própria mãe, pois o homem que a abandonou deverá sentir uma solidão ainda mais aterradora do que aquela que ele lhe reservara. No entrechocar-se de dois versos (816 e s.), em que se alternam as falas de Medéia com as da coriféia, percebemos o que há de demoníaco em sua resolução, que afunda qualquer outro sentimento sob o desejo de represália, um desejo engendrado por sua paixão e afirmado por sua mente: "Queres matar teus filhos, mulher? – Assim, atingirei o coração de meu esposo no mais profundo bem".

O canto do coro a seguir tem dupla função. Reflete, ao mesmo tempo, o ato precedente (agora que a articulação do drama através dos cantos ressalta com maior nitidez, podemos usar esta expressão com alguma segurança), ao contrapor o desejo de Medéia no sentido de encontrar asilo em Atenas com o horror do infanticídio. Por outro lado, o nome de Atenas, no primeiro par de estrofes do estásimo, converteu-se num cântico de louvor à cidade, hino cuja beleza jamais foi superada. Sentimos aí a pura devoção do poeta pelo solo de sua pátria, mas sentimos também o que há de mais pessoal nele, quando enaltece justamente o espiritual no ar claro e leve por sobre a cidade pátria. Os *erotes* têm aí sua morada, juntamente com a Sabedoria, e nessas palavras expressa-se aquilo que permaneceu a perene glória de Atenas:

> 824   Povo do Erecteu, louvado desde a antigüidade, filhos felizes dos felizes deuses, da árvore que cresce nesta terra jamais devastada, colheis os frutos dourados da sabedoria, leves marchais pelo azul do céu: aqui, sim, aqui, di-lo a lenda, a Harmonia dourada deu vida às sagradas Musas.
> Afrodite, deitada no suave Quefiso, haure das ondas o frescor do ar, suavemente fá-las murmurar pelas campinas. Trança para os cabelos dourados coroas fragrantes de rosas abertas, sem cessar envia seus filhos alados, meninos-Eros, que ajudem à sabedoria, de que depende o que conseguirá ser feito.

Agora Jasão precipita-se na rede que Medéia lhe preparou. Alegra-se por ficar livre a tão baixo custo; ele mesmo apoiará a petição a ser apresentada pelos dois meninos, para que possam continuar no país. Não lhe importa o fato de que, deixando-os, Medéia deixaria a última coisa que lhe resta. Em meio ao canto do coro, acompanhamos as duas crianças em seu caminho e vemos Creusa, ao receber delas os presentes de Medéia. Agora não há retorno para Medéia, mas, no último trecho desse trajeto, hão de faltar-lhe as forças com que abraçara a decisão de vingar-se. O poder dos sentimentos naturais ergue-se contra a monstruosidade de seu plano, provocando no peito da mulher a última grande luta que precede a ação. Já a sentinela que sai do palácio com os meninos, e anuncia contente a revogação do decreto contra eles, encontra Medéia profundamente transtornada. Depois que o guarda se afasta, tornamo-nos testemunhas da luta que vai pela alma de Medéia, numa fala que, embora mencione uma vez (1043) as mulheres do coro, é em essência um monólogo. A intensidade da representação de processos íntimos que se apresenta neste mo-

204

nólogo, não tem paralelo na tragédia ática e nos mostra o ser humano aberto, sob uma nova faceta, para a poesia trágica. Não se apresenta aqui, como no monólogo de morte do Ajax sofocliano, uma vontade inflexível na determinação que lhe é prescrita pela *physis* humana; mas o que vemos é o homem entregue à alternação das potências que se originam em sua alma e lutam por sua posse. Corresponde ao modo grego de encarar as coisas o fato de que a mais perigosa dessas potências seja como que configurada por Medéia em interlocutor vivo e contraparte do diálogo. Só às apalpadelas pode a tradução reproduzir aquilo que Medéia pretende alcançar com o ϑυμός, ao qual em conjura invoca (1056) para poupar os filhos. A vontade ardente do coração, o afeto que sobrepassa os sentidos, tudo isto se encontra nessa palavra, como Eurípides a emprega aqui. A potência antagônica, que no peito de Medéia luta contra esta vontade, são os βουλεύματα, os pensamentos da tranqüila ponderação que, por trás da ânsia pelo ato desenfreado, tornam visível seu significado no conjunto do universo, e suas conseqüências. Tão violenta é a pugna dessas forças que por quatro vezes Medéia modifica sua decisão. A mãe vê o olhar e o sorriso dos filhos e julga que não pode levar a cabo o que, no entanto, pretende. Mas, ao fim, o demônio em seu coração foi o mais forte e o que faz pender a balança é a reflexão de que, de todo modo, as crianças estão perdidas: se forem poupadas pela mãe, atingi-las-á a vingança de seus inimigos, após a morte de Creusa, que por certo está agora ocorrendo. Ei-la inteiramente entregue à dor da despedida, da última carícia, e depois condensa tudo o que se passou dentro dela em palavras que, para a tragédia euripidiana dessa época, têm significado programático (1079): "A coragem desesperada do coração é mais forte que meu pensamento, é ela a causa dos maiores infortúnios que recaem sobre o homem".

Aqui, como em nenhuma outra passagem da dramaturgia de Eurípides, é nítido que os dois pólos da oposição trágica não mais referem, como em Ésquilo, deus e homem, mas ambos se situam no íntimo do humano. Ainda que isso possa significar de certa maneira, se medido pelos predecessores, uma secularização da tragédia, não quer dizer absolutamente que o trágico perca com isso o sentido e tenha sido eliminada a superestrutura de uma vigente hierarquia de valores. Medéia, Hipólito, Hécuba, todos eles com seu atuar e sofrer, colocam-se dentro de uma ordem estável do mundo. Que esta ordem seja de natureza divina, Eurípides jamais o pôs em dúvida, por mais insegura que se lhe tornasse a explicação desta por meio do mito tradicional.

O grande monólogo constitui o ponto culminante do drama; nele chega a uma decisão a luta que se trava na alma de Medéia. Todo o resto se desenrola com necessidade fatídica. Chega um mensageiro anunciando a desditada morte de Creusa, que sucumbiu aos adornos do presente envenenado. E agora o extremo terá de acontecer. Mais uma vez Medéia dirige-se às mulheres e justifica seu ato pela necessidade, e mais uma vez volta a falar consigo mesma, a falar com sua própria mão que ameaça paralisar-se (1244). Então, em meio às palavras angustiadas do coro, ressoam os gritos de morte das crianças. Jasão chega demasiado tarde para salvá-las e, aniquilado, é forçado a ver como Medéia foge com os corpos das crianças, no carro de dragões, enviado pelo deus Hélios. No carro encantado a feiticeira goza com selvagem prazer seu triunfo sobre o homem que odeia, conferindo com isso um forte acento ao final do drama. Mas, para o nosso sentimento, desaparece aqui a mulher que, no decorrer da peça, vimos lutar e sofrer, condenada à culpa e à dor.

Quão variegado é o conteúdo da tragédia euripidiana, e a que ponto foi afrouxada a coesão da trilogia, no-lo mostra o fato de que, ligado à *Medéia*, havia um *Filoctetes*, cuja problemática nacional já comentamos em conexão com a peça de Sófocles, que chegou até nós. Conhecemos a época que precisou impelir tais pensamentos ao primeiro plano. Quando, juntamente com *Díctis, Medéia* e *Filoctetes* foram encenados, Atenas encontrava-se em face daquele ajuste de contas com seu rival espartano, que determinaria quer o seu destino quer o da Grécia. Eurípides não se subtraiu nem à sua época nem a seu país, mas assim como sua obra, no conjunto, não brotou tão diretamente do solo da *polis* quan-

206

to a obra de Ésquilo, assim tampouco aquilo que a história de sua época lhe oferecia pôde chegar a uma perfeita harmonia na configuração de cada uma de suas peças. Esses eventos de história encontram-se por trás dos *Heraclidas*, que podemos situar no princípio da guerra arquidâmica, quiçá no ano de 430. Alguns dos traços da tragédia euripidiana, tal como já se nos manifestam, congregam-se aqui, sem chegar a formar uma unidade última. Num processo que se repete seja em *Andrômaca* seja em *Heracles*, e que tem paralelos nas *Suplicantes* e em *Helena*, o poeta abre a representação com um quadro já montado: suplicantes prostrados junto a um altar. Por meio da cortina, nosso palco pode tornar semelhantes grupos subitamente visíveis, mas os antigos tinham de aceitar que as cenas se ordenassem, mudamente, ante seus olhos. Eis os descendentes de Heracles que, juntamente com sua viúva Alcmena, e seu velho companheiro de luta, Iolau, fugiram de Euristeu, rei de Argos, inimigo figadal do herói. O rei gostaria que seus esbirros os arrancassem do altar, mas Atenas é aqui também o refúgio dos oprimidos. O filho de Teseu, Demofonte, coloca o direito acima da força e quer impô-lo, ainda que pelas armas. Mas, antes que se passe à luta, evidencia-se que Perséfone exige um sacrifício humano e uma das filhas de Heracles, cujo nome não é mencionado no drama mas que por outra tradição sabemos ser Macária, voluntariamente oferece sua jovem vida. O tema euripidiano do sacrifício, que é central em *Alceste*, em comparação com este, aparece, nas *Heraclidas*, de maneira levemente episódica. Também falta neste drama um relato da consumação do sacrifício. Se bem que um excelente conhecedor da tragédia tenha notado que Eurípides está interessado na coragem de sacrifício e não no sacrifício em si, o motivo se desata com demasiada facilidade do resto da ação, após a saída da jovem (607). Contra as *Heraclidas*, que com seus 1055 versos subsistentes, constitui a mais curta das tragédias que nos restam de Eurípides, perdura a suspeita de que sua forma atual remonte a uma reelaboração cênica do século IX, embora ultimamente tenha havido tentativas de refutar a suposição. Em outros casos também é mister contar com modificações

207

deste tipo, mas é quase impossível pôr na conta de uma reelaboração o caráter episódico do tema do sacrifício na peça em estudo.

Na luta contra Euristeu, vencem os atenienses e aprisionam o rei inimigo. Um momento luminoso, mas não obstante um só, o poeta erigiu em sua peça no episódio de Iolau, rejuvenescido no combate decisivo. Na segunda parte deste drama de composição pouco rígida, Alcmena, a esposa de Heracles, que na primeira parte não chegava a pronunciar uma só palavra, adquire vida própria. Novamente a trama é dominada pela força selvagem do θυμός, que derruba todas as barreiras. Contra todo o direito humano e divino e contra o protesto dos atenienses, Alcmena manda matar o cativo Euristeu. Sentimos por trás disto o problema do justo destino a ser dado aos prisioneiros de guerra, que as lutas da época voltavam a propor. Mas, em Euristeu, Eurípides levou a cabo, como em tantas outras vezes, uma justificação da figura condenada pelo mito. Virilmente, o cativo marcha para a morte e, apesar de sua alusão à ordem de Hera, que o impeliu à inimizade com Heracles, não ser mais do que uma incrustação, como é freqüente em Eurípides, de traços míticos na argumentação racional, é por esta via que ele será isentado de sua responsabilidade. Mas como Atenas quis conceder-lhe o direito do prisioneiro à própria vida, Euristeu, qual outro Édipo, protegerá do próprio túmulo os atenienses com sua bênção, caso os descendentes de Heracles marchem alguma vez contra a cidade. Compreendemos este final, se pensarmos que os *Heraclidas* são antepassados dos reis de Esparta, que precisamente então estava em guerra contra Atenas, mas, se o compararmos com as promessas de bênçãos de Orestes, na conclusão da *Oréstia*, e com a posição central do tema no *Édipo em Colona*, de Sófocles, aqui este final não passa de um apêndice.

A tragédia euripidiana, que começava a captar novamente a imagem do ser humano fora das antigas relações religiosas, apresentava também novas facetas de Eros. Na trilogia das *Danaides*, de Ésquilo, vimos Eros com força cósmica da natureza, e tornamos a deparar a mesma concepção num dos cantos da *Antígone* de Sófocles. Agora em

Eurípides, pelo contrário, Eros não é encarado como força objetiva e sim como paixão subjetiva. E como as tragédias do tempo de *Medéia* são principalmente movidas a partir das potências do ϑυμός, é sobretudo pelo poder do erótico levado às raias do patológico que Eurípides se sente repetidamente atraído e, também aqui, o contrapõe como revolucionário à tragédia mais antiga.

O culto e a lenda de Trenzena tinha um herói, Hipólito, que pertence àquele círculo de figuras juvenis gregas que nos apresentam o caçador solitário, afastado do amor. Com facilidade se lhes vinculou, precisamente a elas, a narrativa que, abreviada, denominaremos de "motivo de Putifar". Aqui é a própria madrasta do moço, a cretense Fedra, esposa de Teseu, que acarretou com seu amor a perdição de ambos. Isto Eurípides já encontrou desenvolvido, pois as donzelas trenzenianas que, antes do enlace matrimonial, oferendavam seus cabelos a Hipólito celebravam-no em seus hinos cultuais. Sófocles escreveu uma *Fedra*, e gostaríamos de saber o que fez do tema. Para Eurípides, o *pathos* da paixão tinha por si mesmo de passar ao primeiro plano. Numa versão precedente ao drama que chegou até nós, pintara o amor de Fedra com todo o arrebatamento da paixão. Essa rainha ateniense rojava-se aos pés do enteado e mendigava seu amor. A peça chamava-se por causa da jovem que se ocultava em seu horror Ἱππόλυτος καλυπτόμενος. A própria Fedra, perante Teseu, acusava o enteado de tê-la seduzido e, depois da morte do moço, suicidava-se. É significativo que a época de Roma imperial, nas cartas de *As Heroínas*, de Ovídio e, em parte, na *Fedra*, de Sêneca, através das quais Eurípides exerceu grande influência sobre os tempos subseqüentes, tenha recorrido justamente a essa moldagem crassa do assunto. O público de Atenas declinou-a e, em 428, com o *Hipólito Coroado*, o poeta lhe dava uma nova configuração, com a qual obteve uma de suas raríssimas vitórias.

Esta segunda elaboração certamente tornou o caráter patológico do tema mais suportável aos atenienses, mas continua sendo algo singular para Eurípides o fato de que as cenas emoldurantes da ação representem-na como resul-

209

tado da disputa entre duas deusas, Afrodite e Ártemis. Aqui as coisas não se dispõem como na cena inicial do *Ajax*, de Sófocles, ou na parte final das *Eumênides*, em que se nos desvenda o saber último de um poeta devoto, quanto à posição do homem em relação ao divino. Para Eurípides, Afrodite e Ártemis não representam as grandes e reais potências em que se encerra o verdadeiro sentido dos acontecimentos, mas sim meios de objetivação de processos interiores, tomados da crença popular. O essencial, entretanto, continuam sendo os processos no coração humano, e são eles também que movem a peça dentro das cenas que a emolduram, com o aparecimento de Afrodite e Ártemis. Também nisso a obra de Eurípides apresenta dupla face: voltado para a literatura, clássico dos tempos áureos, já anuncia, no entanto, em muitos aspectos, o helenismo. Se vemos aqui as ocorrências numa espécie de palco superior, com deuses atuantes, e logo a seguir inteiramente projetadas na alma das pessoas, isso corresponde exatamente ao modo de proceder do poeta épico alexandrino Apolônio, que mostra o romance de amor entre Medéia e Jasão, uma vez condicionado por negociações entre deuses olímpicos, mas depois pela psique de Medéia. Mas aquele vínculo esquiliano, que procurava conciliar numa só unidade os deuses como colaboradores συλλήπτορες e a liberdade do agir humano, aparece aqui rompido, e mesmo em Eurípides já é bambo.

O prólogo com que Afrodite abre o drama, e no qual combina a apresentação dos pressupostos temáticos com o anúncio de sua vingança contra o jovem que só quer servir à casta deusa da caça, também é significativo do ponto de vista formal. Este alívio da exposição, por meio de discursos prologais, com a comunicação conjunta do argumento, é tão típico de Eurípides que se falou inclusive de prólogos-programas de teatro. Como Eurípides arcaíza em muitos elementos – também esta é uma antinomia frente ao teor de suas obras – é lícito vislumbrar aí uma ligação com a função mais antiga do prólogo, conforme já a comentamos no primeiro capítulo. Por outro lado, não se pode desconhecer a continuação dessa prática na comédia, através de Menandro até Plauto. Esses discursos prologais, cujo afei-

210

çoamento fornece mais um exemplo da independência das partes, na tragédia de Eurípides, não significam, todavia, um meio cômodo para expor uma ação que complica o mito tradicional com as inovações internas e externas introduzidas pelo autor. Na textura da obra de arte, a atitude serena do discurso introdutório permite ao que vem a seguir aquela intensificação em que Eurípides é mestre.

Em nosso drama, ao discurso do prólogo sucede a exposição do caráter de Hipólito, puro, totalmente dedicado a Ártemis, numa cena que o mostra, após a caça, sacrificando à sua deusa. Na prece de Hipólito, Eurípides logrou criar um belo pedaço de poesia. O tranqüilo e solitário prado onde Hipólito oferece flores à sua deusa é um símbolo maravilhoso da pureza de seu ser:

73 Senhora, vos ofereço esta coroa que trancei com as flores de uma pradaria virgem, onde o pastor não ousa apascentar seus rebanhos, onde jamais se ouviu soar arado ou foice, onde na primavera somente as abelhas zumbem através das campinas inundadas de luz; a deusa da Castidade a umedece com água de fresca fonte. E só aquele que é puro, puro até o fundo de sua alma pode aqui colher as flores – aos impuros é vedado este direito.

Mas quando Hipólito, na conversa que se segue com o idoso criado, fria e secamente recusa a Afrodite a saudação devota, percebemos que sua orgulhosa castidade, ao negar uma grande potência vital, significa ao mesmo tempo *hybris*.

Paralelamente à cena de Hipólito, Fedra se apresenta após a entrada em cena do coro das mulheres de Trenzena. É outra Fedra, diversa da que aparecia no primeiro drama de Hipólito. Também a ela a paixão pelo enteado correu até o fundo da medula, mas ainda luta pelo que sua nobreza inata lhe indica como justo. É uma das cenas mais impressionantes, dentre as afeiçoadas por este grande conhecedor da alma humana: dilacerada pelo sofrimento, Fedra, enferma, é trazida numa liteira para a frente do palácio e luta com a aia pela preservação do segredo que ela mesma gostaria de espalhar aos quatro ventos. O romano Sêneca, que escolheu justamente esta cena do segundo Hipólito para in-

211

cluir em sua peça, quase inteiramente plasmado sobre o primeiro, não poupou esforços para superar o grego. Não obstante, fica muito aquém da força com que Eurípides realça a inquietação interna, fazendo-a manifestar-se em sintomas externos. Fedra sai de profunda prostração e quer – uma mulher ática! – ir à caça nas florestas da montanha. Está totalmente entregue à tentação de respirar aquele mesmo ar em que vive seu amado, depois volta a retrair-se em seu pudor. Mas sua paixão é mais forte do que ela; a princípio, no desejo de se confessar. Mas quando a aia a induz a pronunciar o nome amado, no momento em que, revelando seu segredo, tem de reconhecer a própria fraqueza, propõe-se a trilhar o último caminho capaz de salvar-lhe a honra – o da morte. Fedra é uma lutadora em cujo peito travam selvagem embate aquelas mesmas forças que já conhecemos no caso de Medéia: ϑυμός e βουλεύματα.

A morte parece a solução, mas a vida reserva-se o seu direito, ao armar a sedução através da ama, que promete a realização dos desejos de amor. Depois de um canto do coro, consagrado não ao regente cósmico de tudo o que é vida, mas sim a Eros, o qual, com a tocha do amor, reduz a cinzas as moradas dos homens, juntamente com Fedra tornamo-nos testemunhas do que fez a ama. No interior do palácio, revelou a verdade a Hipólito, mas a ela responde só o horror do puro e a invectiva do justo, todo cheio de si. A cena prossegue no palco e Fedra vê-se traída, despojada de suas esperanças, rejeitada e desdenhada pelo amado. Agora, só lhe resta a morte. Anteriormente desejara trilhar sozinha esta via, mas é, do ponto de vista humano, verdadeiro e convincente que agora queira, com a morte, quebrantar o orgulhoso triunfo do homem pelo qual ia à ruína. Enforca-se e Teseu, ao voltar para casa, encontra, junto ao corpo da esposa, a carta em que acusa Hipólito de tê-la impelido à morte, por exigir dela um amor ilícito. Num acesso de cólera, Teseu invoca sobre o filho a maldição de seu pai Posseidon e, como Hipólito, no *agon* com o pai acusador, está preso ao juramento feito à ama, vê-se obrigado a aceitar o banimento. De um mensageiro ficamos sabendo quão rapidamente a maldição paterna alcançou o desterrado. Um terrível touro emerge do mar e espanta os cavalos de Hipólito, que então arrastam o amo para a morte. Mortalmente ferido, é ele trazido ao palco, mas Ártemis, sua divina protetora, desvenda a inocência do rapaz e, reconciliado com o pai, Hipólito morre. Antes de despedir-se do moribundo, a deusa promete-lhe ainda as altas honras do culto em Trezena. Com infinita delicadeza, o poeta apresenta a despedida entre a deusa agreste e o jovem agonizante. O que aqui nos impressiona não provém mais do reino de uma profunda religiosidade, mas é antes o antropomorfismo homérico convertido na mais sutil humanidade.

1389 *Ártemis*: Desventurado, que infortúnios cruéis te cercam! A pureza
de tua alma te conduz à morte.
Hipólito: Oh! Hálito divino! Na pior dor eu te senti e fui acalmado.
Estás aqui, minha deusa Ártemis?
Ártemis: Sou eu infeliz, tua amiga, que está ao teu lado.
Hipólito: E vês, senhora, o estado de miséria em que me encontro?
Ártemis: Vejo. Mas não é lícito aos deuses derramar lágrimas.
Hipólito: Teu caçador se vai, oh, vai-se teu servo.
Ártemis: Mesmo na morte, meu caçador é amado por mim.

No desenlace da ação, através do deus que intervém no final, na inflexão da trama impulsionada pelas potências da paixão humana para os fatos externos do culto, como se devessem proporcionar ao poeta a legitimação do que é apresentado, encontramos elementos que freqüentemente se repetem e nos quais se revela a heterogeneidade da tragédia euripidiana. Especialmente quando sua vinculação com o todo da obra é mais frouxa do que neste drama, que consideramos entre os mais perfeitos do teatro ático.

Numa série de peças que se perderam, Eurípides fixou no drama a imagem da paixão erótica. A mais próxima de *Hipólito*, é *Estenobéia*, que também cronologicamente não se aparta muito da primeira. Trata-se aqui da mulher do rei de Tirinto, Proito, que tenta seduzir Belerofonte, amigo e hóspede do marido, e expia seu crime com a morte. Dentre as tragédias a que os sábios alexandrinos negavam a lavra euripidiana encontra-se um *Tenes*. Aqui, o motivo putifaresco ligava-se ao mítico epônimo de Tênedos. A peça pro-

213

vavelmente era de Crítias, o político radical, do qual voltaremos a falar como tragediógrafo.

Três tragédias de Eurípides, cujo conteúdo conhecemos em suas linhas básicas, moviam-se inteiramente no âmbito da patologia de Eros. Nas *Cretenses*, plasmava-se uma lenda que fixou um reflexo da crença antiqüíssima, pré-helênica, da união da deusa da terra com um animal celeste, na história que narrava o amor antinatural da rainha Pasífae por um touro. Permanece enigmático para nós um canto que se preservou da peça, no qual se apresenta um coro de mistes do culto do Zeus do Ida e de Zagreu. Mas só podemos dizer que o interesse de Eurípides por esses cultos distantes da religião oficial do Estado indicam suas experiências dionísicas na Macedônia. *Éolo* traz à cena o amor entre irmãos e *Crísipo*, por outro lado (representado em 410, com as *Fenícias*), o amor homossexual. Este amor não era aceito como particularidade permissível do erotismo grego; Laio, que raptou Crísipo, filho de Pélops, sucumbe a essa paixão condenável e cai sob a maldição do seu ato.

É uma das polaridades das personagens configuradas por Eurípides o fato de o mesmo Eros que conduz ao reino de escuros extravios alçar também as forças puras da alma humana a elevada paixão. Vimos que na plasmação de Alceste o elemento erótico passa para trás, mas na Euadne das *Suplicantes*, a cujo lado colocamos a Laodaméia de *Protesilau*, encontramos uma mulher cujo amor vence a morte. E se, em *Antígone*, Sófocles pintou o amor de Hemon apenas concisamente e sem traços subjetivos, no drama de mesmo nome, de Eurípides, esse amor surge em primeiro plano e triunfa com a salvação de Antígone. Também na *Andrômaca* (412, junto com *Helena*), Eros é o salvador, quando Perseu, verdadeiro herói de lenda, arrebata ao dragão marinho a princesa que lhe despertara o amor.

Através dessa exploração de motivos eróticos em toda a sua extensão e profundidade, Eurípides exerceu uma influência dificilmente calculável sobre toda a literatura de todas as épocas ulteriores. Se temas dessa espécie só apareciam mui marginalmente na comédia antiga, a nova comédia de Menandro e seus companheiros é inconcebível

214

sem que o referido tema ocupe uma posição central. O efeito se propaga, penetra a literatura helenística e, através dela, atinge até a romana. E se no drama, mesmo na literatura moderna em geral, é rara a ausência do motivo erótico, também para este fenômeno o ponto de partida há de ser procurado em Eurípides.

Alguns anos depois de *Hipólito*, sem que possamos dar a data certa, embora deva estar ainda entre os anos vinte, surgiu *Hécuba*, a tragédia da rainha troiana. Tróia está destruída, a frota grega pronta para a viagem de regresso, e as mulheres prisioneiras lamentam seu destino. Entre elas está Hécuba, golpeada pelo mais pesado sofrimento. Viu tombarem o esposo e quase todos os filhos, sua cidade é um monte de escombros, mas o espectro do filho Polidoro nos anuncia, no prólogo, que seu tormento ainda não chegou ao fim. De todos os seus filhos, pelo menos a este queria salvar e enviara-o, com ricos tesouros, ao rei da Trácia, Polimestor, em cuja hospitalidade confiava.

Este, todavia, abate o menino por amor ao outro e agora, conforme anuncia seu espectro, os gregos exigirão o sacrifício da filha de Hécuba, Polixena, em honra a Aquiles morto. Ouvimos então as lastimações de Hécuba, em cuja dor pela queda de Tróia bate a notícia trazida pelo coro das mulheres prisioneiras, de que Polixena foi votada ao sacrifício. A mãe ainda resiste à informação, quando chega Odisseu para buscar a menina: com as súplicas de sua juventude, deverá Polixena comover o homem que, mesmo sem crueldade, executa a resolução da assembléia do exército. Mas Polixena, herdeira direta daquelas heroínas de Eurípides votadas ao sacrifício, com o nobre *pathos* da sua juventude altiva, nega-se a rogar pela vida: antes a morte que a escravidão nas terras estranhas do vencedor. Como sua decisão, é também sua morte que o relato do arauto descreve. Pela liberdade que preserva, ao tomar a si o seu destino, sem no entanto sacrificar-lhe a dignidade, poderá lembrarnos alguma personagem de Sófocles, mas a diferença é significativa. Não é a oposição entre o homem e a sorte decretada pelos deuses que constitui o núcleo essencial, à cuja volta se concentra a conformação da obra de arte, mas sim

215

o ser humano, sozinho, na patética expressão da coragem com que porta seu destino, é que se encontra aqui no centro de tudo.

Uma criada, ao ir em busca de água para lavar o corpo de Polixena, traz da beira do mar o corpo de Polidoro, que Hécuba supunha a salvo na Trácia. À enormidade da dor responde, nessa personagem euripidiana, o borbotar do ϑυμός na paixão da vingança. *Hécuba*, como muitos dramas de Ésquilo e Sófocles, é uma tragédia do sofrimento. Mais uma vez, porém, reconhecemos outro poeta. Aqui, o destino não é a confirmação do domínio divino, tampouco engendra, como contendora do homem, a nobre atividade do herói sofocliano que, lutando, naufraga; sua função no drama é desatar os poderes do ϑυμός, mesmo nesta encurvada anciã e mostrá-los na fúria de sua ação desenfreada. Terrível é a vingança de Hécuba e, com a deliberação também própria de Medéia, abre o caminho para tanto. Agamenon, que mantém em sua tenda Cassandra, filha de Hécuba, cede às suas súplicas: não poderá ajudá-la na vingança, mas permitirá sua realização. Dessa maneira ela atrai para sua tenda Polimestor e os dois filhos pequenos. Diante dos olhos do pai, as inocentes crianças são assassinadas e ele próprio sai, cego, daquela tenda. Perante Agamenon, que irá servir de árbitro, segue-se um *agon* entre Polimestor e Hécuba, que procura justificar o seu ato, alegando que à mãe está reservado o direito de transformar-se, ela própria, por seu sofrimento, em demônio da vingança.

Como acontece amiúde, também aqui, Eurípides rompe os quadros de conteúdo da tragédia isolada por meio de uma profecia em seu final: Polimestor é inteirado por Dioniso de que Hécuba será convertida em cadela e Agamenon será morto por sua mulher ao regressar a casa. Essa técnica de apêndices temáticos, com os quais Eurípides sai amiúde de sua plasmação especial da tradição, para entrar na religião e na mitologia tradicionais, como se procurasse aí legitimação e inclusão para seu próprio modo de informar, relaxa a unidade da obra de arte clássica. Já se tentou negar essa unidade a *Hécuba*, também com base numa possível bipartição em uma tragédia de Polixena e outra de Hécuba-Polimestor. Mas não só já o prólogo de Polidoro liga os dois motivos, como eles se entrelaçam significativamente no caminho que leva a mãe dolorosa ao selvagem desenfreio de sua vingança. No entanto, não se pode contestar que, na primeira parte da tragédia, Polixena leva uma vida independente, que se estende para além da função de seu destino na obra como um todo. Também aqui a autonomia da parte aspira a deixar a unidade do todo, unidade própria da obra de arte clássica.

Para a estrutura do novo drama, é importante ainda outra observação, que se impõe precisamente nesta peça. A parte do coro diminuiu muito em comparação com a dos atores. Um breve olhar sobre uma das tragédias de Ésquilo torna clara a mudança de proporções; e a pequena extensão de um sistema constante de estrofe, antístrofe e épodo, como em *Hécuba* 629-656, que além de tudo divide as duas partes principais da ação, mostra por si essa redução das partes corais. Em compensação, a parte do ator, inclusive no canto, adquire agora relevo bem mais acentuado do que na tragédia antiga. Nele, o afeto da personagem euripidiana encontra, na intensificação gradativa, a forma adequada. Destarte, Alceste entra em cena com uma monodia, na qual se despede deste mundo. Isto corresponde a um processo que, além do mais, é freqüente na tragédia, o de que, ao canto apaixonadamente emocionado, suceda a auto-expressão racional no verso falado, estabelecendo-se desse modo uma separação na forma entre dois elementos de expressão da essência humana. Que lá onde paixão e dor dominam o homem, o verso falado, o verdadeiro portador do Logos, não basta, vemo-lo muito bem na monodia lamentosa de Teseu junto ao corpo de Fedra (817). É da natureza do tema que precisamente *Hécuba* apresente particular riqueza nessas formas de expressão. Imediatamente após o prólogo de Polidoro, acham-se os anapestos queixosos de Hécuba, que dão o clima deste início, de forma que o coro, ao invés de começar com um canto introdutório propriamente dito, começa de pronto com a participação da ameaça de morte que pesa sobre Polixena. Este novo sofrimento de Hécuba descarrega-se numa monodia (154), e a lamentação prolon-

217

ga-se através do *kommos* entre ela e Polixena (177), para chegar aos acordes finais no canto da filha (197). Só com a entrada de Odisseu, que deverá dar ordens e explicações, o drama prossegue em versos falados. A morte de Polidoro desencadeia novas lamentações cantadas (684), assim como o ódio e a dor de Polimestor cego encontram sua expressão numa monodia (1056). Outra monodia, composta na forma singular do verso elegíaco, também surge no início de *Andrômaca*, cronologicamente próxima de *Hécuba* e talvez precedendo-a em alguns anos, sem que possamos estabelecer com certeza a relação cronológica.

Abordar esta peça, apesar da grande beleza de algumas partes isoladas, é difícil não só para nós; também a crítica a classificou entre as "segundas" do poeta. Com muita liberdade de livre invenção, Eurípides entreteceu conhecidas figuras do mito em uma história de família já bastante minada. Após a sua volta de Tróia, Neoptolemo vive com duas mulheres, na Tessália, pátria de seu pai Aquiles. Da campanha trouxe Andrômaca e a mulher de Heitor é obrigada a padecer agora, no exílio, a amarga sina de concubina do vencedor, a quem Menelau dera sua filha Hermíone por esposa legítima. Mas, enquanto o ventre da filha do rei Esparta permanece estéril, Andrômaca gerou um filho ao novo marido. Agora, estando Neoptolemo em viagem para Delfos, a fim de pedir perdão a Apolo pelo atrevimento que tivera um dia de exigir-lhe satisfações por causa da morte de Aquiles, desencadeia-se todo o ódio de Hermíone. Andrômaca deve ser varrida do caminho. Menelau veio de Esparta a fim de servir de digno auxiliar da filha neste ato ignóbil. A peça inicia-se com o quadro de Andrômaca implorando a proteção do santuário de Tétis. Sua fala prologal desenvolve os pressupostos temáticos; depois, uma serva informa que foi descoberto o esconderijo onde Andrômaca deixara o filho, o qual agora caiu nas mãos de Menelau.

Em monodia elegíaca, de que falamos há pouco, Andrômaca clama sua dor, que encontra ressonância na compaixão do coro de mulheres tessálias, que entra em cena. O *agon* contrapõe Andrômaca e Hermíone numa querela retórica, à qual se segue uma ação animada pela intervenção de Menelau. A ameaça de morte ao filho força a mãe a abandonar o refúgio, tendo então de tomar conhecimento de que a infâmia de Menelau pretende agora mais do que nunca entregá-la, com a criança, ao ódio de Hermíone. Tudo parece perdido, quando surge o ancião Peleu, avô de Neoptolemo, rei na terra da Farsália. Com miserável covardia, Menelau torna atrás perante o velho, e Hermíone é obrigada a soltar a presa. Agora, o medo e o arrependimento apossam-se de seu coração, teme o regresso de Neoptolemo. Neste momento, uma nova personagem entra em cena e introduz uma nova fase da ação. Orestes, a quem Hermíone fora prometida antes de ser dada a Neoptolemo, reaparece com renovadas esperanças. Rapidamente, ela se dispõe a fugir com ele, e neste instante ouvimos falar de uma trama que Orestes preparou contra Neoptolemo.

Após um breve canto do coro, vem o mensageiro com a notícia de que Neoptolemo fora morto pelos habitantes de Delfos, amotinados por Orestes. Uma interpretação precisa indica, de maneira indiscutível, que Orestes, antes de aparecer em Ftia, preparara cuidadosamente o golpe contra Neoptolemo em Delfos, mas que não mais estava lá quando o assassinato foi consumado. Contudo, é inegável que Eurípides não se esforçou muito em esclarecer as relações temporais dos acontecimentos. Isto é tanto mais estranho quanto ele, por via de regra, leva cuidadosamente em conta a verossimilhança racional da ação, a πιϑανόν. Também os detalhes, muitos pontos obscuros falam do pouco esmero com que foi escrita esta peça.

A parte final é primeiramente preenchida com o lamento fúnebre de Peleu e do coro pela triste sorte de Neoptolemo; logo a seguir surge Tétis, cujo aparecimento é legitimado de certo modo por sua ligação com Peleu, prometendo-lhe, como consolo, a imortalidade. Quanto a Andrômaca, ao lado de seu cunhado Heleno, deverá tornar-se, entre os Molossos, progenitora de uma grande estirpe de príncipes.

Nas tragédias de Eurípides, é preciso ser cuidadoso quando se trata de censurar a falta de unidade da peça, é o que *Hécuba* nos ensinou. Mas aqui não há arte de simpatia que possa contornar tal crítica. É verdade que, com Andrômaca, Eurípides desenhou uma de suas mais belas personagens femininas, e a mãe que espontaneamente joga a vida pelo filho está tão próxima de nosso coração quanto a figura do bravo Peleu, mas sua desaparição, após a primeira metade do drama, quebra a unidade deste e não pode ser compensada pelo fato de ser Andrômaca levada em conta na profecia de Tétis. Além disso, algumas figuras, como Orestes, só têm importância para determinada parte. A acumulação temática, o desejo de suscitar tensões constantemente, o realçamento de acentos dramáticos isolados sem que sejam organicamente entrosados no todo mostram-nos aqui, bem mais pronunciados, alguns traços que já repontavam em outros dramas. É como se a problematização dos velhos conteúdos do drama trágico quisesse induzir o autor ao caminho do virtuosismo e do artificialismo, do qual, todavia, seus grandes dotes sempre o chamavam novamente de volta para a arte superior e verdadeira.

Se os representantes da raça espartana nesta peça, Menelau e Hermíone, nos fazem ver todo o pandemônio de vileza humana, é porque o autor conseguiu em geral fundir numa só coisa a função destas personagens no drama e o ódio que professava contra o inimigo mortal de Atenas. Quando, porém, leva Peleu a arremeter-se contra os exercícios ginásticos das jovens espartanas (595), que andavam seminuas com os rapazes, não se trata aqui de poesia política, naquele sentido elevado da obra esquiliana, mas sim de pura tendenciosidade inartística.

Com outra profundidade, diversa da de tais invectivas, o poeta plasmou, com base em acontecimentos da história de sua época, a tragédia que devemos provavelmente situar em 424, ao lado de *Erecteu*. Neste ano, os atenienses foram batidos pelos beócios em Delion, e os tebanos, contra todo direito geral, se haviam recusado a entregar os corpos dos que tombaram. Aí adquire novo sentido a lenda, já exposta por Ésquilo nas *Eleusínias*, segundo a qual, após a catástrofe dos *Sete contra Tebas*, a Atenas de Teseu contribuíra para a vitória do sagrado direito dos mortos. Não se trata apenas de uma intensificação do conteúdo dramático, mas outrossim de um eco dos eventos da época, quando, nas *Suplicantes* de Eurípides, a ação das armas atenienses toma o lugar da persuasão.

Essa peça também se inicia com um quadro de refugiados em busca de proteção diante de um santuário. As mães dos Sete também haviam acampado diante do templo de Eleusis, e Etra, mãe de Teseu, que fora até lá para levar uma oferenda, explica e descreve o grupo num prólogo particularmente destituído de vida dramática. O coro é formado pelas mães dos que tombaram, com suas servas, e devemos aceitar o fato de que essa distinção, no costumeiro coro de quinze cantores, muitas vezes se confunde, e que tampouco o número sete de mães e cadáveres se justifica racionalmente pelo mito, porque Polinices, por exemplo, não poderia figurar entre estes, nem Jocasta entre aquelas. Devemos compreender que o poeta introduz as mães dos Sete formalmente como conceito coletivo. Etra faz-se advogada de seus rogos, e isto é necessário porque Teseu, de começo, declina de ajudá-las e recrimina o derrotado Adrasto, rei de Argos, que é o guia das suplicantes, pela insensatez de sua expedição guerreira. Encontramos aqui (201) um rápido esboço da formação da cultura humana a partir da crua selvageria em que ressoam as teorias da época sobre a origem da cultura, e nos lembramos dos problemas levantados no drama de Prometeu. Também pensamos no coro de *Antígone*, que celebra o caráter misterioso da inquietude humana e o contrapomos à visível satisfação com que, no drama de Eurípides, Teseu fala do arranjo do mundo:

199   Na vida humana, deve haver mais bem que mal, do contrário
há tempos que a humanidade teria deixado de existir.
Dou graças àquele deus, que ao ser humano
lhe elevou a existência para além da selvageria do bruto,
que nos deu a razão, e depois a linguagem, a qual
transmite o pensamento por meio de sons prenhes de sentido.
Deu-nos o doce alimento dos cereais,
o celestial orvalho que nos liberta da sede
e molha nossas searas. Nos ensinou o modo
de proteger o corpo contra o frio invernal,
a navegar pelos mares para, por meio da troca,
partilhar dos bens dos países estranhos.

E o que à nossa mente permanece obscuro
fica claro ao vidente no vôo dos pássaros,
e no fogo e na carne das vítimas.
Tal foi a ordem dada por um deus às nossas vidas.

As súplicas de Etra são mais poderosas que os escrúpulos de Teseu, e ele se arma para a luta contra Tebas. Primeiramente, há um duelo verbal com um heraldo tebano, em que este defende o programa político da tirania e Teseu o daquela democracia ática, cuja imagem ideal ainda persistia, embora a realidade já se afigurasse outra. Quando se fala do Estado, onde cada cidadão tem os mesmos direitos, mas só o mais capaz deve aconselhar, também Eurípides toma a palavra sobre as questões básicas da comunidade estatal. Mas torna-se instrutivo comparar esta fala com a que Atená dirige ao seu povo nas *Eumênides*. Evidencia-se o desenvolvimento que, a partir das palavras do poder divino, que habita a *polis*, levou até este debate racional.

Chega a hora de travar-se a luta, e um mensageiro anuncia a vitória sobre Tebas que, na realidade, os atenienses gostariam de ter conquistado. Agora são trazidos os mortos e começam os lamentos fúnebres. O caráter especial da cerimônia mortuária lhe advém através da oração fúnebre pronunciada por Adrasto, que é um autêntico λόγος ἐπιτάφιος, tal como era proferido nos tempos do poeta, em honra de quem tombava na guerra. Mas agora – o que é típico em Eurípides – o sentimento e a ação do indivíduo destacam-se da dor de todo o grupo, passando ao primeiro plano. Para Capaneu, atingido por um raio, vê-se no palco uma pira preparada. No alto do rochedo que se eleva junto à pira aparece sua mulher, Euadne. Seu amor vai além da morte e, surda a todos os rogos de seu pai, Ífis, ela se atira às chamas. É uma figura que se irmana com a Laodaméia do drama *Protesilau*, que, num traço singular, e no entanto comovente, de criação literária, partilha seu leito com a imagem do morto, guardando-lhe fidelidade para além da morte corpórea. Mais firmemente que de costume, o motivo individual de Euadne insere-se aqui na criação literária. Após a morte de Euadne, torna a ressoar a lamentação pelos

222

Sete que tombaram, na qual os meninos, que carregam as cinzas de seus pais, alternam seu canto com o das mães. A própria Atená encerra a obra e mais uma vez se estabelece vigorosa conexão com a época: o que Atenas fez por Argos e por seus mortos deverá constituir um laço eterno entre as cidades, confirmado por solenes sacrifícios. Mas para os filhos dos mortos profetiza-se a vitória que fora vedada aos pais.

Já o Heracles de *Alceste* nos exibe os inícios de uma personagem trágica. É como tal que ele aparece em posição central no drama, que tira o nome desse herói exemplar da lenda grega, e que podemos situar logo após o ano da Paz de Nícias (421). Mas não é a plasmação de um mito de Heracles que interessa ao poeta, o qual também aqui, como em *Medéia*, inventa livremente traços essenciais, mas sim a representação da existência humana em sua trágica problematicidade.

Bem alto vemos erguido, na primeira parte do drama, o herói do feito incondicional. Atravessou os limites deste mundo e o ultrapassou quando foi buscar Cérbero, o cão infernal, nos ínferos. Entrementes, o usurpador Lico apoderou-se de Tebas e deseja agora exterminar a linhagem de Heracles. O velho Anfitrião, a esposa do herói, Mégara, e seus filhos refugiaram-se junto a um altar, retornando mais uma vez o plástico início de um drama com o quadro dos suplicantes. O coro de anciãos tebanos em nada pode ajudar e o *agon* entre Anfitrião e Lico só confere vitória moral. Quando o tirano ameaça com fogachos os refugiados junto ao altar, Mégara compreende que, perdidos, seu último dever é o de preservar a dignidade em face da morte. Quando já renunciara ao asilo e enfeitara os filhos para a última caminhada, Heracles retorna do reino dos mortos. Ele, que fora salvador de países inteiros, sê-lo-á agora dos seus. A angústia mortal desfaz-se agora em júbilo e, abraçado estreitamente aos filhos salvos, regozijando-se com palavras carinhosas pela impetuosidade deles, o herói entra no palácio, onde Lico é atingido por rápida e justa vingança. Compreendemos o canto jubiloso do coro e, não obstante, como acontece tão amiúde em Sófocles, ele nos permite apenas avaliar melhor a profundidade da queda subseqüente.

A velha saga falava de um ataque de loucura de Heracles, que mata os filhos. O que no caso da lenda fundamentava a servidão do herói em casa de Euristeu, o poeta colocou depois da época deste serviço com suas grandes façanhas, para chegar assim à conformação de seu drama, no qual é decisivo o contraste entre a realização triunfal e a profunda queda abismal.

No telhado do palácio aparece Íris, a mensageira dos deuses, ao lado de Lissa, o demônio da loucura, que lembra as figuras das Erínias. Hera envia à casa desse odiado homem, gerado pelos amores de seu marido com Alcmena, a Fúria, a qual se arrepia, ela própria, ante tamanha monstruosidade, com a incumbência de golpear com o infortúnio o benfeitor da humanidade, pacificador de países inteiros. Mas é obrigada a obedecer, e pelo mensageiro somos inteirados de como, no interior do palácio, durante o sacrifício, o espírito de Heracles se entreva e ele mata, com a própria mão, a mulher e os filhos que acabara de salvar. Abrem-se os portais do palácio e, entre os corpos dos seus, aparece o herói que desafiara a Morte no próprio domínio desta. Durante o sono de exaustão, após o acesso de loucura, fora amarrado a uma seção de coluna. Ao terrível momento em que desperta e percebe o acontecido segue-se a decisão de morrer. Então intervém o amigo. Em viagem aos infernos, Heracles salvara Teseu de grave apuro, devolvendo-o à vida. Agora este acorre para ajudar o amigo na luta contra Lico e está a seu lado na mais dura provação.

Do mesmo modo que um dos heróis de Sófocles, este Heracles vê-se derrubado pela prepotência do destino e, como ele, pensa na morte como saída inevitável. Mas na fala de Teseu desponta uma nova maneira de pensar. Não é na morte voluntariamente escolhida que o homem afirma a sua dignidade diante do irracional, mas sim num corajoso "Apesar de tudo!" O terrível absurdo do Destino não consegue suspender o valor humano e, menos ainda, o de um Heracles. Continuará vivendo, amparado pelo amor e pela lealdade do amigo, e suportar tal coisa é mais valoroso e honroso do que um precipitado encerramento da conta pela morte, conta que não tem mais solução. O herói, que saiu

224

vencedor de tantos combates míticos, fica agora, no mais difícil de todos, o puramente humano, entregue a si mesmo. Nenhum *deus ex machina* finaliza esta peça; sua solução encontra-se exclusivamente numa natureza humana sofredora e superadora. A bipartição da ação salienta-se fortemente em seus contornos externos. Mas aqui, como em nenhum outro drama, as duas partes ligam-se rigidamente em antítese, sem que apareça, em primeiro plano, um tema especial com validade própria.

A irrupção da demência na alma de Heracles foi fundamentada por Eurípides mediante um motivo colhido na lenda antiga, o do ódio da deusa Hera, tornando-se visível pelo surgimento em cena de Íris e Lissa. Tocamos aqui, concretamente, numa antinomia da obra do poeta, já apontada anteriormente. Em Hera e seus mensageiros não se manifestam poderes de uma ordem mais elevada, que constituíssem para o poeta bens vitais. A tradição lhe dá meios para a objetivação de processos psíquicos, ao mesmo tempo, porém, tal tradição se tornou para ele problemática e condenável. Deuses que sacrificam Heracles, o herói redentor, a seu ódio pessoal não concretizam uma ordem superior de mundo, já não podem continuar sendo objetos de fé, é o próprio Heracles quem o exprime:

1340   Ah, a dor me toma, mal consigo mais pensar
        mas que um deus se entregue a amores proibidos,
        que jamais os braços de um deus tenham portado algemas,
        nisso não acreditei nunca, e não acreditarei,
        nem que um deus a outro dê ordens:
        a verdadeira divindade não conhece a necessidade,
        e são mentiras as lendas que lhe atribuem.

Nessas palavras ouvimos aquela famosa menção de Xenófanes a Homero e Hesíodo, os quais atribuíram tudo quanto há de vergonhoso aos deuses: roubo, luxúria e engano mútuo. E quando Eurípides pronuncia a bela frase sobre o verdadeiro Deus, que nada necessita além de si mesmo, temos diante de nós aquela grandiosa imagem do ser divino, sereno, imóvel, esboçado pelo próprio pensador da Jônia.

Por trás de Eurípides, reconhecemos a ilustração crítica dos deuses, efetuada pela sofística, e por trás desta sua raiz primeira no pensamento dos filósofos jônicos. Não é outra a crítica que Ion, na peça de mesmo nome, faz ao tradicional erotismo dos deuses (436), e na *Ifigênia em Táurida*, a heroína descobre o absurdo do culto da deusa à qual é obrigada a servir (380): esta recusa seus altares a quem esteja manchado com o sangue de assassínio e exige, todavia, em sacrifício, vítimas humanas. O mensageiro em *Andrômaca* (1161) fala analogamente sobre o deus délfico que, para os outros, dita leis morais, enquanto ele próprio exerce vinganças implacáveis e odiosas. Na concisão da sentença gnômica, apresenta-se, no fragmento 292 N., a opinião do dramaturgo: Quando os deuses cometem crime não são deuses.

A atitude crítica da ilustração para com a tradição religiosa atingiu seu apogeu com Crítias, político e poeta, que já encontramos como provável autor do *Tenes* pseudo-euripidiano. Em *Sísifo*, considerou a religião um invento dos políticos, que, por seu intermédio, usando-a como arma de intimação, quiseram manter os homens no temor da lei. Também no terreno religioso, Eurípides jamais caiu no niilismo, também aqui continuou sempre a buscar, até o fim da vida. Logo mais, as *Troianas* nos darão oportunidade de falar a esse respeito. Mas uma bela passagem de *Heracles* testemunha a forma pela qual o poeta superou a superstição arcaica com um humanismo livre e puro. Após o seu ato, Heracles velou-se, como manda a tradição que o façam os impuros, e quando Teseu se aproxima, brada-lhe que fuja à contaminação de tal mácula. Todavia, Teseu não acredita em semelhante perigo; com sua mácula, nem pode o homem ofender aos deuses, nem acarretar danos a seu amigo. Aqui é superada a crença na natureza da culpa como impureza física, contagiante, que levava os atenienses a submeter a juízo ritual todo homicídio acidental, e mesmo objetos inanimados. Mais vivo ainda seria o efeito de outro protesto do poeta contra o *nomos*. Em um de seus dramas mais tardios, *Auge*, a heroína, engravidada por Heracles, dá à luz no templo de Atená, da qual era sacerdotisa. Isso desperta a ira da deusa, mas Auge volta-se apaixonadamente contra o fato de que objetos de pilhagem, arrancados aos mortos, possam ornar o templo da deusa, enquanto que o nascimento de um novo ser humano o conspurque.

Heracles procede de um breve período de paz. Mas no coro dos anciãos, o poeta, que envelhecia, e a quem, em meio à constante mutação das coisas, só restava a arte como única realidade, cantou sobre o sentido de sua própria vida:

> 673 A qualquer hora, para amável colóquio,
> convidaria as Cárites e as Musas:
> não há vida sem a arte;
> que a hera coroe sempre minha fronte.
> O cantor está grisalho, mas o seu canto ressoa,
> soa em memória da mãe das musas,
> canta as vitórias de Heracles.
> Com o vinho, dádiva dos deuses,
> com o soar do alaúde,
> com o som da flauta estranha,
> ainda surge, e sempre,
> minha mestra, a Musa.

Quando em 415 Eurípides apresentou suas *Troianas*, o curto sonho de paz se desvanecera e Atenas preparava a expedição contra a Sicília. As vozes prudentes, que viam extremo perigo nessa ousada investida contra o oeste, foram vencidas, mas, quando partiu a esquadra, ficou para trás a preocupação, que mais tarde se veria tão tremendamente justificada. Este clima da época encontra-se por trás das *Troianas* em seu conjunto e, em passagens isoladas, aparece bem claramente.

Sabemos que esta peça subsistente foi encontrada em terceiro lugar, após *Alexandre* e *Palamedes*, juntamente com o drama satírico *Sísifo*. Notamos aqui, nessas três tragédias de um dia de espetáculo, uma espécie de vinculação trilógica, mas aquilo que podemos concluir sobre o conteúdo das peças desaparecidas mostra-nos que cada uma dispõe de vida própria bem mais pronunciada do que na trilogia esquiliana. Significativamente, encontra-se no início o *Alexandre*, peça que leva Alexandre-Páris, enjeitado quando criança, a vir a Tróia, para os jogos gímnicos, e a vencer seus irmãos.

Estes encolerizam-se com o intruso e Deífobo quer matá-lo, mas logo sobrevém o reconhecimento e o alegre reencontro, em meio do qual ninguém dá ouvido à profecia de Cassandra sobre a desgraça vindoura. No projeto de fratricídio, temos diante de nós um daqueles motivos que o poeta moldou com freqüência, desde que nele, ao lado das potências do coração humano, estava colocado o Destino, sob a forma de Tiche, que rege no acaso. Ela faz com que pessoas desprevenidas levantem armas homicidas contra o seu próprio sangue, para arrebatá-las de suas mãos no último instante. Voltaremos a falar desse tema ao tratar de *Ion*.

De *Palamedes*, sabemos que tinha por conteúdo o naufrágio desse engenhoso herói grego, devido ao ciúme e traição de Odisseu. É um destino isolado, que mal podemos conceber no contexto de um laço trilógico mais rijo.

A peça *As Troianas*, que se conservou, dissolve o drama numa série de cenas e volta a amarrá-las firmemente sob o aspecto do terrível colapso em que finda a maior das guerras míticas. No prólogo, Posseidon já desenrola o quadro da destruição da cidade cujas muralhas ele mesmo erigira outrora. Atená tinha sua vontade, mas agora, quando se aproximava da realização, somos inteirados de que a disposição da deusa mudara. Ajax ofendera-lhe a imagem e, agora, juntamente com Posseidon, ela pretende destruir a frota grega a caminho da pátria. Antes ainda de ficarmos conhecendo a miséria dos vencidos nos quadros subseqüentes, somos informados sobre a sorte que espera os vencedores. A guerra desditosa submerge amigos e inimigos num inferno de miséria e horror. Em suas palavras, Atená apresenta, para além do drama, outro quadro de destruição:

78 Zeus envia aguaceiros,
   granizo e tempestades sombrias,
   e a mim entrega raios e trovões
   que, incendiários, atingirão os navios.
   Peço a ti que ergas o mar Egeu
   em ondas gigantescas, que caves fundos remoinhos,
   para que nas costas rochosas de Eubéia
   se amontoem os corpos trazidos pelo mar.

Ouvimos em seguida os lamentos de Hécuba, numa longa monodia que se transforma num canto alternado com o coro. O arauto Taltíbio traz novas desgraças: o destino de Polixena, já exposto em *Hécuba*, é tocado aqui de maneira apenas episódica; Cassandra foi entregue a Agamenon; Andrômaca coube ao filho de Aquiles, assassino de Heitor, seu esposo; Hécuba, a Odisseu. Num paroxismo selvagem, Cassandra entoa seu próprio hino nupcial:

308   Abri alas, abri alas.
       À luz das tochas
       venho consagrar
       os recintos sagrados.
       Ave, ave três vezes.
       Bendito o noivo,
       bendita a noiva. O senhor de Argos me leva
       para o seu castelo real.
       Viva, viva o casal de noivos
       Mãe, em prantos te lamentas.
       Morto está o pai, em ruínas
       a cidadela de Tróia.
       Eu celebro o casamento.
       Eu acendo as luzes.
       Como fica claro,
       e alegre.
       Inflamam-se os fogos da festa,
       brilham as brasas do inferno.
       Assim deve ser, no dia em que a donzela se casa.

Numa seqüência, que reconhecemos como típica de Eurípides, encadeia-se à monodia apaixonadamente movida outra fala de Cassandra, bem mais tranqüila e logicamente concatenada. Sua profecia converte-se para o poeta no meio apropriado para, das ruínas de Tróia, conduzir o olhar à miséria que aguarda os vencedores. Aqueles que, como Agamenon, alcançarem a pátria lá serão atingidos por seu Destino.

À dor de Cassandra segue-se a de Andrômaca. Antes de levá-la ao seu novo senhor, arrancam-lhe ainda o filho Astíanax, para arrojá-lo das muralhas da cidade.

E mais uma vez outro quadro: Menelau, o vencedor, aparece com a adúltera, culpada de todos esses males. Agora Hécuba espera ver a justiça triunfar de novo sobre tais horrores. Menelau quer castigar Helena com a morte, mas Hécuba sai em sua defesa com veementes acusações. No *agon* parece vencedora, mas Menelau levará Helena para seu navio e a lenda nos dá como certo aquilo que o canto seguinte do coro insinua (1107): para a formosura da mulher, a parada com o fracalhão há de ser brincadeira.

A fala de Helena permite penetrar bem fundo nesse processo de esvaziamento do mito, que deixa de ser história sagrada, digna de fé. Afrodite, como poder do destino, não passa de argumento aparente, que é arrebatado da mão da locutora por Menelau e Hécuba. E quando ela enaltece sua infidelidade como salvadora da Grécia (932), pois do contrário, conforme a promessa de Hera e Atená, ter-se-ia Páris tornado senhor de Hélade, trata-se aqui de motivos míticos arrancados de seu chão natural e implantados em novas relações sofístico-racionais, processo que fez poderosa escola, como constatamos pelas tragédias de Sêneca.

Ainda é dado a Hécuba deitar o corpo de Astíanax sobre o escudo de Heitor; então partem da terra troiana e da cidade consumida em chamas. Mais uma vez introduz-se na análise do conteúdo um problema de técnica de encenação. Esse fogo, em que Ílio submerge, não poderá ter existido puramente na ilusão do espectador. Hécuba quer precipitar-se nas chamas e é impedida à força. Eurípides, que deixa Euadne das *Suplicantes* lançar-se na pira ardente, é um encenador que gosta de efeitos fortes. Cumpre professar, porém, que no caso todas as minúcias se nos subtraem ao conhecimento. Não podemos ir além da explicação geral de que os meios de cena, comparados com os do teatro moderno, deviam ser assaz simples. Mais importante ainda é saber que os efeitos cênicos sempre serviam ao conjunto da peça. A encenação como fim em si permanece algo alheia à época. Ela constitui sempre um sinal infalível da bancarrota do essencial na vida da arte.

No primeiro canto do coro, as Troianas ponderam sobre o destino que as espera. Seja para onde for, menos para Esparta! Ouvimos o poeta ateniense, e quando faz com que as mulheres mencionem Atenas em primeiro lugar nos votos, depois a Sicília e a costa meridional da Itália, Magna Grécia, está simplesmente acompanhando o sonho de grandeza de seu povo, que precisamente então se dirigia para o ocidente grego. Mas ele não o faz de coração ligeiro. Como pouco antes do maior empreendimento de Atenas se afigurava ao poeta o quadro da guerra, di-lo o drama todo. É a paixão de um povo inteiro, e diferentemente de *Hécuba*, tão aparentado do ponto de vista temático, nenhum fulgor de paixão humana rompe em parte alguma as trevas. O autor das *Troianas*, pouco anos mais tarde, pôde compor, para a sua cidade, o poema fúnebre aos atenienses tombados diante de Siracusa (Plut., Níc. 17).

Para Eurípides como pensador religioso, nenhum trecho é mais significativo do que a oração de Hécuba antes da disputa com Helena.

> 884 Venero-te, e adoro-te, ó tu que suportas a terra,
> que tens nela assento, ó ser incompreensível,
> Zeus, ou talvez te chame de força da natureza,
> ou razão humana, pois ages silenciosamente,
> e diriges os destinos dos homens para o seu justo fim.

No fim de contas, encontra-se por trás desta prece a mesma forma do antigo hino de invocação que procura abarcar o ser supremo com todos seus nomes, que há por trás do hino a Zeus no *Agamenon* de Ésquilo. E o ὅστις ποτ' εἶ σύ de nossa passagem tem sua exata correspondência no ὅστις ποτ' ἐστίν do outro hino. Mas quão diverso conteúdo encerra forma tão parecida! Ali onde, em Ésquilo, um coração pleno de deus mal conseguia as palavras para expressar esse deus, vemos agora o cavilador na busca inquieta de um coração não menos comovido. Nessa busca, lança mão das teorias dos filósofos. A divindade dessa oração, divindade que abrange o mundo, é o éter, e em sua divinização, que se repete amiúde em Eurípides, encontra-se este sob a influência de Diógenes de Apolônia. A razão, o *nous* em divina potência, é a dos ensinamentos de Anaxágoras, que foi amigo de Péricles e que a biografia antiga colocou na relação de mestre do poeta. Mais, porém,

231

que esse conhecimento de pormenor, importa compreender o homem que, sem negar o poder divino, se empenha para além de uma tradição problematizada, por um entendimento mais profundo. É o mesmo poeta que, em seu *Belerofonte*, faz o herói subir aos céus em seu cavalo alado, a fim de decifrar lá o segredo da ordem do mundo. O poeta por certo estava ciente da insolubilidade última dessas questões que, no entanto, jamais abandonou. Belerofonte, antes de atingir a meta, volta a cair à terra.

O distanciamento do poeta, com respeito à tradição, sobressaía particularmente lá onde à sua versão do tema podemos contrapor obras dos outros dois trágicos, tal como é possível fazer, graças ao que nos foi transmitido, com sua *Electra*. A preocupação dos Dioscuros (1347) pela frota em águas sicilianas dá a esta peça a data de 413. Também a *Electra* de Sófocles pertence à época mais tardia desse autor. Fala a favor da independência com que os dois tragediógrafos criavam, um face ao outro, o fato de, até hoje, não se ter obtido nenhuma prova decisiva quanto à prioridade de uma das duas peças, a cujo respeito só é certa sua proximidade no tempo.

A Electra de Eurípides não se passa diante do palácio dos Átridas; de uma miserável choupana de camponeses sai, no prólogo, o homem simples a quem Clitemnestra dera a princesa, sua filha, como esposa. Electra vive na pobreza, tendo de recusar o convite das mulheres que querem levá-la a uma festa em honra a Hera. Mas Orestes já se encontra no país, descobre a irmã e, sem dar-se a conhecer, faz com que lhe conte suas penas. A pobre casa quer hospedá-lo e Electra vê-se obrigada a pedir alimento e bebida ao velho que outrora salvara Orestes da casa do assassino. Então aparece o próprio velho e traz o reconhecimento. Junto ao túmulo de Agamenon, ele achou uma mecha de cabelo: que Electra a compare com os seus próprios cabelos e coloque o pé na pegada deixada junto ao túmulo, para verificar se o irmão realmente chegou. São os indícios que nas *Coéforas* do Ésquilo levam Electra ao reconhecimento. Se tal prova é aqui recusada como absurda, percebemos a crítica racionalista do dramaturgo atento à verossimilhança, a πιϑανόν como elemento de perturbadora polêmica, estranha à obra de arte. (Contudo, não se deve calar o fato de que novos exegetas levantaram sérias objeções à autenticidade desses versos.) Somente uma cicatriz de Orestes, percebida pelo velho, é que dá prova cabal e à alegria do reencontro segue-se a cuidadosa elaboração de um plano orientado pelo ancião.

Logo chega também um mensageiro que informa sobre o primeiro êxito: Egisto sem saber de nada tombou durante um sacrifício, para o qual convidara os estrangeiros. Agora, quando Orestes aparece com o corpo, o ódio selvagem de Electra descarrega-se numa fala em que lança sobre o morto toda a vergonha e opróbrio.

Mas a mãe ainda vive. Um parto simulado por Electra a atraiu para fora da cidade e, mais uma vez, o poeta salvaguarda a verossimilhança, ao fazer essas duas mulheres, que há tempos não se viam, falar em agora do passado. As justificações de Clitemnestra desmoronam ante o frio sarcasmo da filha, ela mesma não consegue mais defender as próprias ações. Na choupana é atingida pelo golpe mortal e, mais uma vez, o palco ático mostra seu corpo e o de Egisto. Mas junto a Orestes encontra-se agora Electra, que Ésquilo não mais punha em cena, após o grande *kommos.* Aqui ela não só induz o irmão a perpetrar o crime, que o jovem, à vista de sua mãe, já não conseguiria cometer sozinho, como toma parte pessoalmente no golpe de morte, sendo no demônio de seu ϑυμός digna parente daquelas figuras femininas das primeiras tragédias de Eurípides, que ultrapassavam os limites puramente humanos.

Em Ésquilo, o matricídio é simultaneamente uma necessidade do destino e um crime. Nessa cisão, que é resolvida em plano mais alto, na religião de Zeus professada pelo poeta, reside sua problemática trágica. Em Sófocles, o mandamento de Apolo guarda seu direito de sacra tradição. Em Eurípides, a ação desprende-se de quaisquer vínculos religiosos; são homens que a praticam e devem responder por ela, mas não podem fazê-lo. Sem dúvida, por trás deste Orestes também se encontra o mandamento de Apolo, mas o velho traço lendário não conduz a uma antinomia frutífera para o trágico na peça, que é simplesmente recusado. À aproximação da mãe, Orestes declara (971) que a divina ordem para o assassinato é um contra-senso, e os Dioscuros confirmam o dito ao término do drama (1245). Assim, os irmãos matricidas ficam a sós com seu crime e ruem sob o seu peso. Não lhes resta nem o júbilo da vitória nem o sentimento de justa expiação, mas apenas espanto e terror. Aquilo que os Dioscuros fazem ao final, como deuses *ex machina*, é uma ordem externa das coisas: Orestes será perdoado pelo Areópago e Electra será esposa de Pílades.

Não podemos fechar os olhos diante de uma problemática que ressalta especialmente nessa peça e no *Heracles*. Ambos os dramas estão construídos sobre o mito tradicional e, em ambos, este é julgado absurdo, indigno de fé. Nossa exposição já indicou até que ponto essa antinomia era dada juntamente com a personalidade espiritual de Eurípides e com os movimentos de sua época. É difícil, para dramas dessa espécie, circunscrever seu conteúdo ao autenticamente trágico, porquanto os pressupostos do que acontece ficam suspensos na crítica do poeta. O trágico, como Ésquilo e Sófocles o configuram, começa agora a problematizar-se. Precisamente o *Heracles* exibe grande proximidade ao trágico sofocliano, mas dele se distancia na parte final, de modo igualmente claro. Com respeito à questão em que desembocou nosso capítulo introdutório, é de importância considerar que a tragédia começa a tornar-se problemática no tempo em que os deuses da antiga religião se preparam para abandonar o palco ático.

Especial atenção requer, na *Electra*, a personagem mais imediatamente simpática de toda a peça, o pobre camponês a quem foi dada a princesa. Ele não a tocou, compreende sua desgraça e procura minorá-la, na medida do possível. O mundo e a literatura nos oferecem exemplos de nobreza de sentimento em roupagens simples, mas, no caso de Eurípides, cumpre entender que aqui também começa um novo modo de pensar. Aqui, o último resquício de uma concepção que separa bons e maus, χρηστοί e φαῦλοι segundo o nascimento, dissolveu-se num novo quadro de valores humanos. Encontramos mais uma vez o camponês humilde mas probo no *Orestes*, onde um homem dessa classe intervém corajosamente contra vilania e covardia, para defender o ameaçado Orestes (917). Se em *Electra* o αὐτουργός ainda precisa realçar sua boa ascendência (35), em *Orestes* o poeta renuncia a tais concessões. Em compensação, deparamo-nos aí com outro traço, que verdadeiramente rejubila o coração. O homem de bem em traje de camponês raramente é visto na cidade e no mercado. Permanece em seu torrão, simples labrego, um daqueles que por si sós conservam um país são e salvo! As *Bacantes* proporcionam o complemento negativo dessa idéia: o pastor que ali oferece, por cálculo, o infeliz conselho de apoderar-se das mênades (717) é um verdadeiro fanfarrão que aprendeu suas malandragens na cidade, para onde corre sempre que pode. Também aqui vemos um pedaço da dissolução da velha comunidade da *polis:* a cidade como educadora de boa raça de homens tornou-se problemática, contrapõe-se ao campo, onde ainda medra o bem. Assim como em muitos aspectos Eurípides anuncia o helenismo, do mesmo modo prepara aqui disposições de espírito que na verdade lá não foram além de um efeito literário. Mas, no caso de nosso poeta, cuja obra habita a atmosfera espiritual da sofística, sabemos que ele tampouco subestimava os perigos de uma tendência que punha em mãos de qualquer fulano as armas de uma hábil dialética.

Se já nos camponeses de *Electra* e *Orestes* vem à luz uma nova valoração do homem, liberta de velhas relações, ela se torna ainda mais visível lá onde o valor humano é reconhecido até nos escravos. Constitui uma verdadeira revolução no modo de pensar tradicional o que se lê em *Ion:*

854   Pois o que envergonha o escravo é unicamente
      o nome. Em todos os outros aspectos o escravo
      de honrada índole não é pior que o homem livre.

Ao lado desta, enfileiram outras expressões afins, como em *Andrôm.,* 638; *Hel.,* 730; *Frixo,* Fr. 831 N.

Em conexão com a nova imagem do ser humano se nos depara em Eurípides, afrouxado e transformado, o conceito de *physis*, cuja capital importância para a tragédia clássica reconhecemos no *Filoctetes* de Sófocles. E parece aqui pelo menos que a tradição nos permite constatar uma revolução no pensamento do poeta. Aí, inicialmente, no fragmento 810 N. da *Fênix*, drama que deve ter sido composto antes de 425, pois Aristófanes alude ao fato nos *Acarnianos*, ouvimos a doutrina, que já nós é familiar: o fator decisivo é o pendor natural, φύσις. Não há cuidado nem cultivo capaz de tornar bom o que é mau. O fragmento 1068, cuja data e origem continuam infelizmente indeterminadas, trai o mesmo pessimismo pedagógico, que decorre necessariamente da valoração central da φύσις. Estranha oscilação apresenta-se em *Hécuba*, cronologicamente situada alguns anos após o *Hipólito* de 428. À notícia da morte heróica de Polixena, Hécuba reage, depois das primeiras palavras de dor, com singular reflexão (592), cuja surpreendente inserção nesta passagem ela mesma acentua no fim (603). Para ·começar, também aí é caracterizado como indestrutível o bom e o mau no homem. Mas de onde provém? Será decisiva a herança dos pais ou a educação? O autor se inclina, claramente, para a segunda alternativa e, no modo complicado do discurso, bem como na maneira violenta com que se faz a inserção dessa idéia na peça, exprime-se a novidade da questão e sua importância para o poeta. Alguns anos mais tarde, vê-la-emos claramente expressa numa significativa passagem das *Suplicantes*, ao final da oração fúnebre de Adrasto:

913   É possível aprender virtude,
        assim como a criança é ensinada a ouvir e a dizer
        o que de começo não compreendia só por si.
        E o que sabemos conservamos até a velhice.
        Por isso, educai bem as crianças.

O elogio da educação em *Ifig. Aul.*, 561 e 926, pode enquadrar-se aqui. Essas novas idéias alcançam o pólo oposto à frase de Píndaro τὸ δὲ φυᾷ κράτιστον ἅπαν cuja desconfiança contra as διδακταὶ ἀρεταί aparece agora no trecho citado das *Suplicantes* na mais aguda contradição imaginável face à expressão ἡ δ' εὐανδρία διδακτός. Que também aqui a novidade procede da sofística, sabê-lo-íamos mesmo sem o testemunho direto do sofista Antifon (fr. 60D). Para ele, a educação é a mais importante de todas as coisas humanas. Emprega a imagem da lavoura e da semente, mas não toma a semente em sentido físico, pois ela representa o bem da educação que, plantada no homem desde cedo, vai determinar sua natureza. A partir daí é fácil seguir os fios que urdem o caminho até os filósofos da época seguinte; lê-se o nome de Sócrates nas entrelinhas e a nós deve bastar ter mostrado também aqui a participação de Eurípides no pensamento de uma nova era.

A estrutura dramática de *Electra* evidencia uma bipartição, que se repete nas duas peças subseqüentes, cronologicamente. As cenas que preparam e trazem um reconhecimento entre duas pessoas intimamente relacionadas e separadas há muito tempo são seguidas de uma trama cuidadosamente meditada para salvá-las, a intriga ou, conforme se costuma dizer agora, a μηχάνημα.

A possibilidade de ver as coisas de dois lados, dada com os δισσοὶ λόγοι da sofística, agora também vale para as figuras do mito como objeto de tal consideração. Chegamos assim àquelas "reabilitações", como as vemos preparadas no Euristeu das *Heraclidas*, ou executadas no Polinices das *Fenícias*. Quanto a Helena, a heroína da peça de mesmo nome, datada de 412, sua justificação já fora antecipada no século VI pela palinódia do poeta lírico siciliano Estesícoro. A verdadeira Helena teria passado no Egito todo o transcurso da longa guerra de Tróia, e a guerra, segundo a vontade dos deuses, travara-se por uma miragem. Eurípides traz ao palco essa Helena do Egito e purifica-se da mácula que ele mesmo lhe afixara abundantemente nas *Troianas* e em *Orestes*. Não é por acaso que nessa justificação ele encontra Górgias, o qual, com as artes da sofística, efetuou a mesma tentativa em seu panegírico sobre a maior coquete da lenda.

No prólogo, a própria Helena conta o seu destino. A princípio, obtivera asilo seguro com Proteu no Egito, aonde Hermes a levara. Mas agora, após a morte do velho, o filho

237

deste, Teoclimeno, deseja tomá-la por esposa. Ela, porém, opõe à imerecida mácula de seu nome completa fidelidade ao marido, e refugia-se junto ao túmulo de Proteu. Ali é encontrada por um grego lançado às terras do Egito, que lhe dá a saber a sorte dos seus. Helena lamenta-se de suas penas perante o coro de mulheres gregas, trazidas pelo rapto ao Egito, e entra com elas no palácio, a fim de conhecer, através da vidente Teonoe, irmã de Teoclimeno, mais pormenores sobre seu esposo, que há sete anos está perdido, no caminho de Tróia para casa. Mais uma vez, como em *Alceste*, o palco fica vazio. O poeta abre espaço a fim de poder expor de forma inteiramente nova, no infortúnio de sua infindável odisséia, Menelau, que acaba de aportar ao Egito. Isso se dá na cômoda forma de um novo prólogo, assim como a fuga de Helena para junto de um altar, no início da peça, pode ser entendida como o reaproveitamento de uma forma fixa; quando, por outros motivos, isso lhe parece indicado, ela abandona sem receio o local de seu asilo.

O curso de peça reúne, em seguida, Menelau e Helena. Não se deve levá-lo a mal que a princípio não entenda muito bem, quando lhe anunciam que a Helena trazida por ele a bordo do navio declarara-se, ela própria, uma quimera e desvanecera-se no éter. À alegria do reencontro segue-se o plano de salvação, pois, segundo as leis bárbaras do Egito, sendo Menelau estrangeiro, está destinado à morte. O casal, em meio a seus apuros, encontra ajuda na generosa Teonoe que, por amor à justiça, quer proteger o ardil de Helena contra seu irmão. E assim alcança êxito a μηχάνημα de Helena: Menelau apresenta-se como mensageiro de sua própria morte e Helena obtém permissão para oferendar, à suposta vítima de naufrágio, um sacrifício fúnebre em alto mar. Teoclimeno põe uma nave à disposição, possibilitando, sem saber de nada, a fuga dos dois. Os Dioscuros, que já no final de *Electra*, aludindo à presente peça, relatavam a transportação de Helena, fazem-se mais uma vez deuses *ex machina* e salvam Teonoe da fúria do irmão.

Os deuses são amiúde citados e acusados nesta peça, mas o problema da justificativa do seu agir, diversamente do que acontece em *Electra*, passa a plano bem secundário.

238

O homem, neste drama constituído com técnica segura, é joguete do acaso, e afirma-se nele sem oferecer, à exceção de Teonoe, quaisquer aspectos filosóficos mais profundos. É verdade que, numa das palavras finais do coro, ouvimos referência ao inescrutável desígnio dos deuses, a cujo respeito teremos mais a dizer, ao tratar de *Íon*, mas, na execução do ardil salvador, Helena nos dá testemunho da secularização do drama trágico nascido do culto, secularização que ele não completou no seu próprio curso histórico, mas no da comédia do século seguinte.

Mais uma vez cumpre salientar que esse processo de secularização introduz ao mesmo tempo o fim daquele elemento trágico que, sob diversas feições, dera grandeza aos jogos dionisíacos no auge do período clássico. Delineia-se claramente a resposta à pergunta que se nos propôs ao fim do capítulo introdutório. Em parte alguma a tragédia grega, em sua grande época, nos oferece testemunho de um modo de ver o mundo que pudéssemos chamar de cerradamente trágico, por não permitir um olhar sobre o absoluto, sobre uma ordem plena de sentido, estabelecida a partir do divino. Uma ordem dessa espécie é bem mais constantemente pressuposta como válida, e é confirmada pelo acontecer trágico. Onde, porém, vemos em evanescência as relações com o mundo do divino, ocorre o mesmo com a dignidade e o peso do trágico. É o que se verifica entre os gregos.

À *Ifigênia em Táurida*, que pertence provavelmente ao ano seguinte, atribuiu-se, de modo inteiramente injustificado, um lugar especial entre os dramas de Eurípides, só porque o tema nos é familiar através de uma das obras mais acabadas de Goethe. Mais injustificado ainda é jogar Goethe contra Eurípides ou, em insensata generalização, o caráter alemão contra o grego. Também o teatro grego conhece, em Neoptolemo, o homem de índole nobre, que não é capaz de mentir, mas o antagonista de Ifigênia é um bárbaro cita, diante do qual semelhante atitude não teria sentido.

Ao final de *Electra*, os Dioscuros haviam aconselhado Orestes a procurar a Areópago ateniense e lhe haviam predito a absolvição por empate de votos. Esta é a versão da história com base em Ésquilo. Agora Eurípides elabora o mito com maior liberdade: nem todas as Erínias conformam-se com a sentença. Parte prossegue a perseguição e Apolo, cujo auxílio Orestes se vê obrigado a coagir, pela ameaça de suicídio perante o templo de Delfos, faz a salvação depender do resgate da imagem de Ártemis, caída do céu, que Orestes tem de trazer da Táurida, na Cítia, para Atenas. É muito provável que também Ésquilo, nas *Eumênides*, haja moldado livremente o mito. Mas vimos como o caminho de Delfos a Atenas, percorrido por Orestes, torna-se expressão de profundo sentimento religioso. Questões dessa ordem, quanto ao sentido que o acontecer encerre no divino, não guiam Eurípides em sua plasmação do tema. Reconhecemos uma antinomia anteriormente apontada. Mediante o vínculo com o culto ático da Ártemis Tauropolos em Halai, que Orestes teria fundado com o rapto da imagem da deusa em Táurida, o poeta consegue aquela junção, que tantas vezes buscou, com o culto real. Por outro lado, só com base nessas inovações forma-se um jogo movimentado, em que os dois elementos de reconhecimento e intriga (ἀναγνώρισις e μηχάνημα) são configurados inteiramente a partir de relações humanas, sem qualquer interpretação religiosa. A construção, com a sucessão dos dois elementos, coloca a peça em estreito paralelo com *Helena*, mas pela configuração de sua *anagnórisis* eleva-se acima desta. O poeta mereceu sem dúvida a censura que lhe fez Aristóteles (*Poet.,* 1455 a). Mais ainda que a mestria técnica importa-nos a riqueza da movimentação psicológica, que corresponde aos eventos externos. A natureza humana espelha-se na tragédia de uma forma nova: diversamente das primeiras peças anteriores, o θυμός já não arrasta tudo em apaixonada efervescência numa única direção, mas à mudança das circunstâncias externas a alma responde qual uma lira, com a plenitude e delicadeza de seus acordes.

No prólogo, Ifigênia fala de como, desde que foi arrebatada de Áulida, é obrigada a servir a Ártemis em terra bárbara, num culto desagradável, que exige sacrifícios humanos. Agora, sente-se acabrunhada por um sonho que ela só pode entender como um aviso de que seu irmão morreu em terras distantes: vira-se esparzindo água benta sobre

240

Orestes, como se estivesse morto. No entanto, ele está muito perto da irmã, entrando em cena tão logo ela sai e, num curto diálogo com Pílades, expõe sua árdua missão. Após o ingresso do coro – formado também aqui por mulheres gregas, prisioneiras – e seu canto de lamentação, juntamente com Ifigênia, a ação desenvolveu-se rápida. Um pastor anuncia, num daqueles informes de mensageiro que por si sós valem por pequenas obras-primas da arte épica, que foram encontrados dois forasteiros, um dos quais, acometido de horrível ataque, acredita-se perseguido pelas Erínias. Agora foram aprisionados e são trazidos a Ifigênia, para o sacrifício. Esta abre o coração à desventura dos votados à morte, mas Orestes fecha-se obstinadamente e só menciona Argos como sua pátria. Então se inicia uma animada seqüência de perguntas e respostas; com dolorosa nostalgia, Ifigênia indaga sobre sua pátria e seus heróis, assim como sobre o destino dos seus. E é com a alma dilacerada que Orestes fala dos terríveis acontecimentos de Argos. Repetidas vezes aproxima-se o discurso do decisivo instante em que a centelha do reconhecimento há de saltar, e repetidas vezes resvala por ele, indo embora. Os irmãos não se conhecem, nenhum deles pode suspeitar da presença do outro ali e a dor e a angústia da morte fazem escassas as palavras de Orestes; assim motiva o poeta, de maneira convincente, esse emocionante escapar daquilo que ambos almejam com o coração dolente. Agora Ifigênia quer salvar um dos jovens da sanha dos citas e da deusa bárbara, para que leve a Argos a notícia de que ela ainda vive. Numa nobre disputa, vence Orestes: Pílades deverá partir. E novamente, com magistral motivação, o poeta dá o último passo para o reconhecimento. Ifigênia entrega a Pílades uma carta, e prende-o ao encargo com um juramento tão grave que o jovem, honesto e consciencioso, tem de excluir a eventualidade de que um acidente no curso da perigosa travessia marítima venha a subtrair-lhe a carta, deixando-o, porém, com vida. Ifigênia aceita a objeção e confia-lhe o essencial, sob a forma de mensagem oral: Ifigênia vive. Agora os irmãos se encontraram, em terra estranha e selvagem, numa situação das mais difíceis. Júbilo e lamentação se entremesclam, seguin-

241

do-se a busca do caminho da salvação. Também aqui, descobre-o a sagacidade feminina, e ele é trilhado até o final feliz. Ifigênia consegue persuadir Toas, rei desse país bárbaro, de que os estrangeiros, manchados com crime de morte, haviam provocado o desagrado da deusa. Agora, é preciso que a imagem e as vítimas sejam purificadas num banho de mar. Logo em seguida um arauto anuncia a fuga, mas informa também que um vento impelia o navio de volta à costa. O poeta quer ainda trazer Atená ao palco. Esta, em sua fala, consuma a ligação com o culto e as festas áticas em Halai. Quase de passagem, desfaz a cólera de Toas com uma ordem. A peça teria chegado a bom termo mesmo sem a aparição da divindade, e daí novamente a impressão de que Eurípides aspirara, na derradeira nota, a incorporar-se no culto a cujos deuses já não poderia mais pertencer sua tragédia em sua configuração interna.

A riqueza de conteúdos espirituais dos dramas euripidianos tem sua correspondência externa na multiplicidade de seu aspecto formal. A unidade e coesão de uma *Medéia* e também de um *Heracles* defrontam-se com tragédias em que o acúmulo temático, a inserção de motivos experimentados, arrombam por fora a unidade que neste poeta vemos tantas vezes afrouxada pelas antinomias internas. Isso se evidencia nas *Fenícias*, representadas por volta de 410, junto com o *Enomau* e o já mencionado *Crísipo*. Em seu centro encontra-se a luta entre os irmãos Polinices e Etéocles, tal como nos *Sete* de Ésquilo. Mas quão diverso é para Eurípides o significado do mito e como é ele explorado, para além dessa parte central, em todas as direções, a fim de favorecer o tema! De Jocasta, ouvimos no prólogo os horrores da história de Édipo, e nos inteiramos, também, de que ele ainda vive no palácio, onde seus filhos o encerraram, quando tomaram consciência de sua origem. Em profunda amargura, o cego lançara sobre os filhos a maldição de que haveriam de partilhar a herança pela espada. Para enfrentar a maldição, unem-se em um pacto: cada ano deverá reinar um deles, enquanto o outro há de sair do país pelo mesmo lapso de tempo. Mas, tendo provado o gosto do poder, Etéocles não quer mais soltá-lo; exila o irmão,

242

que se reúne em Argos com a mulher e seguidores, e agora está em guerra com a cidade paterna.

Em atrevida inovação, Eurípides inverteu as posições dos irmãos na contenda. Polinices, o "contestador" da antiga lenda, é o que foi injustamente expulso da pátria, enquanto Etéocles, cujo nome encerra a verdadeira glória, é quem rompeu o direito. Ao prólogo de Jocasta sucede uma cena em que, acompanhada por um pedagogo, Antígone faz uma inspeção do alto das muralhas. O episódio trai origem homérica, mas, na peça, sua utilidade vai muito além da exposição – mercê da qual o campo de jogo diante do palácio se amplia em grande espaço de batalha – pois serve de concatenação com a cena final. A Antígone, que das muralhas envia seus votos fraternais ao irmão, que se acha no campo, aparecerá também como representante dos direitos do morto.

Polinices obedece ao chamado da mãe, que no último momento quer estabelecer a paz, e pisa o solo da sua cidade paterna, onde, como exilado, deve temer pela vida. E Jocasta encontra-se agora entre os irmãos inimigos, ouve a sua contenda, na qual a arma ainda é a palavra, suplicando-lhes e censurando-os em vão. Etéocles está aqui, duplamente desligado dos laços que o prendem nos *Sete*. Não é conscientemente, naquela forma especial do trágico esquiliano, um instrumento de maldição da estirpe. É certo que nele se cumpre a maldição paterna, mas se cumpre por sua própria avidez de tirania, pela qual subiria até às estrelas ou desceria ao âmago da terra (504). De outra parte, ele não é o defensor da *polis* cuja responsabilidade lhe incumbe; este Etéocles é um homem sedento de poder, um tirano para quem, não a comunidade, mas o domínio significa tudo. É precisamente nesta grande cena que vemos o quanto de antigas conexões perdeu a tragédia e o quanto ganhou, em troca: colorido e variedade no jogo alternado das individualidades, de cujo conflito o drama adquire seu movimento. Ali está a mãe, cujo amor envolve ambos os filhos, colocada entre o brutal dominador e Polinices, mais brando, impelido à violência pela injustiça. O conflito desta cena só pode obter solução no sangue. Mas, antes disso, o poeta incrustou aquele episódio de Meneceu, que mencionamos na análise de *Alceste*. O menino entrega sua vida para oferecer o sacrifício salvador que Ares exige.

Com Jocasta, ouvimos a mensagem de um guerreiro de que o ataque contra Tebas foi rechaçado, mas, para a mãe, segue-se a pior das angústias: Etéocles e Polinices querem decidir a contenda pelo poder em combate singular. Com Antígone, precipita-se para as portas da cidade, mas um novo relato de um mensageiro nos informa de que ela não encontrou mais do que os filhos agonizantes. Junto a seus corpos, mergulha a espada no peito. Com força empolgante, o poeta faz a cena viver as palavras do mensageiro, mas não se pode ignorar que aqui se torna visível a linha limítrofe entre o trágico e o teatral. E visível ela também permanece nas cenas finais. Os três corpos são trazidos para o palco, o idoso e cego Édipo deixa o calabouço, para entoar sua lamentação, com Antígone. Mas com isso ainda não termina a peça. Creon desterra Édipo, pois só assim Tirésias promete paz à cidade, e decreta a proibição de enterrar o corpo de Polinices. Aí, Antígone o enfrenta e luta pelo morto. É verdade que, ao fim, tem de ceder à violência, mas recusa-se a permanecer na cidade natal e a contrair matrimônio com Hemon. Resultaria uma versão bem mais escorreita da parte final, tão sobrecarregada do ponto de vista temático, se tivessem razão os que pretendem suprimir os versos relativos ao enterro de Polinices. Mas é arriscado excluir desta peça, estruturada a partir de uma grande variedade temática, um motivo que, pela obra de Sófocles, já estava firmemente vinculada a Antígone. Lá onde a jovem se coloca ao lado do pai cego, para acompanhá-lo em seu infortúnio, sentimos de novo a força plena e pura do poeta. Observamo-la também com freqüência em outras partes dessa mesma peça: na Antígone do início, na grande cena dos irmãos com Jocasta, na oração de despedida de Meneceu; mas ela não bastou para reunir, em uma unidade última, a riqueza de imagens e motivos deste drama tão admirado por toda a Antigüidade ulterior.

O coro da peça é formado por mulheres fenícias, que o poeta traz à cena de maneira um tanto forçada, recorrendo

244

ao motivo de que elas teriam sido enviadas de sua pátria a fim de servir no templo de Apolo, em Delfos. Seus cânticos nos dão o ensejo de lançar um breve olhar sobre algumas linhas de desenvolvimento do canto coral euripidiano na fase posterior, que Walther Kranz, em seu livro *Stasimon*, nos faz entender. Com o verso 784, enceta-se um canto que une, na combinação triádica tradicional, estrofe, antístrofe e épodo. Mas o considerável âmbito de cada um dos elementos corresponde aqui à autonomização de seu conteúdo. A partir daí, apesar do ritmo datílico seguido, é possível distinguir três cantos: Ares, senhor da guerra, o Citeron como lugar de desgraças, a história das origens da cidade. É evidente que esta vida própria das diferentes estrofes no sistema reflete a tendência para a autonomização da parte dentro do todo, que já reconhecemos como característica geral da tragédia euripidiana. Algo semelhante mostram, em outro sentido, os cantos 638, com a fundação de Tebas, e 1019, com a história de Édipo. Certamente não cabe considerá-los desprovidos de função dentro do todo. Pois se trata da história da cidade e dos homens a que o drama se refere. E o grandioso quadro da história tebana adquire, por essa visão retrospectiva, enorme amplitude. Mas, em sua configuração, esses cantos são no entanto poesias independentes, espécies de baladas. É com razão que, referindo-se aos ditirambos de Baquilides, Kranz fala de "estásimos ditirâmbicos". A teoria da arte, na Antigüidade, censurava tal emprego do coro, como Aristóteles indica na *Poética* (1456 a) e, quanto às *Fenícias* em particular, na crítica dos escólios. Mas não se pode negar o valor próprio a esses cantos, ainda que partisse deles o caminho que restringiu as partes corais ao intermédio separador de atos. Segundo Aristóteles, foi Agaton que começou com tais ἐμβόλιμα. Para Eurípides, todavia a forma acima abordada não representa senão uma entre muitas. Constitui um especial atrativo de sua obra, e fala em favor do gênio do poeta, o fato de que todo germe de maneirismo fosse sempre de novo encoberto pela riqueza de uma figuração imediata. Ao fim de sua atividade criadora pertencem *As Bacantes*, cujo coro está tão firmemente entretecido no todo que poderíamos compará-lo ao das *Suplicantes* do próprio Eurípides e quase aos coros esquilianos.

A lírica antiga só nos é acessível em parte, por ter-se perdido sua música. Também por Eurípides abonam restos tão parcos quanto as notas de Dionísio de Halicarnasso (*De Comp. Verb.*, 11) sobre a melodia do *parodos* de *Orestes*, ou um papiro vienense, com os restos de uma melodia relativa aos versos 338 e ss. desse drama. E justamente no caso de Eurípides essa lacuna torna-se particularmente grave, pois sabemos que, através de seus cantos corais, exerceu forte influência sobre a música moderna do *nomos* citarístico e sobre o novo ditirambo. Não é em vão que o compositor de *nomos* Timóteo, cujos *Persas* o solo egípcio nos presenteou, é tido como amigo de Eurípides, que, segundo a anedota antiga, teria consolado o inovador em seus insucessos iniciais. É preciso que nos limitemos a investigar o influxo de novas formas na linguagem, amiúde rebuscada e sobrecarregada, e logo a seguir novamente solta, destes cantos, nos quais notamos que só por meio da música haveriam de alcançar pleno efeito. Contundente e arrogante, Aristófanes pôs Esquilo a parodiar um desses novos cantos, na luta de poetas que se trava nas *Rãs* (1309).

Ion pertence às tragédias da época mais tardia e, conquanto não se possa determinar com certeza sua data, não é possível, cronologicamente, separá-lo muito das *Fenícias*. Trata-se, mais uma vez, de um destino humano estranhamente enredado e, tal como na *Electra*, é, ao lado da mestria técnica, a representação da alma humana a mover-se nas vicissitudes dos acontecimentos que assegura a *Ion* um alto posto entre os dramas de Eurípides. Esta peça foi composta à base de uns poucos elementos do mito. Ion, que na genealogia antiga era epônimo dos jônios e filho de Xuto, em nossa peça é gerado por Apolo e Creusa, filha de Ereteu, numa caverna da Acrópole de Atenas. O deus faz com que a criança, enjeitada por Creusa em seu medo e necessidade, seja recolhida por seu irmão Hermes e levada para Delfos, onde Ion cresce como servidor do templo. Hermes relata tudo isso com aquela tranqüilidade narrativa que, depois de tais prólogos, deixa aberta à ação toda possibilidade de intensificação gradual. E, quando ele antecipa aspectos essenciais do que há de vir, compreendemos o autor que, precisamente onde molda com particular liberdade, evita uma tensão mais grosseira, para possibilitar outra mais sutil.

Em Ion, o jovem que serve a seus deuses com o coração puro, Eurípides criou uma de suas mais belas personagens. Na madrugada serena, o rapaz varre a casa do seu divino senhor e entoa-lhe um hino piedoso.

Como esse canto nos dá um bom exemplo da riqueza de tonalidade de que dispõe a lírica de Eurípides, citaremos seu início:

> 82 Vê! Hélios brilha já sobre a terra,
> num carro puxado a quatro cavalos de luz.
> As estrelas fogem ao ardor do céu,
> para o santuário da noite.
> As alturas inatingíveis do Parnaso
> rebrilham na luz, tocadas pelo dia.
> Um odor de mirra ressecada sobe
> até ao teto da mansão de Febo.
> Assentada sobre a trípode sagrada,
> canta a mulher de Delfos para os gregos,
> o canto com que Apolo ressoa ao seu redor.
> Povo de Delfos, servos de Febo, em pé!
> Ide até às águas da fonte Castália,
> que rebrilham em reflexos de prata,
> recolhei suas águas puras,
> e subi depois até ao templo,
> e que sejam de piedade as vossas palavras,
> e à aproximação de quem vem pedir conselho,
> dizei-lhe alguma palavra amável, e apropriada.
> Mas eu farei o que já desde criança faço
> – varrerei o pátio de Apolo
> com ramos de loureiro, e vergônteas sagradas,
> e com gotas d'água umedecerei o chão,
> e também afugentarei com o meu arco,
> os bandos de pássaros
> que vêm rapinar em torno dos túmulos sagrados.
> Pois não conheço nem pai nem mãe,
> e cuido da casa de Apolo,
> que me alimenta.

Entra o coro das acompanhantes de Creusa, descrevendo assombrado as esculturas do templo, motivo que tem rica história na época, no mimo e no epigrama até o romance grego tardio. Então Creusa aparece diante do templo, mãe e filho acham-se frente a frente, sem que o saibam. Porém, com arte das mais sutis, o poeta mostra-nos a confiança que nasce rapidamente entre essas duas pessoas, tão próximas pelo sangue. Creusa fala da razão de sua vinda. Seu casamento com Xuto é estéril e agora deseja que o deus lhe ajude. À compadecida pergunta de Ion, se nunca dera à luz, responde (306): "Febo sabe que alegria de ser mãe me foi negada". Foi o grande conhecedor de almas que colocou neste lugar tais palavras: encerram a vergonha da mulher que oculta seu deslize, a queixa dolorosa da mãe que não pôde criar o filho a quem deu à vida e, em terceiro lugar, a recriminação ao deus que lhe tomou seu amor, sem lhe deixar o penhor em troca. Ion tocou-lhe na ferida e agora é impelida a falar de sua dor, ainda que se lhe refira com ligeira simulação, como se fora o destino de outra. Também ela deseja um filho desse deus, mas não como o de Xuto, que ainda esteja por nascer, mas o seu próprio, aquele que tivera de abandonar, que ele lho restitua. Logo aparece Xuto e vai buscar seu oráculo. Apolo aproveita a oportunidade para escorregar o seu próprio filho ao rei de Atenas. Este, ao deixar o templo, procede como o deus lhe ordenou: ao primeiro que encontra saúda como filho, e trata-se de Ion, a quem, confiando no deus, toma por fruto de uma ligação fugaz, durante uma festa báquica em Delfos.

Com profunda amargura, Creusa ouve que o deus dera a Xuto aquilo que parecia estar negando a ela para sempre. A monodia, que nessa fase da criação euripidiana esperamos encontrar neste ponto, converte-se em apaixonada acusação contra o deus, para quem o destino dos mortais é joguete de seu capricho:

> 881   Tu que, em sete tons
>   despertas o canto da lira,
>   e para quem do corno rústico e sem alma
>   fluem melodias de alegrar o coração,
>   a ti, filho de Leto, acuso,
>   por estes raios de sol.
>   Vieste a mim, aureolado com o brilho áureo dos teus

cabelos,
quando eu colhia as flores douradas do açafrão,
e as dispunha sobre as roupas que me cobriam o seio,
para me adornar. Tomaste-me pela mão branca, e
puxaste-me
a deitar contigo na caverna,
e eu gritei alto pela minha mãe.
Deus adúltero!
Sem pudor algum, prestaste culto a Chipre.
Eu, infeliz, concebi
o menino, e depois, temendo a ira
da mãe, lancei-o sobre o teu leito,
onde com míseros laços,
a mim mísera e infeliz, emaranhaste.
Ai! Ai de mim! E agora ele está perdido,
levado pelas aves, que o devoraram,
meu filho – e teu também, mísero!
Mas tu, tu tanges a lira
e cantas cantos de festas.
Ai! A ti chamo, filho de Leto,
que concedes o dom da voz,
te assentas em trono de ouro,
tronas no centro da terra.
Aos teus ouvidos grito o que sei.
Ai de ti! Adúltero maldito,
que entregas agora um filho ao meu marido,
de quem jamais recebeste favor algum;
mas o teu filho e o meu desapareceu,
desconhecido de todos, presa de aves,
arrancado aos panos em que a mãe o envolveu.

O pedagogo que a acompanha alimenta o ódio e a dor de Creusa: o bastardo será príncipe no palácio e ela, menosprezada, será posta ao lado. Assim amadurece o plano de envenenar Íon durante o banquete. Um servo relata quão próxima a trama esteve do êxito: o pedagogo já havia entregue a Íon a bebida envenenada quando, algures na sala, ressoou uma blasfêmia. Isso era de mau agouro e o rapaz entornou a bebida. Por uma pomba, que mergulhou o bico no líquido derramado, veio à luz a conjura. O pedagogo confessou, e agora Creusa deverá morrer. Já se encontra em seu último refúgio, junto ao altar, quando a Pítia entrega ao rapaz a pequena arca em que o achara outrora com fraldas, amuletos e coroa. Deverá levá-los consigo para Atenas, e talvez possa encontrar a mãe algum dia. Mas a procura é desnecessária. Creusa reconheceu os objetos e reencontrou o filho. Mãe e filho que, enredados por um destino misterioso, viram-se impelidos a atentar contra a vida um do outro abraçam-se e Atená confirma, para o final feliz, a paternidade de Apolo com respeito a Ion e promete a este uma descendência gloriosa. Mas Xuto, por ordem da deusa, deverá permanecer na crença de que Ion é filho de seu sangue.

Com toda profundidade, Eurípides nos apresentou aqui o destino humano de uma forma humana. Mais profunda do que em qualquer outra é nesta peça a intervenção dos deuses, a de Apolo, em primeiro lugar, seguida da de Hermes e Atená. Novamente levanta-se a pergunta, que jamais será inteiramente satisfeita com respeito à obra de Eurípides e, muito menos, resolvida numa breve fórmula: Como entender esses deuses em seu teatro?

Nesta peça, fazem-se muitas recriminações a Apolo: Ion prega um amargo sermão ao sedutor de donzelas (436) e, repetidas vezes, Creusa atira acusações selvagens contra o deus que a lançou na desgraça. Todavia, esse mesmo deus, ao final, leva tudo a bom termo. Encaminhou Creusa a Delfos (67) e guia o passo decisivo da Pítia, é o que ela mesma sente e Atená o diz (1565). Mas nem por isso devemos considerar que o deus fica limpo de toda a mácula e que tenhamos de conceber o drama como uma glorificação do governo divino por sobre a cegueira dos homens. É bastante estranho, não só para a sensibilidade moderna, o fato de o deus dos oráculos instalar, por uma grossa mentira, um filho seu no palácio de Xuto. O próprio deus, antes de mais nada, não se sente isento de culpa. Este Apolo sabe que, apesar de tudo, lhe caberia ouvir algumas palavras amargas e, por isso, num lugar onde ele mesmo habita, prefere enviar a irmã para falar em seu nome (1557). Mal se pode eliminar a contradição – uma das muitas que encontramos em Eurípides – entre o deus cujas disposições se fazem evidentes e aquele que sabe de sua culpa e, em todo caso, é bem diverso dos grandes garantes do direito, na tragédia de Ésquilo. Procurar aqui uma solução harmônica seria não compreender a obra do poeta que, embora em contradição com seu tempo, permaneceu vinculado a ele. Jamais negou os deuses. O mais antigo de seus dramas, *Alceste*, e um dos últimos, *As Bacantes,* encerram-se com as mesmas palavras que reencontramos ao final de *Medéia,* ligeiramente modificadas, de *Andrômaca* e de *Helena*:

Deus revela-se sob muitas formas.
Muito faz, que nos é inesperado;
quebra-se às vezes aquilo que era nossa esperança;
quando desesperamos, encontra uma saída.

Essa divindade, para Eurípides, não é a mesma que os deuses do culto popular, contra os quais exerce a dura crítica que já mencionamos e a qual incide tanto sobre o Apolo de *Ion* quanto sobre o de *Electra.* Mas, no teatro ático, esses poderes divinos não podem continuar sempre qual numes informes, como o poeta tenta fazer nas palavras de Hécuba, nas *Troianas* (884), e assim mostram, muitas vezes, o velho semblante familiar dos deuses olímpicos, por mais que muitos de seus traços também se tenham tornado problemáticos para o modo de pensar de uma nova época.

Entretanto, não é esta a única contradição que permanece na obra e que não é possível superar com a simples explicação racionalista, a de que o poeta teria apresentado esses deuses na superfície de seu drama, para, numa camada mais profunda, refutar a crença neles! Justamente o *Ion* nos permite observar algo mais. Como os próprios mortais, e a despeito de toda a providência tutelar, Apolo está exposto a um poder que lhe ameaça gravemente o conceito. Atená nos diz o que Apolo pretende na realidade (1566): Ion, como filho de Xuto, deveria ir para Atenas, onde viria à luz tudo quanto dizia respeito a ele e à sua mãe. Mas, neste ínterim, sobrevém a trama de Creusa e o deus é obrigado a interferir prontamente. Não é, por exemplo, uma Moira que atua aqui como a suprema ordem do mundo; o próprio Ion designa pelo nome o poder que joga o seu jogo com todas as ilusões e todos os planos (1512): é Tiche, que a

251

milhares e milhares de seres humanos suscita a alternância entre desgraça e fortuna e que o levou quase a tornar-se o assassino da própria mãe. Muito antes já emerge esta noção e assistimos mais uma vez à busca tateante do poeta pelo substrato das coisas, nas palavras de Taltíbio, diante de Hécuba, na peça de mesmo nome (488): "Ó Zeus, que deverei dizer? Olhas tu pelos homens? Ou será tudo ilusão, e será o acaso quem reina sobre os acontecimentos humanos?" Eurípides volta a prenunciar a atitude do helenismo, em que Tiche vem a ser a grande regente cósmica. Em algumas de suas peças tardias – não em todas, pois também aqui toda fórmula falha – seu avanço significa o trânsito de uma tragédia movida pela força elementar da paixão para uma forma dramática que nos mostra o homem que planeja e sofre, frente às disposições de Tiche.

Por trás de nossa exposição da tragédia grega coloca-se a questão da natureza do trágico. Em sua figuração mais pura, deparamo-la na tragédia de Sófocles, ao modo do primeiro Édipo: o homem na pugnaz auto-afirmação de sua dignidade face à potência superior do irracional. De maneira inteiramente diversa, é modulado este antagonismo nas peças de Eurípides das quais estamos tratando. O indivíduo confronta-se, não com uma ordem do todo, que, apesar de seu caráter insondável, se lhe dá na fé mais profunda como dotada de sentido, mas se vê diante de um jogo caprichoso, uma confusa alternância de ascensão e queda. Sua atitude não é, porém, a heróica, na verdadeira acepção, da perseverança inquebrantável, que aqui seria absurdo; com bastante inteligência, procura enfrentar as situações cambiantes, o μηχάνημα é a correspondência necessária à situação em que se encontra. E enquanto que no conflito trágico cerrado, o qual é sempre irremediável, a existência física vai à pique, aqui ela é vitoriosamente preservada. O final feliz de uma Helena, por exemplo, é algo mais que um momento puramente externo. Justamente em *Ion*, distinguimos o modo pelo qual a perfeita representação de processos anímicos, como correlato dos fatos externos dispostos com maestria técnica, fundamenta a significação dessas peças, mas nelas o problema do trágico recua para um plano secundário. Cumpre mesmo perguntar se, nas perigosas situações em que essas personagens são lançadas pelo movimentado jogo variante da vida, ainda é possível encontrar muito daquela seriedade última, que é inteiramente própria às situações trágicas da peça esquiliana ou sofocliana com bom desenlace. É arriscado sobrecarregar expressões corriqueiras com um significado terminológico especial, mas talvez se possa designar aquilo que imaginamos reconhecer aqui, sumariamente, como o caminho que leva do trágico ao dramático. As palavras do corifeu da *Antígone,* de Anouilh, que citamos no capítulo de introdução, podem servir de apoio a semelhante formulação. Mais uma vez se nos propõe a pergunta: Com o que se relaciona esse definhamento do trágico na tragédia de Eurípides? A constatação histórico-descritiva de que ele se realizou em solo grego em concomitância com a perda da profunda dimensão religiosa dessa criação poética, esta constatação nos estará conduzindo ao rumo certo?

Nas peças subsistentes nos é dado observar que momentos de tensão dramática soube Eurípides obter do motivo do reconhecimento. A isso corresponde sua importância nos dramas que se perderam. Em *Auge,* a sacerdotisa de Atená, que tem o nome da peça, foi engravidada por Heracles, durante uma festa noturna. Ela dá à luz no templo, e envolve-se em grave apuro. Heracles, porém, a reconhece mais tarde, graças a um anel, salvando-a de suas dificuldades. Anel e festa noturna revelam, ao retornarem na *Arbitragem* de Menandro, para onde correm os fios de desenvolvimento. Em *Melanipa,* são os filhos enjeitados muito cedo, criados sem serem reconhecidos e que libertam a mãe de pesada prisão. Essa Melanipa chamava-se *A Prisioneira,* para diferenciar-se de *A Inteligente,* em que a protagonista, num discurso que se tornou famoso, defende os filhos que teve de Posseidon. Estes, depois de abandonados, haviam sido amamentados por uma vaca e, por isso, tinham de ser queimados como monstros. Melanipa, porém, faz justiça à natureza e à razão. Também *Hipsipila* reúne mãe e filhos; a peça, como as duas outras, pertence ao período final do poeta, e continha como particularidade um acalanto com acompanhamento de castanholas. Em *Alcmeon*, pai e filha descobrem-se em Corinto.

O jogo de Tiche alcança seu acme quando o reconhecimento, como em *Ion*, é precedido de uma tentativa de morte contra alguém do mesmo sangue. No *Egeu* que mencionamos ao falar de *Medéia*, esse encaminhamento está prefigurado, tal como no *Alexandre*, que formava parte de uma trilogia com as *Troianas*. E no *Cresfonte*, que procede da década de 420, é a própria mãe Mérope que, como Creusa, pretende matar o filho, antes de reconhecê-lo. Ao último período pertence também *Antíope*, da qual, como de *Hipsipila*, os papiros encontrados nos trouxeram restos. Nela, Anfion e Zeto, os Dioscuros tebanos, por ordem de Dirce, deverão amarrar Antíope, que fugira a seus maus tratos, nos chifres de um touro. Mas um pastor reconhece em Antíope a mãe dos dois rapazes que outrora ela concebera de Zeus e abandonara nas montanhas.

Mais valioso, contudo, do que o paralelo temático com outros dramas nos é aqui a caracterização dos dois irmãos. Neles se confrontam paradigmaticamente os representantes de duas formas de vida opostas. Anfion é o grande cantor e tocador de lira, cuja habilidade com uma cítara o poeta põe à demonstração na peça. Sua vida pertence à arte e à visão interior do artista. Assim ele se faz o sujeito da ϑεωρητικὸς βίος, da *vita contemplativa,* contrastando com o irmão, homem de ação, representante da πραχτικὸς βίος, da *vita activa.* A forma adequada a essa tensão é o *agon,* em que se podia destacar uma imagem de vida da outra. Com isso Eurípides toca em problemas que, desde então, nunca mais deixaram de agitar o modo de ser humano. No confronto entre Anfion e Zeto espelha-se um dos processos mais pejados de conseqüências, na história humana: a separação entre espírito e vida. Mas, na obra do poeta, à cisão do que fora outrora uma unidade corresponde a circunstância de que a reflexão leva amiúde uma vida própria, sem servir diretamente à ação, como se estivesse ao lado, separada desta. Para tanto, servem de exemplos especialmente significativos as já citadas considerações pedagógicas de Hécuba, no drama de mesmo nome (592).

Com *Orestes*, o último dos dramas preservados, que ainda foi escrito em Atenas, novamente nos é fornecida uma data segura de representação (408). Face ao efeito que exerceu sobre o período helenístico e bizantino, a crítica desfavorável de que foi objeto apresenta-se em singular contradição. A censura alexandrina, de que seus caracteres eram por via de regra maus, encontrou entre os modernos larga ressonância, e a objeção de Jakob Burckhardt a essa concepção permaneceu por muitos anos inobservada. Só nos últimos tempos é que se começou a fazer mais justiça ao poeta.

O drama enceta-se com a situação que se segue ao matricídio. A princípio é a mesma derrocada que o poeta mostra em *Electra,* depois de consumado o ato. Na alta hora da noite, quando Orestes manda recolher de sobre a pira funerária os ossos da mãe assassinada, ergue-se, de seu transtornado coração, a loucura que lhe mostra os espíritos de vingança. Agora, no sono profundo da exaustão, jaz em sua cama, junto à qual vela Electra. Eurípides desenhou aqui essa figura de modo muitíssimo mais brando do que na peça do mesmo nome. Só dentro dos limites de sua condição feminina participou esta Electra do crime (32, 284; na prece a Agamenon ela pronuncia 1236 e não o hemistíquio precedente). E agora é toda mulher, no sentido dos mais belos vultos femininos de Eurípides, quando cuida com a maior abnegação do irmão enfermo. Assim protege o sono do doente ante o coro das mulheres argivas, que nesse momento entra em cena: cerca com seu amor o irmão que acorda e, a cada novo acesso de loucura, que na maestria da descrição nos lembra *Heracles,* procura reerguê-lo com sua energia.

Não foi intuito do poeta nos mostrar nessas personagens, a quem mais tarde Pílades se associa em amizade inquebrantável, bandidos que, após uma terrível ação, passam a planejar outras. Não é a sua abjeção que nos incumbe enxergar, juntamente com os críticos alexandrinos e muitos dos modernos, mas o seu amargo infortúnio e o desespero com que têm de lutar pela própria vida. As cenas iniciais no-lo mostram assaz claramente e qualquer outra interpre-

255

tação coloca-as em ininteligível contradição com tudo o que segue.

Ao mesmo tempo, esta peça nos permite entender um extraordinário progresso da dinâmica dramática, que se nos depara mais intensificada, ainda, na *Ifigênia em Áulida*. Não mais se trata de desenvolver até o fim o conflito de *uma* situação e um só dos modos de comportamentos dela decorrentes, mas a conjuntura muda a cada passo, e a cada passo é mister enfrentá-la de novo com plano e ação. Nesse movimentado jogo antagônico entre a mudança da situação externa e as reações por ela desencadeadas na alma das figuras atuantes, o processo, através de uma linha também observável em Sófocles, conduz a uma nova mobilidade do dramático e com ela nos acercamos do drama moderno.

Já no prólogo dito por Electra, um raio de esperança cai em meio à angústia dos irmãos. A decisiva assembléia dos argivos é iminente e nela será resolvida se os dois proscritos por homicídio deverão sofrer a pena de apedrejamento. Mas Menelau, de regresso da guerra de Tróia, já aportou em Náuplia e ele há de compreender a ação de Orestes. Pois Agamenon, que Orestes vingou matando a mãe, era seu irmão. Na escuridão da noite, Helena conseguiu entrar em Argos antes do marido. Tem razões para temer a luz e, logo após a fala prologal de Electra, numa breve cena curta antes do ingresso do coro, o poeta desenvolve magistralmente o caráter dessa coquete egoísta, em sua fria amabilidade. Os traços de caracterização indireta, como, por exemplo, na oferenda de cabelos a Clitemnestra, quando Helena corta cuidadosamente apenas a pontinha de um cacho, falam mais uma vez da crescente diferenciação e refinamento dos meios de expressão dramática.

Com Menelau, que deveria aparecer como salvador, pisa o palco a mais miserável figura da peça. Constitui estranho erro de julgamento a passagem em que Aristóteles (*Poét.,* 145 a) chamou o Menelau deste drama de modelo exemplar de um caráter desnecessariamente traçado como mau. Tão necessária é essa caracterização de Menelau, aliás na linha da descrição depreciativa do modo de ser espartano, que só a partir daí se torna compreensível a psicologia desse drama. A indagação da obra esquiliana, quanto ao sentido e à natureza da maldição de linhagem, passa aqui inteiramente para o segundo plano. Orestes está alquebrado sob o peso do crime e, enquanto permanece só com sua consciência, esta se lhe afigura antinatural e insuportável. Mas então o mundo exterior envia-lhe seu deplorável representante. A princípio, Menelau denota compaixão, mas quando o pai de Clitemnestra morta, Tíndaro, intervém com ódio cego, retrocede covardemente e sabemos que, por trás de suas palavras evasivas, está a entrega dos irmãos. Diante desta oposição, reacende-se a vontade de viver de Orestes, que o início da peça nos mostra na mais profunda atonia. Agora, face a tais antagonistas, defende a mesma ação que não conseguia justificar perante si próprio. O duplo significado do ato, simultaneamente necessário e criminoso, trazia à peça central da trilogia esquiliana a fecunda antinomia trágica; é fato significativo que, em Eurípides, ela se converta numa seqüência psicologicamente fundamentada.

A partir da dinâmica interna dessas cenas é que devemos, pois, compreender agora a luta subseqüente dos acossados. Pílades junta-se a eles; voluntariamente, partilha de sua angústia e desperta uma nova esperança: Orestes deverá apresentar-se pessoalmente à decisiva assembléia do povo. Mas logo ouvimos pelo mensageiro que o desfecho da reunião foi negativo. Só o homem simples do campo, de que se falou em *Electra*, sai em defesa dos irmãos. Precisamente a descrição de sua intervenção e a da assembléia em geral indicam até que ponto a condenação do matricídio deixou de ser aqui o tema principal. Inveja e partidarismo pronunciam, no caso, a sentença de morte contra Orestes e Electra, e a única atenuação que Orestes consegue arrancar é a de deixar aos próprios condenados a execução.

Agora, a disposição heróica para a morte reúne os três, na última despedida; porém mais uma vez a vontade de viver é mais forte e o amargurado retrospecto da baixeza de Menelau (1056) fundamenta psicologicamente o amadurecer de um novo plano. Helena deve morrer. Destarte, Menelau será atingido por merecida vingança e o povo de Argos será levado a uma posição mais branda pela morte da odiada mulher. Se o plano falhar, o palácio se converterá em pira funerária dos que estão irremediavelmente perdidos. Se, por outro lado, for bem-sucedido, Hermíone, filha de Helena e Menelau, será conservada como refém contra a ira deste último. O plano parece estar em bom andamento, Hermíone cai na rede e um escravo frígio, que se precipita do palácio, canta em ritmos apressados, nos quais se configura a perturbação do bárbaro covarde ante o golpe de morte que se processa na casa. Mas novamente as coisas não saem como era esperado. Helena desaparece no último momento, de maneira misteriosa. E mais uma vez desenvolve-se um novo plano: Hermíone encontra-se em poder dos três; pela ameaça à filha, Menelau será obrigado a prestar-lhes ajuda eficaz. É a segunda vez que um atentado contra uma criatura indefesa deve trazer a salvação e, com maior força ainda que no caso de Helena, agita-se nosso protesto, no caso da inocente Hermíone. Não cabe negar o defeito ético do processo. Para compreender o poeta, não podemos todavia esquecer a necessidade que induz a tanto, nem tampouco o caráter deplorável daquele contra quem se dirige a intriga.

Sobre o telhado do palácio, Orestes mantém Hermíone sob o fio de sua espada e há tochas preparadas para reduzir o palácio a cinzas. Em vão esbraveja Menelau diante do portão fechado: terá de sacrificar a filha ou ceder. A esta altura, torna-se difícil imaginar o prosseguimento da ação. A última coisa que haveria de fazer um fracalhão, como o que esta peça aponta em Menelau, seria deixar a filha morrer e o palácio queimar-se, de preferência a submeter-se. Caso, porém, ele se dobre, basta pensar na conseqüência, isto é, que agora Hermíone saia em liberdade e que Menelau se dirija aos argivos, a fim de convencê-los a mudar de idéia, para que se evidencie a impossibilidade de semelhante desenlace. Assim, a capitulação de Menelau é meramente insinuada (1617); por outro lado, como se lhe houvessem escapado essas palavras, Orestes manda que Electra e Pílades ponham fogo no palácio. Aqui aparece, realmente no momento oportuno, Apolo, com Helena a seu lado, a quem ele salvou do palácio e que agora é levada para Zeus (1684,

258

a segunda metade de 1631 não pertence ao original). Orestes há de encontrar expiação em Atenas, onde virá a casar-se com Hermíone e Pílades com Electra. De maneira um tanto apressada são arranjados esses casamentos de um final feliz.

Em *Orestes*, o poeta não evitou a busca de efeito, e isto vale sobretudo para a cena final, um quadro em três níveis, com Menelau na orquestra diante do palácio, os três com Hermíone, sobre o telhado, de tochas flamejantes em punho, e o deus aparecendo num *theologeion* mais elevado. Mas é ir longe demais classificar *Orestes* de simples peça de efeito, ou transformá-lo no indício da decadência da arte euripidiana, pois tal arte, precisamente nesta peça, vive de maneira peculiar, mesmo que nem todos os seus elementos se concatenem em completa harmonia.

Quando Eurípides, ainda no ano da encenação de *Orestes*, foi para a Macedônia, acompanharam-no as musas, às quais dedicara sua vida! É verdade que mal devemos lamentar o fato de ter-se perdido o *Arquelau*, uma peça de festival, para seu régio anfitrião, mas, depois que o poeta morreu no estrangeiro, três de suas tragédias póstumas ainda venceram no certame de Atenas. Um filho ou sobrinho de mesmo nome tê-las-ia levado ao palco; todavia, a notícia não é de todo segura. Das três peças, duas, *Ifigênia em Áulida* e *As Bacantes*, chegaram até nós. Com o que sabemos do *Alcmeon em Corinto*, que se perdeu, elas nos fornecem um quadro da última fase de criatividade do poeta, quadro que, em sua riqueza e na profunda variedade de suas partes, contém todo o Eurípides tardio e, ao mesmo tempo, nos apresenta essa alma incansável em novo desenvolvimento. Também ele conservou inquebrantada a força criativa até os anos da mais avançada velhice.

No *Alcmeon em Corinto*, Eurípides retoma o tema do reconhecimento, o qual, precisamente nas tragédias tardias, desempenha papel tão relevante. Em nova variação, Alcmeon, nas vicissitudes do acaso, reconhece a própria filha que comprara como escrava. Dificilmente incorreremos em erro, se incluirmos esta peça, dado seu estilo e composição, na classe de outros dramas de reconhecimento subsistentes.

259

Ifigênia em Áulida é um caso por si. Nela encontramos aquele novo modo de conduzir a ação que, num curso movimentado, suspende todas as vezes a situação anterior por meio de uma nova situação, modo bem mais marcado que em *Orestes* e, mais ainda que nesta peça, condicionado pela psique das personagens. E exatamente quando comparada com *As Bacantes,* peça de outro modo tão diversa, mas da mesma época, patenteia-se com nitidez que aqui, no período derradeiro da atividade criadora do poeta, veio a eclodir uma nova forma dramática, com forte relaxação psicológica da antiga textura. O homem, que não mais afirma, lutando, um traço essencial de sua φύσις, até a preservação ou a destruição, ou que não mais se atira sobre um objetivo no cego furor de seu θυμός, encontrou, na multivariedade de seu movimento psíquico, expressão apropriada nesta forte dinâmica da nova forma dramática euripidiana.

É estranha, na *Ifigênia em Áulida,* a maneira de seu início. Em vez do típico discurso do prólogo, deparamos aqui um diálogo, em anapestos, entre Agamenon e seu velho criado e, nele intercalada, uma fala informativa em versos iâmbicos, dita pelo rei na forma usual, quanto ao mais, no começo do drama. Ela exibe claramente o cunho da fala prologal euripidiana, enquanto que, por outro lado, os anapestos são de tão elevada beleza poética que não se poderia negar a autoria de Eurípides a nenhuma das duas partes. O estado em que nos foi transmitida a conclusão da peça confirma a hipótese de que o poeta não chegara, no caso, à derradeira configuração e a mão de um póstero uniu, para a representação, dois esboços paralelos do início, prólogo iâmbico e diálogo anapéstico. Mas se, apesar de tudo, uma das duas versões do prólogo não for da lavra de Eurípides, cabe pensar que seja antes a trimétrica.

O interesse da entrada anapéstica não é de modo algum apenas formal. É manifesto o propósito de substituir o árido relato do prólogo típico por uma cena que, desde a primeira palavra, nos subjugue ao feitiço de sua atmosfera de impregnação psíquica (*Stimmung*). Também na *Oréstia,* de Ésquilo, o prólogo é portador de uma tal atmosfera, mas aqui, com maior vigor ainda, a natureza, de maneira bem próxima à nossa sensibilidade quanto a ela, se converte em moldura da ação. Reina o profundo silêncio da noite, os pássaros calam as ondas do mar. Em meio a essa paz, ergue-se a inquietude de Agamenon, que mandara chamar, para Áulida, Clitemnestra com Ifigênia, a fim de casar a filha com Aquiles, mas, na verdade, para sacrificá-la no altar de Ártemis, que retém a frota com ventos adversos. Mas agora, no silêncio da noite, o pai, em Agamenon, põe-se em pesada luta contra o general. O velho viu-o escrever uma carta, depois quebrar de novo o selo e apagar as palavras. Somos informados de que Agamenon batalhou consigo mesmo para decidir se devia enviar um mensageiro que, no último instante, impedisse a sinistra viagem e de que, agora, está firmemente resolvido a fazê-lo. O velho põe-se a caminho com a missiva, mas, pelo canto do coro de mulheres calcídicas, cuja curiosidade as leva a examinar o exército e a esquadra, ficamos sabendo da reviravolta que frustrou o recuo de Agamenon. Menelau interceptou o velho, tomou-lhe a carta, lendo-a. Chega-se então a uma cena de briga entre dois irmãos, na qual nenhum deles poupa recriminações. Menelau procura atingir o irmão em seu orgulho de guerreiro, pois que agora hesita ante um sacrifício necessário, e Agamenon mostra-lhe o absurdo de um sacrifício para recuperar uma mulher como Helena.

Enquanto isso as coisas seguem seu curso: um mensageiro anuncia que Clitemnestra com a filha se aproximam do acampamento. Seu informe desencadeia uma cena que mostra uma nova mobilidade do drama e, do ponto de vista psíquico, conduz a uma total mudança da situação. Agamenon prorrompe em dor selvagem, ao ver-se de tal modo nas garras de Ananke. Sua dor penetra na alma do irmão e, numa inopinada mas não desmotivada mudança, Menelau recusa agora o horrível sacrifício, concordando francamente com as palavras de Agamenon no *agon*. Mas este, ao ver agora aberto o caminho para a salvação da filha, percebe também de imediato que não o poderá trilhar. Embora a ordem da deusa seja ainda um segredo sabido por poucos, Odisseu o conhece e na assembléia do exército obrigará Agamenon a aceder ao sacrifício.

261

Tudo o que sucedeu até aqui, na peça, não tem maior importância para o acontecer externo, mas o poeta tornou visível, nessas cenas, uma grande riqueza de processos íntimos, que nos mostra acessível à representação dramática, além da psique do querente incondicional, também a psique agitada em oscilação inconstante.

Com júbilo infantil, Ifigênia, que chega em companhia da mãe e do pequeno Orestes, saúda Agamenon. Este gostaria de mandar Clitemnestra imediatamente de volta para casa, mas ela não quer faltar às bodas de sua filha e permanece. A um canto coral, em que há uma antevisão da guerra vindoura, segue-se uma cena que, no âmbito da tragédia (mais precisamente da tragédia euripidiana tardia), prenuncia no palco antigo um tipo de comicidade de situação. Essa temática teve continuidade das mais fecundas na literatura da comédia. Clitemnestra saúda Aquiles com ampla cordialidade como futuro marido da filha, mas este, espantado e sem saber do que se trata, recua diante dela. Aí, o velho criado esclarece a situação e da dor da mãe e da indignação do herói diante desse jogo com seu nome nasce a resistência ao plano do sacrifício. Primeiro Clitemnestra ainda tentará desfazê-lo pelos rogos de súplica e, numa grande cena, mostra a Agamenon que seu segredo foi desvendado e, na sua monstruosidade, desmascarado. Mas quem suplica é Ifigênia, que se apega à vida com todo o ímpeto de sua juventude e que procura abrandar o pai com as mais ternas lembranças. Agora, porém, Agamenon não mais titubeia, o objetivo da guerra está acima de qualquer escrúpulo. Os lamentos de Ifigênia caem no vazio, só Aquiles ainda é uma esperança e ele mantém a palavra. Mas sua lealdade mal poderá levar a algo mais que não seja o sacrifício da própria vida. O exército exige o sangue de Ifigênia, ameaça apedrejá-la, e Odisseu já se aproxima com uma tropa, à qual também ele sucumbirá.

Nessa situação carregada da mais extrema tensão, a mudança decisiva procede inteiramente da alma de Ifigênia. Lamentara-se e mendigara por sua vida, no momento em que a idéia da morte pelo sacrifício se abeirara, repentinamente, de sua juventude. Sua jovem vida e o fim: nada mais via então, além disso. Mas agora sua visão é mais ampla: todo um exército está com os olhos postos nela, e de sua sorte depende a glória de todo um povo, de seu próprio povo. A imagem da guerra, que na primeira parte do drama oscilava entre a de um grande empreendimento pan-helênico e o de um capricho de Menelau, passa agora a fixar-se vigorosamente no primeiro aspecto. Assim, a menina que temia pela vida se converte na donzela pronta ao sacrifício, que se entrega, por livre e espontânea vontade, em prol do nome e da honra do seu povo.

Precisamos recordar o que dissemos sobre o *Filoctetes* de Sófocles, para que possamos avaliar quão novas são as sendas aqui trilhadas por Eurípides. O cunho característico do homem, dado com a φύσις, não é mais rígido e imutável, mas de si próprio gera, sob a demanda do mundo externo, a transformação decisiva. Com esse conceito da transformação, que aqui forma por uma vez o tema central, Eurípides preparou o drama moderno, na mesma medida em que afrouxou o conceito clássico de *physis*. É lógico que com isso não lograsse o aplauso de Aristóteles. Este (*Poét.*, 1454 a) só enxerga duas figuras diferentes de Ifigênia, sem reconhecer a ponte psicológica entre elas. Sem dúvida, não estava no âmbito da arte de Eurípides poder expor em suas diversas fases a transição de uma atitude de Ifigênia para a outra. O medo infantil da morte e a heróica disposição ao sacrifício separam-se antiteticamente como pontos-limite daquilo que é possível a uma alma.

Corajosamente, Ifigênia caminha para a morte, e o coro canta sobre o significado de seu feito para a Hélade. Aí a tradição se interrompe. O relato do mensageiro, que lemos no final da peça, não é de Eurípides, procedendo sobretudo a segunda parte (de 1578 em diante), provavelmente de um bizantino. Um fragmento esparso (em Eliano, *Hist. An.* 7, 39) nos permite ainda reconhecer, como o fim original da obra, a aparição e o discurso consolado de Ártemis a Clitemnestra, com a promessa de que Ifigênia será arrebatada ao seu sacrifício.

A movimentação desta peça procede inteiramente das forças da alma humana em suas tensões e mudanças, assi-

263

nalando, neste sentido, uma fronteira do desenvolvimento dentro da criação euripidiana que nos é conhecida. Se aqui o problema da significação religiosa, o dos próprios deuses em geral, passa a um plano totalmente secundário diante dos elementos psicológicos, por outro lado, *As Bacantes,* drama que situamos no final da obra euripidiana, nos colocam no centro dessa problemática. A esse contraste de conteúdo corresponde também outro, formal. *As Bacantes* apresentam uma forma rigidamente amarrada e muitas vezes arcaizante. O coro, em muitos pontos em estrita ligação com o que acontece em cena, ocupa posição de destaque; na grande importância da medida jônica na métrica dos cantos se expressa uma solenidade hierática e não há lugar para a grande ária do ator. Na esticomitia ricamente empregada, o vaivém do discurso, de verso para verso, obedece a cuidadosa disposição e, junto ao trímetro iâmbico, aparece, em lugar movimentado, o tetrâmetro trocaico (604). E embora algumas partes, como o prólogo e o relato do mensageiro, também portem a marca particular de Eurípides, a peça em seu todo, no entanto, mostra, na clara realização da antítese entre o poder divino e o ateu, uma unidade de organização poucas vezes alcançada em Eurípides e, queremos logo acrescentar, uma pura configuração da oposição trágica, tal como não tem exemplo na obra tardia do poeta.

O prólogo é dito por Dioniso que, em forma humana, dirige o cortejo de suas mênades lídias em direção a Tebas, para ali, na cidade de sua mãe Semele, impor-se à adoração, a despeito da dúvida e da descrença. O coro de mulheres lídias canta ao deus seu hino que, somado aos dois relatos de mensageiros do drama, conta entre os mais magníficos monumentos do culto dionisíaco a nosso dispor. Vemos então Tirésias, o velho vidente, que na verdade pertence à história de Édipo, com Cadmo, avô do rei Penteu, dirigir-se em hábitos báquicos para a consagração. Os dois velhos curvam-se perante o novo culto, que levou as mulheres da cidade para a floresta da montanha. São severamente repreendidas por Penteu, que acaba de voltar de uma estada no estrangeiro e encontra em casa a vertigem báquica.

A cena dos dois anciãos nos coloca perante o poder do deus; a Penteu, porém, ela deve servir de advertência, a primeira que se lhe dirige nesse drama e que, como as ulteriores, permanece sem efeito. Dioniso, na figura de profeta do novo culto, é trazido em cadeias à sua presença e, a uma ordem sua, é encerrado num estábulo. Após um longo cântico do coro, dá-se o milagre da libertação. A terra retumba, as colunas do palácio bamboleiam, raios de fogo irrompem do túmulo de Semele e, com todos os signos de uma epifania divina, o encarcerado volta à liberdade entre os seus. Uma nova disputa com Penteu está a ponto de inflamar-se quando chega um mensageiro das montanhas. Traz o primeiro dos dois relatos do drama que, dentre todas as obras de arte épica de relatos de mensageiros euripidianos, colocam-se em primeiro lugar.

De manhãzinha, bem cedo, quando levava o gado para o pasto, avistou, lá em cima, no bosque, três bandos de mênades, dirigidas pelas três filhas de Cadmo: Agave, mãe de Penteu, Autonoe e Ino. Em sono profundo e casto haviam encontrado seu leito na natureza e, acordadas pelos mugidos do gado, puseram-se a operar feitos maravilhosos. Com um golpe de tirso, arrancam água ao rochedo, do solo brota vinho, se lhes oferecem leite e mel em abundância. Nietzsche, na *Origem da Tragédia,* compreendeu o poeta: "Sob o encanto do dionisíaco, não só os laços entre os homens voltam a estreitar-se: também a natureza alienada, inimiga e subjugada, volve a celebrar sua festa de reconciliação com o filho pródigo, o homem. Espontaneamente, a terra oferece suas dádivas, e as feras das montanhas e dos desertos aproximam-se mansamente". Corcinhos e lobinhos, na passagem de que falamos, são levados ao peito pelas mênades, que são jovens mães. E quando invocam o deus, e dançam em sua honra, montanhas e animais, numa misteriosa simpatia da natureza, participam do seu júbilo.

Instigados por um fanfarrão citadino, os pastores tentam pegar as mulheres, mas elas então caem sobre os rebanhos, despedaçam os mais fortes dos animais, põem os pastores em fuga e atacam, saqueando tudo e afugentando os homens, as aldeias ao pé das montanhas. O poeta, que

265

põe este mensageiro a falar, entendeu um dos mais profundos mistérios da religião dionisíaca: aquela polaridade, na qual a pura inocência e alegria natural se unem à fúria elementar, no mesmo culto divino. Para Penteu, todavia, o relato do mensageiro deveria significar duas coisas: justificação das mênades ante a acusação de imoralidade e advertência, ao mesmo tempo. O mensageiro manifesta ambas (686, 769), mas elas encontram ouvidos moucos. Agora Penteu está maduro para sua destruição. Facilmente sucumbe ao engodo de Dioniso, que o induz a ir em pessoa espreitar as mênades na floresta. Em trajes femininos de bacante, presa de estranha perturbação dos sentidos, e com uma sensação patologicamente exacerbada da própria força, em que pretende carregar o Citerion sobre os ombros, toma, com Dioniso, o caminho da montanha.

Outro mensageiro relata o resultado da expedição e mais uma vez topamos com as mênades agindo na duplicidade condicionada pela polaridade do culto. Com uns poucos traços, o poeta compõe ali, diante de nós, o quadro de um alto vale percorrido por regatos, encerrado entre montanhas, tão próximo de nosso moderno sentimento da natureza quanto o início da *Ifigênia em Áulida* ou o canto coral que restou de *Faetonte,* com a descrição do amanhecer. Pacífico, como a natureza, é o agir das mênades; arrumam as vestes ou entram em cânticos ao deus. Dioniso instalou Penteu na copa de um pinheiro e, a seguir, subtraiu-se aos olhares humanos. Mas da altura celeste ressoa seu chamado, que incita as mênades contra o infeliz. Esse, que estivera pronto a carregar o monte Citerion, é precipitado agora ao solo, juntamente com o seu pinheiro, pelas forças sobrenaturais das mulheres, e destroçado por elas, em fúria incontida. Em horrível triunfo, Agave lança-se pelo palco. Espetada no tirso, traz a cabeça do filho, e louva sua sorte na caça, que lhe permitiu capturar o leão. Lentamente, fazendo-a olhar para o céu claro, Cadmo a traz de volta à razão e obriga-a reconhecer o que leva o tirso. O triunfo de Dioniso encerrava a peça. Esta parte foi destruída no que nos foi transmitido, mas podemos ainda reconhecer que o deus reservava a Cadmo e às filhas uma árdua sorte no estrangeiro.

Esta peça, que figura ao termo da criação euripidiana, coloca um difícil problema. Vimos o poeta, no espírito da filosofia sofista, lutar continuamente contra os deuses da religião tradicional. Nos últimos anos de sua obra, questões dessa espécie haviam passado a segundo plano, ante a representação do homem. Vimos o processo de secularização da tragédia avançar cada vez mais, quando, de súbito, numa das últimas tragédias, Dioniso aparece bem no centro espiritual do drama que outrora emergira de seu culto. É bem compreensível que Ésquilo, em duas tetralogias, tenha tratado desse gênero de mito de antagonistas, tirado dos ciclos temáticos de Dioniso: a lenda do rei da Trácia, Licurgo, e este nosso mito de Penteu. Mas qual a posição de Eurípides face ao seu assunto? A tão debatida pergunta foi com freqüência respondida conforme temperamento pessoal, e resultaram daí duas opiniões-limite: ou a de que o poeta, fiel à sua proveniência espiritual, pretendeu aqui pôr no pelourinho o absurdo da tradição, de modo que se poderia dar por tema da peça: "Absurdo, tu vences"; ou a dos que vislumbraram nas *Bacantes* uma prova da conversão que teria reconduzido Eurípides à fé nos deuses de seu povo, uma palinódia em que se retrata seu protesto contra a tradição religiosa.

Se não foi vã a tentativa feita nesta exposição de apontar, repetidamente, as antinomias que atravessam a obra do poeta, não será preciso dizer que a simplicidade de cada uma das duas opiniões não compreende Eurípides. Antes de tudo, não se trata de um dos deuses olímpicos, de cunho homérico, cujo triunfo essa tragédia quisesse mostrar. No primeiro capítulo, já nos referimos ao fato de que a velha epopéia não podia, ou não queria, tomar muito conhecimento de Dioniso, nem foram seus poetas que o levaram ao coração dos homens, mas, em poderoso movimento, o seu culto arrastou o povo diretamente à maravilha do êxtase. E a esse deus e a suas festas misteriosas Eurípides ficou conhecendo no norte macedônico, de maneira bem mais direta e em versão bem mais próxima da original, do que seria possível na Hélade civilizada. Certamente, este

Baco é descomedido em sua vingança, e é injusto para com Cadmo, mas é também o portador da maior bem-aventurança para os homens, elevando-os, de sua estreita necessidade, para a comunhão com a natureza reconciliada. O que o artista pretendeu criar não foi um protesto racionalista: de uma profunda vivência da religião de Dioniso, com sua misteriosa polaridade de compulsão e libertação, do satisfeito retorno à pureza e bramante espumejar de secretas forças vitais, da mais sublime felicidade e da pior miséria, foi que lhe nasceu esta tragédia. E se alguma peça de Eurípides o for, então esta será uma tragédia, na acepção mais estrita. Aqui a vontade humana, que em Penteu não é ignóbil, ainda que seja temerária, tem seu antagonista plasmado em grande e, nessa tensão, acende-se o conflito trágico do drama, que Goethe qualificou como o mais belo da obra de Eurípides.

Eurípides nunca foi ateu, sempre o reconhecemos como alguém que procura e em parte alguma de maneira tão clara como na oração de Hécuba, nas *Troianas*. Aqui, no dionisíaco, seu espírito talvez se tenha desprendido do fardo da perquirição infrutífera. Quem se atreveria a dizer por quanto tempo? Mas nas canções ouvimos palavras que, ao rejeitar o σοφόν, renunciam ao programa da sofística (395) e louvam a paz da fé. Existe também a possibilidade de que o poeta, neste segundo canto programático da peça, faça o coro declarar coisas que ele mesmo não aprova. Mas quem pode deixar de ver no βραχὺς αἰών (397) toda a imediatidade do pessoal? O poeta está no fim de uma vida bem longa, e no entanto tão breve, e ao olhar para trás talvez lhe pareçam parcos os frutos de suas ruminações em face de tantos esforços. Tão parcos que fica desconcertado quanto ao sentido dessa procura infinda, a ponto de rejeitá-la. Compreendemos tal estado de ânimo do ancião, porém dificilmente foi algo mais do que isso, ou seja, um estado de ânimo. A paixão de sua busca e a indagação provinham inteiramente das profundezas de seu ser, das mesmas profundezas em que se originaram aquelas obras-primas do teatro trágico, que transportaram o seu nome através dos séculos.

268

A TRAGÉDIA DA ÉPOCA PÓS-CLÁSSICA

No opulento quadro da atividade criadora de Eurípides, surgem reiteradamente traços que indicam um novo desenvolvimento. Há um influxo de idéias da época, o homem é concebido em novas relações para com o mundo circundante e, em conexão com tudo isto, assistimos ao vir-a-ser de uma nova forma interna do drama. Não nos é dado, porém, acompanhar essa evolução para além de Eurípides. Mais ainda: cumpre indagar se realmente um desenvolvimento frutífero se nos evidenciaria, tivesse a tradição nos concedido muito dos textos da literatura trágica do século IV. Dispomos de uma única tragédia desse tempo, *Reso,* que figurava entre as peças de Eurípides, porque também ele escrevera um drama com esse título. Mas críticos da Antigüidade já negavam que a obra fosse de Eurípides. Trata-se de uma dramatização do episódio narrado no Canto Dez da *Ilíada* sobre a missão de reconhecimento de Odisseu e Diomedes, das mortes tanto do contra-espião troiano Do-

Antígone conduzida pelos guardas. Vaso da segunda metade do século V.

Ion quanto do rei da Trácia, Reso, que acabava de acudir com seus guerreiros em auxílio dos troianos.

O que mais nos fala nesta peça é o elemento lírico, mas assim como a tradição se torna visível em todas as partes, do mesmo modo o canto matinal das sentinelas (546) depende de um canto do *Faetonte* de Eurípides. Nesta pequena obra, podemos observar como se desenvolveu certa segurança no emprego dos elementos técnicos. A ação corre com bastante fluência, e o deus *ex machina* é habilmente utilizado, uma vez inclusive para cobrir, durante a ausência do coro de guerreiros troianos, que não deve ver Odisseu e Diomedes, um lapso de tempo, mediante um diálogo entre Atená e Alexandre-Páris. Mas em lugar algum voltamos a distinguir vida própria. Por detrás dessas personagens não se encontram as perguntas sobre o sentido de seus destinos, nem se expõe, validamente, a natureza humana. Comparadas às grandes figuras paradigmáticas de Sófocles e às que, movidas pelas forças irracionais da paixão, moldam os dramas magistrais de Eurípides, são apenas marionetes, que aqui agitam dramaticamente um pedaço de epopéia.

É certo que não devemos, sem mais nem menos, tomar o *Reso,* cuja cronologia, além de tudo, não está isenta de dúvidas, como representante da tragédia posterior, e temos de exercer cautela no julgamento do que se perdeu. Podemos, no entanto, afirmar que foi extraordinariamente rica a produção de tragédias do século IV. Não são poucos os nomes de poetas e peças que nos foram transmitidas, e é sempre interessante saber que, dentre os assuntos tratados, há alguns que não se nos apresentam no grande número de títulos de tragédia, atestadas para o século V. O fato de vermos agora dramatizados mitos como o de Adônis ou de Cinira, que estavam fora do acervo mítico da tragédia clássica, indica a existência de correntes várias na literatura helenística. O tema de Adônis encontrou em Dioniso, tirano de Siracusa, o primeiro a reelaborá-lo, do qual temos notícia. Também de materiais históricos se lançou mão, vez por outra. Um Mosquion, que ultimamente se procurou empurrar para o século III, sem que se pudesse alcançar certeza disso, em seus *Fereus* tratou do fim do tirano Alexandre de Feres e, em seu *Temístocles,* dramatizou um passado glorioso. O rei Mausolo de Cária, cujo nome perdura através dos tempos graças a seu monumento funerário, foi convertido por Teodete em protagonista de uma tragédia. A tragédia, nesta época, deixou de ser simplesmente ática, como o fora nos tempos de sua florescência. Por certo, não temos motivo para duvidar de que continuava à testa, tanto na produção quanto na determinação dos modelos; por outro lado, já Ésquilo e Eurípides haviam reencenado tragédias fora de sua pátria, em cortes de soberanos estrangeiros. Mesmo assim, o século quarto é o período daquela propagação da tragédia, através do mundo de cultura helênica, que encontrou seu remate no helenismo, no quadro do vasto Império. Cada vez mais, mesmo nas pequenas localidades, o teatro torna-se um foco de cultura, cujo segundo foco, não menos importante, é o ginásio. Companhias itinerantes de atores assumem significação crescente, provendo o mundo de fala grega com representações trágicas. Muito mais importante, porém, do que semelhantes fenômenos externos é, para o entendimento dessa separação de tragédia do solo em que outrora amadurecera, outra consideração: assim como a incomparável comédia de Aristófanes, a tragédia é uma planta da *polis* ática. Com ela floriu, a partir de um começo modesto, para refletir a solene gravidade de seus grandes anos, assim como, mais tarde, a crise espiritual que trouxe à superfície uma nova era. O fim da velha *polis* foi, no fundo, também o da tragédia clássica, ainda que a forma continuasse a ser cultivada por muito tempo.

Podemos, para essa época, imaginar que o desenvolvimento da tragédia tenha prosseguido em várias direções. Por certo não terá faltado uma ulterior retorização da linguagem, assim como a influência cada vez maior da música moderna, introduzida pelo novo ditirambo. Mas, acima de tudo, o progresso de exposição psicológica mais refinada, tal como já Eurípides no-la permite distinguir, pode ter determinado a forma interna da obra de arte trágica desse tempo, afastando-a assim, cada vez mais, daqueles problemas da existência humana que haviam conquistado sua figuração no drama clássico.

Tudo isso não passa de conjetura e temos de considerar a possibilidade de que o desenvolvimento da época talvez fosse bem mais ricamente articulado do que nos é dado suspeitar. Não obstante, são-nos acessíveis alguns indícios, que falam claramente do esmorecer da força interior de criação. A reapresentação de uma velha tragédia, dos tempos áureos, nos é atestada, pela primeira vez, em 386, e algumas inscrições nos informam que, logo após a metade do século, isto se tornou prática firmada. Assim, já então, a tragédia do século V era encarada como clássica, no sentido de modelo não mais atingível. Particularmente característica, porém, é a crescente importância das realizações de direção e representação na avaliação feita pelo público. Já Eurípides nos permite notar de maneira nítida a aspiração a quadros cênicos de efeito. Basta lembrar as cenas de abertura a exibir os suplicantes estendidos junto a um altar, ou a cena final de *Orestes,* em três níveis, com Menelau diante do palácio, o grupo em torno de Orestes sobre o telhado, e Apolo com Helena num *theologeion,* que é preciso imaginar em plano mais elevado. Mas constitui um passo considerável para além de tudo isto, quando lemos, no escólio ao verso 57 desse drama, que um encenador mais tardio fazia, no início da peça, Helena entrar silenciosamente no palácio com o botim troiano. Aqui, a direção não mais serve ao esclarecimento da palavra do autor, o que hoje como sempre deve permanecer sua única função, mas leva, para além desta, vida independente. Não nos é possível nomear nem datar o referido encenador, mas esta e outras informações análogas nos elucidam o curso por onde enveredara o desenvolvimento.

Mais acentuadamente que a direção, avançou para o primeiro plano o desempenho do ator. Vale aqui o que H. Bulle disse de forma tão sutil: "O mais antigo e mais perigoso inimigo do autor dramático sempre foi, e sempre será, o mais indispensável dos seus auxiliares, o ator". A unidade, em que autor, ator, diretor e cenógrafo se concentravam numa única pessoa, foi primeiro rompida, como já foi mencionado, ao tratarmos de Sófocles, pelo desempenho do ator, conquanto, no mais, essa unidade, pelo menos no essencial, continuasse preservada na tragédia clássica. Já em fins do século V, encontramos vivas discussões sobre os contrastes dos estilos de interpretação; a uma escola mais severa, que prossegue a tradição esquiliana, opõe-se outra mais jovem, que procura alcançar seu efeito pelo extremo exagero. Por sua vez, desencadeia aquela reação que leva o ator do século IV a procurar, antes de mais nada, a naturalidade. De um tal Teodoro dizia-se, com elogio, que sua voz soava como a de uma pessoa real e não de alguém a desempenhar um papel. Foi capaz, pela força impositiva de sua representação, de abalar de tal forma o mal-afamado Alexandre, tirano de Feres, que este se viu obrigado a esconder as lágrimas ante seus concidadãos (Eliano, *Var. Hist.,* 14, 40). Os caracteres femininos continuavam sendo desempenhados por homens, e, precisamente nestes papéis, Teodoro teria sido mestre consumado. Numa figuração feminina, a da Electra de Sófocles, outro ator famoso do século IV, Polo, levou ao palco a urna com as cinzas de seu filho recém-falecido, a fim de, na grande cena de Electra, influir sua própria dor na representação (Gélio, *Noct. Att.,* 6, 5). Com o "estrelato" surgiram as pagas correspondentes: príncipes, que financiavam produções em grande estilo, com elencos de primeira ordem, não regateavam, e comunidades isoladas tampouco queriam ficar para trás. Uma inscrição, extraída do Hereon de Samos, fala de um ator cujos honorários num festival foram tão elevados que, para uma parte, teve de conceder crédito aos sâmios. Tais fatos são sempre um sinal de decadência da grande e verdadeira arte, e é uma constatação digna de ponderação a que faz Aristóteles (*Ret.,* 1403 b), quando comenta o fato de os atores serem agora mais reputados do que os autores.

O mesmo Aristóteles nos serve de fonte para o terceiro dos fenômenos que aqui se devem mencionar. Em contraposição ao grande público, que pertence ao ator, ergue-se agora o indivíduo, que agasalha a tragédia, lendo-a. E destarte ficamos sabendo (*Ret.,* 1413 b) que, ao lado de peças destinadas à representação, começam a aparecer outras, que se franqueiam principalmente ao leitor. Também aqui vemos abandonada a unidade daquela produção literária da tragédia clássica, que contava exclusivamente durante as festas de Dioniso da *polis,* ainda que as peças, em seguida, também fossem resguardadas do esquecimento, pela forma de livro.

Não menos avultada do que no século IV foi a produção de tragédias na literatura helenística, do século III. E não é menos exíguo, também, com respeito a esse período, o que está ao dispor de nosso conhecimento. Nomes até sobram para esse capítulo e sabemos, mesmo, que sete desses tragediógrafos foram reunidos numa plêiade alexandrina. Mais tarde nos ocuparemos brevemente de alguns nomes desta sétupla constelação, cujo brilho logo se apagou.

Tudo o que dissemos antes sobre os rumos, cognoscíveis e presumidos, da evolução da tragédia no século IV também vale para a época helenística. Seus autores procuravam conscientemente assuntos remotos, e assim não pode ser obra de acaso que grande parte dos títulos conservados se refiram a temas que, a nosso saber, são novos para a tragédia. O mito de Adônis, que Dionísio, tirano da Sicília, refundira em forma dramática, também reaparece na tragédia helenística e também nela é alvo do interesse de um governante dado à literatura: Ptolomeu Filopator escreveu igualmente uma tragédia sobre Adônis tal como o fez Fílico, um dos membros da Plêiade já citada. E outra vez encontramos o recurso ocasional ao drama histórico: ao lado de um *Temístocles* de Fílico, surge um drama de Cassandra, daquele Licofronte que logo voltaremos a mencionar. Com respeito ao crescente retorismo da linguagem e refinamento do desenho psicológico, nossas conjeturas também seguem o mesmo rumo que para a tragédia do século IV. Mas não passam de conjeturas e, mais uma vez, devemos considerar que o desfavor da tradição nos impede, provavelmente, de conhecer muitas diferenças em pormenor. É verdade que duas obras conservadas integralmente, ou pelo menos em grande parte, se nos oferecem como expoentes da tragédia helenística, mas o que nos ensinam é, num caso, praticamente nada e, no outro, muito pouco.

De Licofronte, provavelmente o mais conhecido dos autores da Plêiade, temos uma obra, *Alexandra,* que figura entre os mais estranhos, mas não os mais agradáveis fenômenos da literatura grega. Numa interminável fala enigmática, Cassandra, a profetisa troiana dos eventos infaustos, entrega-se a profecias que se estendem por imensos períodos de tempo. A expressão é intencionalmente tão contorcida que se faz mister extraordinária soma de erudição para desenredar algum sentido nesse emaranhado. Não se pode falar de tragédia em relação a esta obra monstruosa, por mais que, ocasionalmente, a tenham também assim denominado. A ação, sem a qual o drama é inconcebível, falta aqui totalmente. A que designação se deve recorrer para caracterizar a *Alexandra* – mal se pode chamá-la de iambo – é uma questão que não nos preocupa aqui; e no que tange à tragédia helenística, ela não nos ensina absolutamente nada.

Pode-se afirmar o mesmo, se bem que com muitas restrições, da dramatização a que um judeu, de nome Ezequiel ou Ezequielos, submeteu, no século II a. C., as passagens do Velho Testamento que concernem ao êxodo dos judeus do Egito. Em sua *Praeparatio Evangelica,* Eusébio nos conservou grande parte desse drama de Moisés, que se intitulava *Exagogé.* Do ponto de vista literário, essa *Exagogé* é um produto bem insignificante; a linguagem, apesar de todas as contribuições da dicção trágica, só raras vezes apresenta vigor, e a dramatização do relato bíblico é bastante primitiva. Isto não é alterado nem pela bem habilidosa e, na história dos temas, interessante introdução do motivo onírico, tampouco pela ocasional ampliação do rol de personagens que o modelo oferecia. Tecnicamente, é digno de nota a mudança de cena por duas vezes, como nos permitem inferir os fragmentos, e a reunião de períodos distintos nesta peça. É nitidamente perceptível a divisão da ação em atos. Cabe admitir que fossem em número de cinco, pois, na *Ars Poetica* de Horácio, que é uma sedimentação de teorias helenísticas, encontramos firmada essa divisão em cinco atos (189), da qual a tragédia clássica ainda estava bem longe. Acerca do papel do coro depreendemos tão pouco dos restos do *Exagogé* que nem sequer nos permitem concluir se ele existia na tragédia helenística. Mas sua subsistência em todas as épocas da tragédia romana, assim como sua consideração na doutrina literária de Horácio, indica, em certa medida, que o desaparecimento do coro na Comédia Nova não teve paralelo no desenvolvimento do drama trágico. Em conexão com o firmar-se da partição em atos, é provável que o coro trágico se tenha tornado cada vez mais um meio de preencher os entreatos, como nos mostram as tragédias de Sêneca. Assim, em vista de conjunto, é bem pouco o que nos ensina Ezequiel, e a qualidade de seus versos nos impede de considerá-lo representante significativo da tragédia helenística.

Também em relação à tragédia posterior, os novos achados de papiros nos trouxeram valioso enriquecimento. Um fragmento publicado por E. Lobel (Proc. Brit. Ac., 35, 1950) nos proporciona dezesseis versos de uma tragédia sobre Giges. A parte conservada, que procede de uma fala da rainha sobre o incidente na alcova, é suficiente para nos levar a reconhecer que o conteúdo da peça coincide, em todos os detalhes, com o relato de Heródoto. A escolha de palavras parecia por vezes apontar para uma tragédia anterior, e pensou-se a princípio tratar-se de uma obra de Frínico. Se a suposição de que Heródoto houvesse transcrito fielmente uma tragédia já é, em si, assaz inverossímil, nossas investigações puseram fora de dúvida a data tardia da peça. Pode-se pensar no fim do século IV ou no século III. É provável que essa dramatização, sem autonomia, de um trecho da história pudesse, não mais do que Ezequiel, dispensar mudanças de cena.

Alguns traços especiais se nos fazem identificáveis no drama satírico dessa época, que deve ter tido intensa vida específica. Ao falar da teoria alexandrina sobre a origem da tragédia, dissemos que era próprio do período um pronunciado comprazimento com o primitivo campestre. A isto se vincula o fato de se recorrer agora à velha forma do drama satírico. Assim, Dioscórides, num epigrama (*Anth. Pal.* 7, 707) do século II a.C., louva o poeta Sositeu como o restaurador do antigo drama satírico, rude e vigoroso. Sabemos algo de uma *Dafne* desse dramaturgo, em que Heracles mata o monstro Litierses e liberta Dafne do cativeiro. Que este então reencontrasse a amada constituía certamente um dos temas da época.

Em outra direção apontam as notícias sobre dramas satíricos em que se faziam ataques nominais a personalidades da época. Ainda ao século IV pertence a peça *Agen,* atribuída a um certo Píton e, segundo outros, até mesmo ao grande Alexandre, em que se zombava de Harpalo, caído em desfavor do rei, e de algumas damas de vida airada. E quanto à poesia helenística, ouvimos falar de um *Menedemo de Licofron* em que o filósofo é submetido a burlas engraçadas. A outro filósoto, Cleanto, teria Sositeu ralado num de seus dramas satíricos. Aqui somos orientados para uma direção inteiramente diversa da que nos apontava a ressurreição do drama antigo; a mescla de caçoado pessoal indica uma aproximação com a Comédia Antiga e, destarte, uma mistura de formas literárias que pode servir de prova do esgotamento da força vital em que se originou.

Até agora, o pouco que sabemos do desenvolvimento posterior da tragédia foi inteiramente tirado de sua própria história. No entanto, para a literatura européia não é de menor significação a herança que um outro gênero, após a tragédia do século V, adicionou: a Comédia Nova, que conhecemos a partir do achado de obras de Menandro, no ano de 1905, e de seus fragmentos, na comédia romana de Plauto e Terêncio. Já Sátiro, em sua biografia de Eurípides (Ox. pap. 9, nº 1176), constatava um fato que se impõe imediatamente a qualquer leitor: nessa Comédia Nova vivem muitos dos motivos e da configuração da tragédia euripidiana. Também aqui é preciso resguardar-se de juízos unilaterais, e não se pode deixar de reconhecer o quanto essa Comédia Nova é uma continuadora das velhas peças cômicas de um Aristófanes. Mas temas, como crianças enjeitadas, reconhecimento e muitos outros, que são determinados pelos caprichos de Tiche, encontramo-los mais uma vez, em exata correspondência, nas tragédias de Eurípides, e o próprio Menandro parece comprazer-se, por suas próprias alusões, em apontar para essas relações. Mais importante talvez seja o fato de que este autor, que dominou o teatro ateniense na

278

segunda metade do século IV, em sua arte de desenhar caracteres humanos, levou à perfeição os começos que já Eurípides nos mostrara. A tragédia, em sua estreita ligação com o culto, não conseguiu despojar-se da vestimenta mítica quando esta principiou a entravar seu desenvolvimento. Justamente a partir disso, dessa tensão entre forma e conteúdo, é que procuramos entender diversos traços da obra de Eurípides. Destarte, muitas dessas novidades só encontraram forma adequada no teatro burguês, que é, como no fundo, devemos classificar a comédia de Menandro. Aqui não se envolvem mais os homens da época no traje prescrito pelo mito; movimentam-se com inteira liberdade e manifestam aquela natureza, que é menor e mais insignificante que a das grandes figuras, cujas raízes residiam no mito vivo e na *polis* viva. No entanto, essa humanidade nos parece tão digna de ser amada em sua riqueza profundamente apreendida, porque nela não se extinguiu nunca, nem mesmo nos tempos da grandeza evanescida, a luz incomparável da *kharis* ática.

Esta breve descrição da evolução ulterior do drama contém, simultaneamente, todos os pontos de partida para a ampla influência exercida pelo teatro antigo sobre o espírito ocidental. A tragédia clássica e a helenística fecundaram as letras romanas e nelas geraram aquele drama trágico que, através de Sêneca, teve poderoso efeito sobre as épocas posteriores. Por muito tempo, Sêneca foi praticamente o único representante da tragédia antiga para as literaturas nacionais da Europa, até que, com a tomada do conhecimento dos originais gregos, descortinou-se uma visão nova da Antiguidade clássica e começou a atuação direta e intensa da tragédia helênica. Deve permanecer motivo de orgulho para os alemães o fato de terem acolhido essa influência de coração aberto e, sob o seu influxo, terem produzido coisa própria. Platão o expressou em umas belas palavras dedicadas a seus helenos, declarando que justamente em tais processos se preserva o melhor da força nacional.

Mas tampouco se deve subestimar o efeito que a tragédia grega exerceu indiretamente, por meio da comédia, sobre as literaturas francesa, inglesa e alemã. Apenas algumas conclusões puderam ser oferecidas aqui, à guisa de conclusão, mas são suficientes para justificar o que disse Ulrich von Wilamowitz-Moellendorf: "Sem o drama ático, não existiria de modo algum o drama, que nos é familiar, de todos os europeus, pouco importando se os gregos influíram nele direta ou indiretamente".

Voltemos à idéia com que iniciamos a nossa exposição. Foi extraordinária a significação da tragédia grega para a vida espiritual dos povos que receberam o legado da Antigüidade clássica. Mas com isso não se esgota o que continuamente nos faz voltar a ela e tampouco fica suficientemente expresso com isso o que constitui a sua grandeza. Além de todas as suas relações com as culturas posteriores, não queremos esquecer aquilo que a presente exposição intentou mostrar: em sua estreita ligação com a *polis*, a tragédia grega do século V é um fenômeno histórico singular e, como reflexão do ser humano sobre a problemática de sua existência, uma criação de validade que persiste por sobre o tempo.

TRADIÇÃO E BIBLIOGRAFIA

O sumário subseqüente destina-se a informar brevemente sobre a transmissão dos textos da tragédia antiga e a indicar a bibliografia mais importante. Aqui a seleção entre a rica seara de edições e exposições disponíveis torna-se especialmente difícil. Sua feitura obedeceu à aspiração de colher, dentre uma bibliografia muito extensa, sobretudo aquelas obras que levam rapidamente adiante e, no entanto, chegam ao âmago da questão. A especial consideração dispensada às exposições mais recentes relaciona-se com a colocação do problema apontado no prefácio e não significa ingratidão para com aquela pesquisa mais antiga que possibilitou a pesquisa moderna. O autor está cônscio de que uma seleção em moldura tão restrita forçosamente implica muito de subjetivo. Para a problemática em pormenor e para a bibliografia especializada, recomendo ao leitor minha obra *Die Tragische Dichtung der Hellenen*, Gottingen, 1956, e meus estudos sobre a tragédia e seus autores, aparecidos, em 1948, em *Anzeiger für die Altertumswissenschaft*.

História do Texto das Tragédias

Devemos a exposição da história da transmissão dos textos das tragédias a U. von Wilamowitz-Moellendorf, que a publicou no Capítulo III da introdução à sua edição de *Heracles,* Berlim, 1889, apresentando-a, ao mesmo tempo, como uma empolgante porção da história da cultura. Os quatro primeiros capítulos desse livro apareceram, em reimpressão inalterada, como introdução à tragédia grega, Berlim, 1910. Agora pode ser confrontado com a seção correspondente do artigo de K. Ziegler, "Tragoedia", na *Real Encyklopaedie der classischen Altertumswissenschaft,* II série, 12º tomo, 2067 e ss.

A tragédia ática destinava-se a ser representada nas festas de Dioniso. De seu florescimento no século V, devemos eliminar completamente a idéia do drama para ser lido. Contudo, isso não impediu que a tragédia encenada fosse também difundida em forma de livro. Testemunho eloqüente disso nos é dado pelas comédias de Aristófanes, que pressupunham, no público ateniense, um conhecimento tão extenso e profundo da literatura trágica, como só a difusão em forma de livro poderia assegurar. Devemos imaginar tais livros como rolos de papiro com escrita parecida à das inscrições em pedra, da época. O texto, portanto, era escrito sem separação entre as palavras e mal dispunha de quaisquer sinais de pontuação. Os cantos corais eram tratados como prosa e não estavam subdivididos segundo partes sintáticas ou métricas. Quanto à conservação do texto das tragédias, os séculos mais perigosos foram os dois que se seguiram ao florescimento da tragédia ática, ou seja, a época anterior à intervenção decisiva do trabalho dos eruditos alexandrinos. Não nos é dado mais julgar em que medida o texto experimentou alterações pelas sucessões das cópias, mas não devemos ser demasiado pessimistas a este respeito. Sabemos bem mais a propósito de um perigo que ameaçava o texto trágico sob outro aspecto. Relaciona-se com o progresso, descrito no último capítulo, do trabalho dos atores, que se permitiam, nas representações, crescentes intervenções no texto transmitido pela tradição. Deste fato temos testemunhos diretos, como, por exemplo, Quintiliano, que em seu *Institutio Oratoria,* 10, 1, 66, fala de modificações que uma tragédia de Ésquilo sofreu, em Atenas, quando de sua reapresentação, como se isso fosse um costume aprovado pelo público. A questão sobre quais passagens da tradição, tal como ela se nos apresenta, encerram com certeza semelhantes intromissões é extraordinariamente difícil. Dela tratou minuciosamente DENYS L. PAGE, em seu livro *Actor's Interpolations in Greek Tragedy*, Oxford, 1934. Devemos cuidar-nos de recorrer, com demasiada precipitação, à hipótese das interpolações de atores lá onde nossa lógica ou nossa sensibilidade estética tropeçam. Mas o texto das tragédias correu realmente risco no lapso de tempo entre o classicismo e a atividade dos eruditos alexandrinos, como se depreende claramente da notícia que temos acerca de uma contramedida em face da situação. Segundo o Pseudo-Plutarco (*Vita Dec. Orat.* 7), o orador e estadista Licurgo, em conexão com sua reforma do teatro (por volta de 330), mandou aprontar e guardar um exemplar oficial das peças dos três grandes trágicos. Este exemplar deveria ser obrigatório para todas as futuras reencenações e impedir as modificações arbitrárias. Mal poderia tratar-se, no caso, de questões da crítica, que se referissem à palavra isolada, acima de tudo cumpriria excluir interferências na textura do conjunto.

Existe toda a probabilidade de que aos homens que, na época de Ptolomeu Filadelfo, na primeira metade do século III, fundaram a grande biblioteca de Alexandria, não tenha escapado a importância do exemplar oficial de Atenas. Assim, pois, merece crédito em seus traços fundamentais a notícia tardia, que lemos no médico Galeno (século II d.C.), em sua explanação das epidemias hipocráticas (p. 607 da edição de KÜHN). Segundo elas, Evergetes, o terceiro Ptolomeu (as relações históricas indicariam tratar-se, antes, do segundo Ptolomeu, o Filadelfo), graças a muito dinheiro e manobras mais ou menos escusas, trouxe para Alexandria uma edição ateniense dos três grandes trágicos, na qual dificilmente se poderia reconhecer outra coisa senão aquele exemplar oficial de Licurgo.

Quanto aos eruditos alexandrinos mais antigos, faltam-nos informações sobre trabalhos que tenham realizado a respeito dos trágicos, o que não os exclui por certo. Em Aristófanes de Bizâncio (por volta de 257-180), um dos mais importantes diretores da Biblioteca de Alexandria, deparamos um homem cujo labor para a transmissão e conservação das tragédias gregas representa algo decisivo. O trabalho abnegado que, a serviço dos grandes arautos do gênio grego, levou a cabo em Homero, nos líricos e em seu grande homônimo, nos é explicitamente testemunhado no caso de Eurípides. Mas não resta dúvida de que esta faina também abrangeu os dois outros grandes trágicos, e de que o texto que atualmente nos proporciona, nas ramificações manuscritas, a base para nossas edições, remonta a esse Aristófanes de Bizâncio. Seu tra-

283

balho englobou o estabelecimento de um texto seguro, a divisão das partes corais, como a que realizou nas edições dos poetas líricos, e a explicação, de que ainda encontramos vestígios nas notas de comentário dos manuscritos, nos escólios.

Depois de Aristófanes, os estudos dessa natureza prosseguiram. É pouco o que sabemos deles. Quando passou o apogeu da ciência alexandrina e, com ele, a época da atividade criadora dos eruditos, quando a rica cornucópia do que foi granjeado ameaçava dispersar-se, interveio um erudito que conhecemos como contemporâneo de Cícero e de Augusto. Dídimo de Alexandria não pode comparar-se por seu talento com os grandes alexandrinos, mas o homem que por sua diligência mereceu em sua época o apelido de "Entranhas de Bronze" ($\chi\alpha\lambda\chi\acute{\epsilon}\nu\tau\epsilon\rho\sigma\varsigma$), também reuniu, no tocante aos trágicos, em comentários e num léxico especial, os resultados essenciais de seus predecessores e os transmitiu ao saber da posteridade. Seu nome nos designa um ponto de convergência, a partir do qual o efeito do trabalho erudito de Alexandria se transmite às épocas subseqüentes.

Quando nos inteiramos de que, das peças de Sófocles, a biblioteca de Alexandria contava cento e vinte três reconhecidas como autênticas, enquanto que nós temos sete, além dos fragmentos das *Ichneutai*, podemos compreender, ante essa proporção, quão magra é a nossa posse relativamente aos alexandrinos. Mas tal diferença não é o resultado de um esfarelamento casual; provavelmente podemos explicar as circunstâncias e sobretudo o passo decisivo que conduziu a uma diminuição tão dolorosa no número de obras existentes. Os trágicos foram-se tornando cada vez mais difíceis, as exigências que apresentavam, com respeito à compreensão da linguagem e forma literária, foram julgadas assaz incômodas e, finalmente, sua leitura converteu-se em objeto da escola. Sabemos o quanto isso está ligado a uma diminuição do interesse vivo. A escola não podia ler as obras todas; aí tiveram de aparecer as seleções e foi preciso recorrer às edições explicativas, das quais já não se demandou aquilo que o sério trabalho erudito considerava, no seu caso, obrigatório. Fenômenos de decadência dessa espécie precisam ser, em seu pressuposto, relacionados com a evolução da cultura antiga, sobretudo no século II d.C. Não podemos indicar datas precisas, mas em todo caso, no curso dessa evolução, sucedeu que uma edição feita para fins escolares foi que decidiu quanto ao número de obras dramáticas antigas que haveriam de chegar a nós. Se agora refletirmos no fato de que, entre as peças subsistentes dos três grandes trágicos,

284

algumas, como os *Sete contra Tebas, As Fenícias,* além das três tragédias que tratam do tema de Electra, provavelmente estavam destinadas a ser lidas uma atrás da outra, para efeito de comparação, não é improvável que, no tocante aos três autores, a vontade de um único e mesmo homem tivesse, para a sua época, e portanto para nós também, prescrito a seleção.

Naquilo que foi observado acerca de Eurípides, ouvimos sobre o específico na transmissão de seus textos, mas, afora isso, tratou-se precisamente daquela seleção característica à qual devemos nosso conhecimento da tragédia ática. Ela perdurou através de época pouco favorável às musas, entre o fechamento da universidade de Atenas (529) e o aparecimento da diligente atividade erudita de Bizâncio, no século IX. Quando então homens, da natureza de um Fócio e Aretas, dedicaram seus cuidados e zelo aos textos, o número destes ficou de uma vez para sempre assegurado. Agora apareceram na arena os copistas da época bizantina. Durante muito tempo, serviram eles, para a ciência moderna, de bodes expiatórios pelas corrupções reais dos textos e, mais ainda, pelas apressadamente supostas. O fato de que hoje não possamos de modo algum louvar suficientemente ou agradecer o bastante ao honesto trabalho de tais copistas constitui um belo resultado da moderna investigação e, não menos, do controle que, em algumas passagens, nos permitem os papiros com restos de edições antigas. Outro é o quadro que nos oferece o trabalho dos bizantinos, a partir do século XIII. Aqui, homens versados em filosofia, tais como Demétrio Triclínio, interferiram à sua vontade nos textos transmitidos e os alteraram arbitrariamente. Compreende-se que lá onde a transmissão dos diversos manuscritos, como em Ésquilo e Sófocles, remonta a uma época consideravelmente anterior a esta seja muito maior nossa possibilidade de chegar de novo ao texto dos alexandrinos. Fontes de erros no longo caminho da tradição antes e depois de Alexandria, houve-as em número suficiente. Aqui não é permitido entrar no trabalho que ainda resta à ciência no pormenor, mas cabe dizer que, no todo, o conhecimento progressivo elevou consideravelmente a confiança na boa qualidade do que nos foi transmitido.

De Bizâncio, os textos chegaram ao Ocidente por um caminho cujos meandros muitas vezes ainda podemos acompanhar. Exemplos deste movimento pejado de conseqüências foram citados, ao se falar de Ésquilo e de Eurípides. Assim, os grandes trágicos da Antigüidade helênica converteram-se em acervo comum da cultura européia; assim, tornou-se possível aquela influência em extensão e profundidade que indicamos mais do que descrevemos nas explicações sobre a tragédia da época pós-clássica. Os dados particulares sobre a transmissão manuscrita são subministrados, com a necessária limitação, ao se abordar cada um dos trágicos.

O Problema do Trágico

A riqueza algo maior de dados bibliográficos para este capítulo visa a tornar sensível a vivacidade do debate. Citamos sobretudo obras relacionadas com a problemática desenvolvida na parte introdutória deste livro.

H. J. BADEN, *Das Tragische*, 2ª ed., Berlim, 1948.

J. BERNHARDT, *De profundis*, 2ª ed., Leipzig, 1939 (141, *Der Mensch in der tragischen Welt).*

H. BOGNER, *Der tragische Gegensatz,* Heidelberg, 1947 (cf. *Gnomon* 21, 1949, 211).

M. DIETRICH, *Europäische Dramaturgie,* Viena, 1952.

P. FRIEDLÄNDER, *Die griechische Tragödie und das Tragische. Die Antike* 1, 1925, 8.

K. von FRITZ, *Tragische Schuld und poetische Gerechtickeit in der griechischen Tragödie,* Studium Generale, 8, 1955, 194 e 219. Este importante estudo encontra-se agora reunido no volume *Antike und moderne Tragödie,* Neun Abhandlungen, Berlim, 1962, que também é significativo, em suas outras partes, para a problemática do trágico em cada uma das peças.

J. GEFFCKEN, *Der Begriff des Tragischen in der Antike,* Vortr. Bibl. Warburg 1927-1928, Berlim, 1930, 89.

C. Del GRANDE, ΤΡΑΓΩΙΔΙΑ, 2ª ed., Nápoles,1962.

Th. HAECKER, *Schöpfer und Schöpfung.* Leipzig, 1934.

K. JASPERS, *Von der Wahrheit,* Munique, 1947 (A seção acerca do trágico também independente, Munique, 1952).

M. KOMMERELL, *Lessing und Aristoteles,* Frankfurt-am-Main, 1940.

G. NEBEL, *Weltangst und Götterzorn,* Stuttgart, 1951 (cf. *Gnomon* 25, 1953, 161).

A. PFEIFFER, *Ursprung und Gestalt des Dramas,* Berlim, 1943.

M. POHLENZ, *Die griechische Tragödie,* 2ª ed., Göttingen, 1954.

W. RASCH, *Tragik und Tragödie,* Dtsch. Vierteljahrsschr. 21, 1943, 287.

W. SCHADEWALDT, *Furcht und Mitleid?*, Hermes 83, 1955. (Cf. também a introdução à sua edição das traduções sofoclianas de Hölderlin, na Fischer-Bücherei, 1957.)

M. SCHELER, *Über das Tragische. Die Weissen Blätter*, 1914, 758. *(Abhandlungen und Aufsätze* 1, Leipzig, 1915, 275).

J. SELLMAIR, *Der Mensch in der Tragik*, 2ª ed., Krailing vor Munich, 1941.

F. SENGLE, *Vom Absolutem in der Tragödie*, Dtsch. Vierteljahrsschr. 20, 1942, 265.

E. STAIGER, *Kleists Bettelweib von Locarno*. Dtsch. Vierteljahrsschr. 20, 1942, I; *Grundbegriffe der Poetik*, Zurique, 1946.

M. UNTERSTEINER, *Le origini della tragedia e del tragico*. Turim, 1955.

J. VOLKELT, *Ästhetik des Tragischen*, 4ª ed., Munique, 1923.

O. WALZEL, *Vom Wesen des Tragischen*, Euphorion 34, 1933, 1.

A. WEBER, *Das Tragische und die Geschichte*, Hamburgo, 1943.

H. WEINSTOCH, *Die Tragödie des Humanismus*, Heidelberg, 1953. (Cf. com O. REGENBOGEN, *Gnomon*, 26, 1954, 289.)

B. von WIESE, *Die deutsche Tragödie vom Lessing bis Hebbel*, Hamburgo, 1948.

Exposições de Conjunto, Fragmentos, Bibliografia das Origens

Continua tendo valor J. L. KLEIN, *Geschichte des Dramas I*, Leipzig, 1874. Já mencionamos, na história dos textos, as seções de introdução da edição de *Heracles* por U. von WILAMOWITZ-MOELLENDORF, que apareceram em Berlim, 1910, em reimpressão inalterada, como introdução à tragédia grega. Uma extensa exposição de conjunto é oferecida por M. POHLENZ, *Die grieschische Tragödie*, 2 tomos, 2ª ed., Göttingen, 1954, com excelente descrição das obras em suas relações com a história política e contemporânea. O segundo tomo, com suas notas, contém importante investigação de pormenor. No princípio deste capítulo fiz referência a meu livro, publicado em 1956, *Die tragische Dichtung der Hellenen* (2ª ed. em preparo). Uma excelente visão de conjunto é dada por H. D. F. KITTO, *Greek Tragedy. A Literary Study*, 3ª ed., Londres, 1961; do mesmo autor, *Form and Meaning in Drama. A Study of Six Greek Plays and of Hamlet*, Londres, 1956. Uma boa introdução é oferecida por D. W. LUCAS, *The Greek*

287

Tragic Poets, 2ª ed., Londres, 1959. O essencial é apresentado por J. de ROMILLY em seu estudo *L'évolution du pathétique d'-Eschyle à Euripide*, Paris, 1961. De composição muito prática é *A Handbook of Classical Drama*, de PH. W. HARSH, Stanford, 1948, com sua breve e panorâmica exposição do conjunto do drama grego e romano.

Extensas monografias, em relação a cada um dos três trágicos, nos surgem nas correspondentes seções em W. SCHMIDS, *Geschichte der griechischen Literatur:* quanto a Ésquilo e Sófocles, I/2, Munique, 1934; quanto a Eurípides, I/3, 1940. A isso, acrescentam-se os correspondentes capítulos de minha *Geschichte der griechischen Literatur,* 2ª ed., Berna, 1963.

A história do drama grego obteve grandes proveitos com a magistral elaboração do material das inscrições atenienses executada por A. WILHELM, *Urkunden dramatischer Aufführungen in Athen,* Viena, 1906. Ainda continua recomendável, como rápida introdução à complicada problemática destes monumentos, o artigo de W. REISCH, na *Zeitschr. f. oesterr. Gymn.*, 1907, 289 e ss. As inscrições agora são facilmente acessíveis e estão muito bem tratadas na obra, que a seguir voltaremos a mencionar, de A. PICKARD-CAMBRIDGE, sobre os *Dramatic Festivals.*

Para as diversas partes da tragédia ática possuímos monografias que também merecem destaques, devido às interpretações nelas contidas. WALTER NESTLE, *Die Struktur des Eingangs in der attischen Tragödie*. Tüb. Beitr. 10, Stuttgart, 1930; W. SCHADEWALDT, *Monolog und Selbstgespräch*. N. Phil. Unters., 2ª ed., Berlim, 1926; W. KRANZ, *Stasimon. Untersuchungen zu Form und Gehalt der griechischen Tragödie,* Berlim, 1933; J. DUCHEMIN, *L'ΑΓΩΝ dans la tragédie grecque,* Paris, 1945; W. JENS, *Die Stichomythie in der frühen griechischen Tragödie*. Zetemata 11, Munich, 1955; LEIF BERGSON, *L'epithète ornamentale dans Esch. Soph. et Eur.,* Upsala, 1956; W. KRAUS, *Strophengestalgung in der griech. Tragödie*. I. Aisch. u. Soph. Sitzb. Ost. Akad. Phil.-hist. Kl. 23-1/4, 1957; H. F. JOHANSEN, *General Reflection in Tragic Rhesis,* Copenhague, 1959; A. SPIRA, *Untersuchungen zum Deus ex machina bei Sophocles und Euripides,* Kallmünz, 1960; R. LATTIMORE, *Story patterns in Greek tragedy,* Londres, 1964; L. DI GREGORIO, *Le scene d'annuncio nella tragedia greca,* Milão, 1967.

Da sobrevivência da criação trágica, ocupa-se K. HEINEMANN, *Die tragischen Gestalten der Griechen in der Weltliteratur,* Leipzig, 1920. Abundante material também se encontra no *Lexi-*

kon der griechischen und römischen Mythologie, de H. HUNGLER, 3ª ed., Viena, 1956; KÄTE HAMBURGER, *Von Sophokles zu Sartre.* Stuttgart, 1962. Um competente capítulo é o que oferece MARGRET DIETRICH, *Das moderne Drama.* 2ª ed., Stuttgart, 1963. Também sobre o problema do trágico, além do conhecido livro de K. von FRITZ, devemos chamar atenção para os ótimos estudos de W. H. FRIEDRICH, *Vorbild und Neugestaltung. Sechs Kapitel zur Geschichte der Tragödie,* Göttingen, 1967.

Desde que a Arqueologia nos proporcionou o conhecimento de grande número de teatros antigos, dedicaram-se ricas elaborações aos problemas daí oriundos. Uma boa introdução geral é a que oferecem os livros de M. BIEBER, *Die Denkmäler zum Theaterwesen im Altertum,* Berlim, 1920, e *The History of Greek and Roman Theater,* Princeton, 1939, assim como A. PICKARD-CAMBRIDGE, *The Theatre of Dionysus in Athens,* Oxford, 1964. L. SECHAN, *Études sur la tragédie grecque dans ses rapports avec la céramique,* Paris, 1926, apresenta as sugestivas, mas amiúde difíceis, relações entre a arte cênica e as pinturas dos vasos. R. LÖHRER, *Mienenspiel und Maske in der griechischen Tragödie,* Paderborn, 1927, trata de questões que se colocam com freqüência ao autor moderno, acostumado à movimentada mímica de seu teatro; além disso, G. CAPONE, *L'arte scenica degli attori tragici greci,* Pádua, 1935, e A. SPITZBARTH, *Untersuchungen zur Spieltechnik der griechischen Tragödie.* Diss., Zurique, 1946. Para o estudo da máscara é útil o autorizado artigo de M. BIEBER, no tomo 14 da *Real-Encyclopaedie der class. Altertumswissenschaft.* Duas excelentes exposições sobre a arqueologia teatral nos foram oferecidas pelos eruditos ingleses A. PICKARD-CAMBRIDGE, *The Dramatic Festivals of Athens,* Oxford, 1953, e T. B. L. WEBSTER, *Greek Theatre Production,* Londres, 1956, com circunstanciada lista de monumentos; do mesmo autor temos uma indicação bibliográfica em *Lustrum* 1956/1 (1957) e dois resumos sumamente úteis: *Monuments Illustrating Tragedy and Satyr Play,* Bull. of the Inst. of Glass. Stud. of London Univ. Suppl. 14, 1962, e *Griechische Bühnenaltertümer,* Göttingen, 1963. A convicção de que o teatro grego prescindia em grande parte da ilusão é representada por P. ARNOTT em dois livros: *An Introduction to the Greek Theatre,* Londres, 1959, e *Greek Scenic Conventions in the Fifth Century B. C.,* Oxford, 1962. Para a problemática da encenação antiga são importantes: N. C. HOURMOUZIADES, *Production and Imagination in Euripides. Form and Function of the Scenic Space,* Atenas,

1965, e W. Steidle, *Studien zum antiken Drama unter besonderer Berücksichtigung des Bühnenspiels*, Munique, 1968.

Aqui acrescentamos as coletâneas de fragmentos das tragédias gregas, na medida em que não se referem a autores isolados. Continua sendo fundamental A. Nauck, *Tragicorum Graecorum Fragmenta*, 2ª ed., Leipzig, 1889, repr. Hildesheim, 1964, com um suplemento de Br. Snell, que contém os novos fragmentos de Eurípides e alguns de procedência desconhecida, pelo que se encontra em autores antigos. Desde esse tempo grande número de achados de papiros ampliou grandemente nosso conhecimento. Quanto a estes, possuímos um recurso com dados bibliográficos em Roger A. Pack, *The Greek and Latin Literary Texts from Greco-Roman Egypt*, Univ. of Michigan Press, 1952, 2ª ed., 1965. Certo número de importantes fragmentos de tragédia, em papiros, foi publicado num volume da Loeb Class. Library, com tradução e comentários de Denys L. Page, *Greek Literary Papyri*, Londres, 1941, reimpressão revista, 1950.

Quanto à tragédia do século IV, um bom panorama e novas investigações subministra T. B. L. Webster em seu artigo *Fourth Century Tragedy and the Poetics,* Hermes, 82, 1954, 294 e em seu livro *Art and Literature in Fourth Century Athens*, Londres, 1956. Os escassos restos da tragédia helenística são abordadas por F. Schramm, *Tragicorum graecorum hellenisticae quae dicitur aetatis fragmenta eorumque de vida atque poesi testimonia collecta et illustrata*, Diss., Münster, 1929. O material encontra-se também em Ziegler, no artigo da *R.E.* que citaremos a seguir. *O Exagogé de Ezequiel*, de que Schramm não trata, encontra-se numa edição de J. Wieneke, *Ezechielis judaei poetae Alexandrini fabulae que inscribitur* ΕΞΑΓΩΓΗ *fragmenta*, Münster, 1931. O texto acha-se também na edição da *Preparatio Evangelica*, de K. Mras.

Quanto aos problemas das origens da tragédia, apresenta-se esmerado o livro de documentos com elaboração completa de todo o material: A. Pickard-Cambridge, *Dithyramb, Tragedy and Comedy*, Oxford, 1927; uma 2ª ed., com abundantes acréscimos, esteve a cargo de T. L. Webster, Oxford, 1962. Uma idéia geral da problemática extraordinariamente complicada é oferecida por K. Ziegler no artigo "Tragoedia" da *Real-encyclopaedie der class. Altertumswissenschaft*, 6A, 1937, 1899, e C. del Grande, ΤΡΑΓΩΙΔΙΑ, *Essenza e genesi della tragedia*, Nápoles, 1952, em uma 2ª ed. corrigida e aumentada em 1962, e meu livro mencionado no princípio deste capítulo. Singularmente audacioso em suas hipóteses é M. Untersteiner, *Le origini della tragedia del tragico*, Turim, 1955. H. PATZER, *Die Anfänge der griechischen Tragödie*, Wiesbaden, 1962, afirma a relação com o ditirambo, mas nega a relação com o drama satírico. G. F. ELSE, *The origin and early form of Greek tragedy*, Cambr., Mass., 1965, estuda a origem da tragédia a partir de Dioniso e o canto do coro e afasta da recitação homérica das rapsódias. W. BURKERT, *Greek tragedy and sacrificial ritual*. Greek, Roman and Byzantine Studies 7, 1966, 87-121, separa radicalmente a tragédia do drama satírico e liga-a ao sacrifício de bode a Dioniso. Para um problema parcial, Br. ZUCCHELLI, em *Hypokrites, Studi grammaticali e linguistici*, 3, Paideia, 1963, oferece um bom resumo.

Ésquilo

De Ésquilo, dentro daquela seleção de tragédias gregas para a escola, de que falamos na história da transmissão dos textos, salvou-se apenas um único exemplar com sete tragédias. Esse livro, que, por sua escrita e suas variantes de texto, julgávamos parecido com o famoso papiro de Menandro, ofereceu aos bizantinos a base para suas cópias. A única dessas cópias que chegou até nós com as sete peças, e que ao mesmo tempo é a mais antiga e a melhor, é o *Mediceus Laurentianus*, 32, 9, escrito em Constantinopla por volta do ano 1000 e levado, em 1423, para a Itália, pelo humanista G. Aurispa, que colecionava manuscritos sistematicamente. A cópia chegou na segunda metade do século XV à Biblioteca Médicis de Florença, a *Laurentiana*. Os bizantinos haviam reduzido esta seleção a outra que continha *Prometeu, Os Sete* e *Os Persas*. O testemunho mais antigo, quanto a este grupo, é um *Ambrosianus* (C inf. 222) do século XIII, em Milão. Essa tríade bizantina foi então novamente ampliada pela adição de *Agamenon* e das *Eumênides*. Além do *Laurentianus* 31, 8, dos fins do século XIV, cumpre citar aqui um manuscrito, agora em Nápoles, escrito entre os anos 1316 e 1320 pelo antes mencionado Demétrio Triclínio, que ilustra muito bem quão arbitrário era seu modo de proceder. Os dados completos da transmissão nos são oferecidos nas principais edições (veja-se mais adiante) e em A. TURYN, *The Manuscript Tradition of the Trag. of Aeschylos,* New York, 1943. De algum modo, o *Mediceus Laurentianus* 32, 9, é a fonte dos manuscritos restantes. Sobretudo os exemplares da tríade bizantina nos orientam para um modelo que, de um modo independente, remonta àquele exemplar da seleção antiga que,

291

para a nossa tradição completa de Ésquilo, devemos considerar como arquétipo. Um passo básico para a estimativa dessa tradição aparece em R. D. DAWE, *The Collation and Investigation of Manuscripts of Aeschylus*, Cambridge, 1964. Um meio importante é seu *Repertory on Conjectures on Aeschylus*, Leiden, 1965.

Das edições mais antigas, cabe mencionar a de G. HERMANN, que foi publicada postumamente e se encontra em segunda edição de Leipzig, 1859. Nunca serão suficientemente apreciados os méritos do grande filósofo. Podemos fazer uma idéia deles quando se considera qual o texto em que W. von HUMBOLDT teve de basear sua tradução do *Agamenon* (1816), que levou Goethe a admirar Ésquilo. À memória de Hermann, U. von WILAMOWITZ-MOELLENDORF dedicou sua edição fundamental, Berlim, 1914 (uma *editio minor* em 1915), junto com a qual publicou um tomo de *Aischylos-Interpretationen*, Berlim, 1914. As edições mais recentes são, entre outras, P. MAZON, 2 tomos, com tradução francesa, Paris, 1920/25, agora em 5ª ed., 1949; H. W. SMYTH, 2 tomos, com trad. inglesa e os fragmentos, Londres, 1922/26; G. MURRAY, Oxford, 1937, 2ª edição, 1955; M. UNTERSTEINER, Milão, 1946/47. Os novos achados de papiros com que o Egito nos surpreendeu em relação a Ésquilo, encontramo-los em H. J. METTE, *Supplementum Aeschyleum*, Berlim, 1938, com apêndice, Berlim, 1949. Os fragmentos de Ésquilo, com inclusão de todos os achados de papiros, foram novamente publicados por H. J. METTE, Berlim, 1959; a seguir, publicou um tomo explicativo: *Der verlorene Aischylos*, Berlim, 1963. Quanto à explicação: H. J. ROSE, *A Commentary on the Surviving Plays of Aeschylus*, 2 vols., Nederl. Akad., 1957, 1958.

Entre as traduções, merece especial menção a reelaboração a que WALTER NESTLE (Kröners Taschenausgabe 152) realizou da tradução de J. G. DROYSEN. Também F. STOESSL, Zurique, 1952, oferece os maiores fragmentos. Uma edição bilíngüe, também com os maiores fragmentos, figura no tomo de Tusculum de O. WERNER, Munique, 1959. W. H. FRIEDRICH, na Fischer Bibliothek der Hundert Bücher, 1961, publicou importantes traduções mais antigas. *Os Persas* e *A Oréstia* traduzidos por E. BUSCHOR, Munique, 1953; *As Suplicantes* e *Prometeu*, por W. KRAUS, Leipzig, 1966, e 1965; *Os Persas* e *Os Sete*, por W. SCHADEWALT, *Griechisches Theater*, Frankfurt, 1964.

Entre as monografias cabe citar: Br. SNELL, *Aischylos und das Handeln im Drama*, Phil. Suppl. 20/1, Leipzig, 1928; WALTER NESTLE, *Menschliche Existenz und politische Erziehung in der*

Tragödie des Aischlos, Tüb. Beitr. 23 Stuttgart, 1934, edição brochura, 1962; F. R. EARP, *The Style of Aeschylus*, Cambridge, 1962; G. MURRAY, *Aeschylus the Creator of Tragedy*, Oxford, 1940; K. REINHARDT, *Aischylos als Regisseur und Theologe*, Berna, 1949; F. SOLMSEN, *Hesiod and Aeschylus*, New York, 1949; A. MADDALENA, *Interpretazioni Eschilee*, Turim, 1951; E. T. OWEN, *The Harmony of Aeschylus*, Londres, 1952; G. THOMSON, *Aeschylos und Athen*, Berlim, 1955; J. de ROMILLY, *La crainte et l'angoisse dans le théatre d'Eschyle*, Paris, 1958; A. RIVIER, *Eschyle et le tragique*, Études de Lettres. Bull. de la Fac. de Letres. Série II, tomo 6, Lausanne, 1963, 73, negando radicalmente o livre arbítrio para os personagens de Ésquilo; além de A. LESKY, "Decision and responsability in the tragedy of Aeschylus". *Journ. Hell. Stud.* 85, 1965, 42; J. PODLECKI, *The Political Background of Aeschylean tragedy*, Univ. of Michigan Press, 1966.

Das edições explicativas, devemos nomear, em primeiro lugar, a de *Agamenon*, monumental, em três tomos, de E. FRAENKEL, Oxford, 1950, que é importante para a investigação conjunta da tragédia; além da edição de D. L. PAGE e J. D. DENNISTON, Oxford, 1957. G. THOMSON, *The Oresteia of Aeschylus*, 2 vols., Acad. Praga, 1966. Cumpre também destacar a série de comentários holandeses: das *Suplicantes*, por A. VÜRTHEIM; das peças restantes, por P. GROENEBOOM; a edição dos *Persas* apresenta-se agora em alemão, nos textos de estudos III / 1 e 2, Göttingen, 1960, publicados por Br. SNELL e H. ERBSE. Um comentário circunstanciado é o que oferece a edição desta peça por H. D. BROADHEAD, Cambridge, 1960. Para o *Prometeu*, W. KRAUS, *Realencyclopädie de class. Altertumswissenschaft*, 23, 1956, 666.

Sófocles

Também aqui, a mais valiosa base de nosso saber reside no *Mediceus Laurentianus*, 32, 9. O texto de Sófocles copiado no século XI foi posteriormente unido ao de Ésquilo e Apolônio de Rodes. Além disso, temos noventa e cinco manuscritos dos séculos XI a XVI, a maioria dos quais (70) contém unicamente aquela tríade (*Ajax, Electra, Édipo Rei*) selecionada também pelos editores bizantinos. Atualmente suscita grandes dúvidas a opinião, sustentada durante muito tempo, de que, assim como com Ésquilo, também aqui houve um único exemplar, como base para as outras cópias, que chegou até a Idade Média. Ao lado do *Laurentianus*, o *Parisinus,* gr. 2712, do século XIII, tem especial validade. Entretanto, A. TURYN em importantes trabalhos aparecidos recentemente, nos *Studies in the Manuscript Tradition of the Tragedies of Sophocles,* Illinois Studies, 36 Urbana, 1952, deu novo impulso às questões relativas à tradição dos manuscritos de Sófocles e pôs em dúvida o valor do citado manuscrito. A chamada *Roman Family* de manuscritos encontra maior consideração junto à moderna crítica. Para sua estimativa é importante: P. E. EASTERLING, *Sophocles' Aiax: Collations of the Manuscripts 9, R and Q.* Class. Quart. 61, 1967, 52-79.

Entre as edições ocupa um posto destacado a R. C. JEBB, Cambridge, 1883-1896, com crítica e notas, reimpressa sem alterações de 1902 a 1908; do mesmo crítico temos também uma edição do texto com reduzido aparelhamento crítico, Cambridge, 1897. A elucidativa edição, creditava por suas notas, de SCHNEIDEWIN-NAUCK, foi objeto de reelaboração que faz desta coleção, publicada em pequenos volumes isolados, uma valiosa introdução à tragédia sofocliana. Temos de E. BRUHN, *Édipo Rei,* 1910; *Electra,* 1912; *Antígone,* 1913; de L. RADERMACHER, *Édipo em Colona,* 1909; *Filoctetes,* 1911, *Ajax,* 1913; *As Traquinianas,* 1914 (todas estas obras em Berlim). De valor, também é o 8º volume desta coleção, onde E. BRUHN, Berlim. 1899, trata do uso da linguagem em Sófocles. Acompanhada de tradução francesa apresenta-se a edição de P. MASQUERAY, 2 tomos, ed. revista, Paris, 1929/34. De 1950 a 1960 apareceram em Paris três volumes de uma nova edição, com as tragédias subsistentes, na "Collection des Universités de France", por A. DAIN, com a tradução de P. MAZON. Está prevista a próxima publicação de outro volume com os *Ichneutai* e os fragmentos mais importantes. Em sua edição de Oxford, 1924, A. C. PEARSON aproveitou amplamente a tradição contida no manuscrito *Parisinus,* gr. 2712. Uma boa edição comentada de *Ajax* deve-se a W. B. STANFORD, Londres, 1963. Comentários de J. C. KAMERBEEK aparecem em *Ajax,* Leiden, 1953, e sobre as *Traquinianas,* ib., 1959. Um dos comentários mais novos é o de G. MÜLLER sobre *Antígone,* Heidelberg, 1967.

E. DIEHL, no *Supplementum Sophocleum,* Bonn, 1913, reuniu os achados de papiros que nos deram *Os Ichneutai* de Sófocles. Com a intenção de servir de complemento a JEBB, encontram-se reunidos, na grande edição comentada dos fragmentos de Sófocles, realizada por A. C. PEARSON, 3 tomos, Cambridge, 1917. A isso cabe juntar os dados da seção de Bibliografia Geral.

E. STAIGER apresentou uma bela tradução alemã, Zurique, 1944, de todo o Sófocles. Outras: H. WEINSTOCK, 3ª ed., Stuttgart, 1957; E. BUSCHOR, 2 vols., Munique, 1954 e 1959; R. SCHATTLÄNDER, Berlim, 1966; W. WILLIGE-K. BAYER, Munique, 1966, com texto grego, todos os fragmentos maiores e adições úteis. Das traduções de obras isoladas, salientam-se especialmente a *Antígone* de K. REINHARDT, 2ª ed., Godsberg, 1949, e a de *Édipo Rei*, por W. SCHADEWALDT, Frankfurt, 1955. E. BUSCHOR, *Ant., Ed. Rei Ed. em Col.* Munich, 1954; *Ajax, Traq., Elec., Fil.,* Munique, 1959. Uma coletânea de traduções realmente representativa é a que oferece a "Fischer Bibliothek der Hundert Bücher", em seu tomo 81 (1963): STAIGER, *Ajax, Traq.;* REINHARDT, *Ant.;* SCHADE-WALDT, *Ed. Rei, El.;* BUSCHOR, *Fil., Ed. em Col.; Ed. Rei, El.,* aparecem em traduções revistas várias vezes em W. SCHADEWALT, *Griechisches Theater,* Frankfurt, 1964.

A investigação, depois de haver por algum tempo abandonado o estudo de Sófocles, atraída pela força áspera de um Ésquilo e pela riqueza espiritual de um Eurípides, dedicou-se no último decênio àquele autor com especial interesse, de modo que hoje dispomos de uma série de excelentes livros sobre Sófocles. Neste capítulo ainda se destaca a obra de TYCHO von WILLAMOWITZ, *Die dramatische Technik des Sophokles,* Berlim, 1917; em sua época, foi-lhe concedida grande importância por acentuar o técnico em face de uma interpretação que se realizava, por assim dizer, no espaço vazio. Não faltou a necessária reação contra a superestimação do técnico. Prova disso é uma série de livros mais recentes sobre Sófocles, dos quais citaremos: T. B. L. WEBSTER, *An Introduction to Sophocles,* Oxford, 1936; C. M. BOWRA, *Sophoclean Tragedy,* Oxford, 1944 (reimpresso em 1947); K. REINHARDT, *Sophokles,* 3ª ed., Frankfurt, 1948, um livro que, dentre toda a exposição de Sófocles, mais se aproxima da criação literária e, por seu esclarecimento do estilo tardio de Sófocles, serviu para rasgar caminhos; H. WEINSTOCK, *Sophokles,* 3ª ed., Wuppertal, 1948; A. J. A. WALDOCK, *Sophocles, the Dramatist,* Cambridge, 1951; C. H. WHITMAN, *Sophocles. A Study of Heroic Humanism,* Cambridge, Mass., 1951; J. C. OPSTELTEN, *Sophocles and Greek Pessimism,* Amsterdam, 1952; V. EHRENBERG, *Sophocles and Pericles,* Oxford, 1954, trad. alemã, Munique, 1956. A última obra citada promoveu de maneira decisiva o nosso conhecimento, ao pôr em relevo a tensão espiritual que domina a estrutura interna do alto classicismo. G. M. KIRKWOOD, *A Study of Sophoclean Drama,* Cornell Univ. Press, 1958; H. D. F. KITTO, *Sophocles,*

Dramatist and Philosopher, Oxford, 1958; A. MADDALENA, *Sofocle*, 2ª ed., Turim, 1963; a "Wiss. Buchgesellschaft" reuniu três conferências sobre Sófocles (DILLER, SCHADEWALDT, LESKY): *Gottheit und Mensch in der Tragödie des Sophocles*, Darmstadt, 1963. Constitui um excelente auxílio o relatório de pesquisa de H. F. JOHANSEN, *Sophocles*, 1939-1959, em *Lustrum*, 1962/67. A maior parte da moderna bibliografia sofocliana, inclusive o presente livro, é completamente falha, segundo o ensaio programático de Franz EGERMANN, *Arete und tragische Bewusstheit bei Sophokles und Herodot* (Vom Menschen in der Antike, Munique, 1957, 1-128). Implicitamente também vão pela amurada Aristóteles, Goethe e Hölderlin, com suas afirmações sobre a tragédia e o trágico. Uma polêmica, cujo método e estilo acreditávamos superados, é em si algo desagradável e aqui não é seu lugar. Contento-me em citar o próprio Egermann (p. 94): "Não é surpreendente que Lesky não possa prosseguir".

Eurípides

Quanto a Eurípides, o que nos foi transmitido é muito mais abundante do que no caso dos outros dois trágicos. É fundamental A. TURYN, *The Byzantine Manuscript Tradition of the Tragedy of Eur.*, Illinois Stud. in Lang. and Lit., vol. 43, Urbana, 1957. Também em relação a Eurípides topamos, antes de tudo, com os vestígios de uma edição comentada, realizada na Antigüidade, da qual um dos ramos de nossa tradição nos oferece nove peças: *Hécuba, Orestes, As Fenícias, Andrômaca, Hipólito, Medéia, Alceste, As Troianas, Reso*. Dado que possivelmente *As Bacantes*, recebidas de outro ramo da tradição, também pertenciam a esta série, tratar-se-ia então de uma seleção de 10 obras. O melhor testemunho para este grupo é o *Marcianus* 471, do século XII. Contém as cinco primeiras peças da série. No tocante a Eurípides, não dispomos de nenhum testemunho textual que tenha a idade e a importância do *Laurentianus*, 32, 9. Em compensação, entra aqui para servir de ajuda o maior número de manuscritos importantes. Depois do *Marcianus*, temos imediatamente o *Parisinus*, 2712, do século XIII, que contém as mesmas peças que o *Marcianus*, e mais a *Medéia*, seguindo-se o *Vaticanus*, 909, também do século XIII, que encerra as nove obras mencionadas, e o *Parisinus*, 2713 (séculos XII a XIII), no qual faltam as duas últimas peças desta série.

Um fato que B. SNELL, *Hermes*, 1935, 119, explica de forma convincente aumentou o rol de dez peças da seleção, inclusive as *Bacantes*, com outras nove. De uma edição em papiro da obra de Eurípides, que encerrou todos os dramas em rolos separados e cada cinco desses rolos em um recipiente, por ordem alfabética, chegaram às mãos dos bizantinos dois dos referidos vasilhames. Um continha *Hécuba* (que já figurava na edição comentada), *Helena*, *Electra*, *Heracles*, *As Heraclidas*: o segundo, *Ciclope*, *Ion*, *As Suplicantes* e as duas tragédias de *Ifigênia*. Os restos desta edição conjunta, em ordem alfabética, somam-se agora, pelo segundo ramo de nossa tradição, às peças da seleção. Porta-voz deste grupo é o *Laurentianus* 32, 2, que foi escrito no início do século XIV; encontrava-se em 1348, em Avignon, e, no século XV, chegou à biblioteca privada dos Médici. Dos dezenove dramas apenas faltam aqui *As Troianas*. Um segundo manuscrito, composto das duas partes, *Palatinus*, 278, e *Laurentianus*, conv. suppr. 172, é considerado por P. MAAS, *Gnomon*, 1926, 156, contrariamente aos pontos de vista anteriores, como cópia do *Laurentianus* 32, 2. Um livro de G. ZUNTZ, *An Inquiry into the Transmission of the Plays of Euripides*, Cambridge, 1965, traz a prova de que as peças não comentadas foram copiadas diretamente do *Laurentinus*, 32, 2, depois que Triclínio o corrigiu provisoriamente, ao passo que para as peças da seleção é evidente que houve cópia de transcrição do arquétipo comum, também corrigida por Triclínio. Trabalho eminente e de grande significação para a tradição euripidiana. V. DI BENEDETTO, *La tradizione manoscritta Euripidea*, Pádua, 1965, defende com boa base a opinião de que a tradição deste poeta é "aberta". Importante para a tradição de Eurípides é o trabalho de E. FRAENKEL, *Zu den Phoen. des Eur. Sitzb.*, Bayer, Akad. Phil-Hist., Kl. 1963/61, porque nele se retoma, com energia, o problema de saber até que ponto nosso texto foi desfigurado pelas interpolações.

Para a moderna crítica do texto, forneceu sólido fundamento A. KIRCHHOFF, em sua edição, Berlim, 1855. Continua sendo utilizável a edição do grande conhecedor do grego A. NAUCK, 3 tomos, 3ª ed., Leipzig, 1892-1895. Atualmente são importantes G. MURRAY, 3 tomos, Oxford, 1902-1910, e a edição bilíngue da "Collection des Universités de France", de L. MERIDIER, L. PARMENTIER, H. GREGOIRE e outros, com seis tomos publicados, Paris, 1923-1961 (ainda faltam *Ifig. em Ául.*, *Reso*). Uma edição bilíngue começou a aparecer na Espanha: A. TOVAR, *Eur. Tragedias*, vol. I (*Alc., Andr.*), Barcelona, 1955. A mesma com R. P. BINDA, vol.

II (*Bac.*, *Supl.*), Barcelona, 1960. Entre as edições comentadas, continua ocupando lugar destacado a de *Heracles*, de U. von WI-LAMOWITZ-MOELLENDORF, 2ª ed., Berlim, 1909. Em 1891 publicou o *Hipólito* e em 1926 o *Jon.* Sete peças (*Hip.*, *Med.*, *Héc.*, *If. em Ául.*, *If. em Táur.*, *Alc.* e *Or.*) encontraram inteligente exegese em H. WEIL, *Sept tragédies d'Euripide*, Paris, 1896-1907. Um excelente instrumento são as edições comentadas de Oxford: D. L. PAGE, *Med.*, 1938; M. PLATNAUER, *If. em Táur.*, 1938; J. D. DENNISTON, *El.*, 1939; A. S. OWEN, *Ion*, 1939; E. R. DODDS, *Bac.*, 2ª ed., 1960; A. M. DALE, *Alc.*, 1954; *Hel.*, 1967. Além disso, é importante uma edição comentada de *Hipólito* por W. S. BARRETT, Oxford, 1964.

Além das traduções de WILAMOWITZ, cumpre mencionar H. von ARNIM, *Zwölf Tragödien des Euripides,* Viena, 1931, e E. BUSCHOR, *Med.*, *Hip.*, *Heracles*, Munique, 1952; *Tro.*, *El.*, *If. em T.*, 1957; *Or.*, *If. em A.*, *Bac.*, 1960. A transposição de DONNER, reelaborada por R. KANNICHT, com notas de B. HAGEN e introdução de W. JENS, Stuttgart, 1958 (*Alc.*, *Med.*, *Hip.*, *Hec.*, segundo von ARNIM, *Her.* e *Andr.*, em tradução própria). D. EBENER, *Euripides Werke*, 3 vols., Berlim, 1966, com introdução e notas explicativas.

Em relação a nenhum trágico foram tão rendosos os achados de papiros quanto o foram para Eurípides. Por isso, é particularmente importante citar aqui, além da coleção de H. von ARNIM, *Supplementum Euripideum,* Bonn, 1913, as ajudas indicadas na parte geral. Novos fragmentos são apresentados por E. G. TURNER, no volume 27 dos *Oxyrhynchus Papyri*, Londres, 1962. Fragmentos que, segundo NAUCK, eram conhecidos por citações de autores, foram reunidos por Br. SNELL, Viena, *Stud.* 69, 1956, 86; agora em Suplemento a A. NAUCK, *Tragicorum Graecorum Fragmenta*, 2ª ed., repr. Hildesheim, 1964. Os escólios, notadamente abundantes em relação a Eurípides, encontram-se em uma edição modelar de E. SCHWARTZ, Berlim, 1887/91.

Ainda é digna de leitura a introdução de G. MURRAY, *Euripides and his Age*, Londres, 1922, 2ª ed., Oxford, 1946. O livro de D. F. W. van LENNEP, *Euripides* ποιητὴς σοφός, citamo-lo como exemplo de emprego exagerado da moderna psicologia. A. RIVIER, *Essai sur le tragique d'Euripide*, Lausanne, 1944, procura defender o poeta frente ao filósofo. Outras monografias: F. MAR-TINAZZOLI, *Euripide,* Roma, 1946; W. H. FRIEDRICH, *Euripides und Diphilos*, Zetemata, 15, Munique, 1953, com boa análise de peças isoladas. W. LUDWIG, *Sapheneia. Ein Beitrag zur Form-*

kunst in Spätwerk des Euripides. Diss. Tübingen, 1954; H. Strohm, *Euripides,* Zetemata, 15, Munique, 1957, ambos com valiosas análises de estruturas. A importante questão de saber até que grau e em que forma exerce papel significativo a psicologia no drama de Eurípides é tratada com grandes reservas no tocante à interpretacão psicológica, por W. Zürcher, *Die Darstellung, des Menschen in Drama des Euripides,* Schw. Beitr. z. Altertumswiss. 2, Basiléia, 1947. Excelente contribuição para *As Heraclides* e *As Suplicantes* é oferecida por G. Zuntz, *The Political Plays of Euripides,* Manchester, 1955; O. Reverdin, no sexto volume de *Entretiens sur l'antiquité classique,* da Foundation Hardt, Vandoeuvres, Genebra, 1958, publicou sete conferências sobre o poeta. Dentre o melhor que se escreveu sobre Eurípides, figura o ensaio de K. Reinhardt, *Sinneskrise bei Euripides,* em *Tradition und Geist,* Göttingen, 1960, 227 (antes Neue Rundschau, 68, 1957, 615); G. M. A. Grube, *The Drama of Euripides,* 2ª ed., Londres, 1961; A. Garzya, *Pensiero e tecnica dramatica in Euripides,* Nápoles, 1962; R. Goossens, *Euripide et Athènes,* Acad. Royale de Belgique, Classe de Lettres et de Sciences mor. et pol. Mem. Coll. in 8ª 55/54, 1962. T. B. L. Webster, *The tragedies of Euripides,* Londres, 1967, dirige especial atenção para as numerosas peças perdidas de que conhecemos conteúdo e construção. Importante para a sua reconstrução é também H. van Looy, *Zes verloren tragedies van Euripides,* Bruxelas, 1964; além de G. W. Bond, *The Hypsipyle of Euripides,* Oxford, 1963.

A autenticidade de *Reso* é provada também por W. Ritchie, *The Authenticity of the Rhesus of Euripides,* Cambridge, 1964.

ÍNDICE

A

Acarnianos, 236
Adônis, 275
Agamenon, 114, 115, 116, 138, 231
Agaton, 63, 188
Agen, 278
Agripina, 27
Ajax, 143, 145, 146, 147, 156, 165, 166, 172, 183, 197, 210
Alceste, 87, 161, 194, 198, 199, 207, 223, 238, 251
Alcmeon, 254, 259
Alcmeon em Psofis, 199
Alexandra, 276
Alexandre, 227, 254
Alexandre, 278

Alexandre de Feres, 271, 274
Amimone, 99, 113
Anaxágoras, 191, 231
Andrômaca, 207, 214, 218, 226, 251
Anouilh, 34, 51, 253
Anteu, 193
Antifon, 237
Antígone, 20, 34, 50, 51, 108, 145, 152, 154, 158, 159, 164, 208, 214, 221, 253
Antíope, 254
Apolônio, 210
Arbitragem, A, 253
Arion, 64, 65, 75, 84, 98
Aristias, 90

301

Aristófanes, 45, 63, 74, 96, 98, 106, 131, 144, 188, 198, 236, 246, 272, 278
Aristóteles, 27-33, 37, 43, 62-68, 79, 85, 86, 145, 177, 178, 193, 240, 245, 263, 275
Aristoxeno, 84
Arquedemides, 99
Arquelau, 26, 188, 191, 259
Ars Poetica, 67, 276
Ateneu, 67
Atossa, 102
Auge, 226, 253

B

Bacantes, As, 235, 245, 251, 259, 264, 267
Banquete, 63, 193
Baquílides, 64
Belorofonte, 232
Bentley, 65
Bernhart, Joseph, 40
Bowra, C. M., 23
Bulle, H., 273
Burkhardt, Jakob, 255
Buschor, Ernst, 20, 72

C

Calicles, 200
Cameleon, 84
Cássio, Dião, 27
Chaucer, 32
Ciclope, 71, 185
Ciclope, O, 200
Cimom, 143
Cinegiro, 96
Cipselo, 75
Cleanto, 278
Cleonte, 94
Clístenes, 75, 78, 94

Coéforas, As, 115, 120, 124, 168, 170, 232
Coirile (ou Coirine), 188
Creizenach, 26
Cresfonte, 254
Cretenses, As, 199, 214
Crísipo, 214
Crítias, 214, 226
Cysarz, Herbert, 178

D

Dafne, 278
Danaides, As, 36, 87, 99, 112, 116, 152, 208
Dario, 102, 103
Diakonos, Johannes, 65
Díctis, 206
Diktyulkoi, 135
Diógenes, 231
Dioniso, 246, 275
Dioscórides, 277
Droysen, 20

E

Eckermann, 35
Édipo, 104, 172
Édipo em Colona, 36, 145, 180, 182
Édipo Rei, 20, 34, 40, 161, 173, 180-183
Efialtes, 129
Egípcios, Os, 112
Electra, 36, 153, 168, 172, 232, 235, 237, 238, 246, 257, 274
Eleusínias, As, 97
Empédocles, 184
Éolo, 214
Epidemias, 143
Epígenes, 83

302

Erecteu, 199, 220
Ernst, Paul, 51
Esculápio, 145
Esfinge, A, 104
Ésquilo, 20, 36, 39, 47, 64, 74,
  77, 83, 86-90, 91-105, 109,
  114, 115, 116-120, 128-
  131, 133-136, 138, 141,
  143, 147, 150, 152-164,
  167-172, 176, 183, 188,
  190-192, 205, 207, 208,
  216, 231, 233, 239, 242,
  246, 251, 260, 267, 272
Estesícoro, 237
Etnianas, As, 98
Etnai, 98, 135
Euforion, 94
Eumênides, 115, 240
Eurípides, 20, 29, 36, 40, 47,
  71, 72, 77, 80, 87, 100,
  108, 113, 117, 129, 135,
  143, 160, 176, 178, 180,
  182, 185, 187-200, 201,
  205-221, 225, 227, 229-
  230, 237, 239, 242-247,
  250-253, 255, 257, 259,
  260, 263, 267, 273, 278
Eusébio, 276
Exagogé, 276
Ezequiel, 276

F

Faetonte, 266, 271
Fedra, 209
Fenícias, As, 88, 108, 116,
  182, 199, 214, 237, 245
Fênix, 236
Fereus, 271
Fílico, 275
Filoctetes, 36, 173, 176, 178,
  179, 180, 206, 236, 263

Fineu, O, 101
Fraenkel, Eduard, 98
Frígios, Os, 135
Frínico, 88, 102, 116, 194, 277
Fritz, K. von, 41, 42, 44
Frixo, 199
Furtwängler, 70

G

Glauco Potnieu, 101
Goethe, 31, 35, 38, 39, 46, 47,
  130, 138, 148, 157, 167,
  180, 198, 239, 268
Górgias, 190, 200, 238
Grillparzer, 46

H

Haecker, Theodor, 40
Harpalo, 278
Hebbel, 23, 49, 50
Hécuba, 215, 216, 217, 218,
  219, 236
Hegel, 50, 158´
Helena, 36, 40, 192, 207, 214,
  251, 273
Heracles, 36, 161, 207, 226, 234
Heraclidas, 207
Hermógenes, 65
Heródoto, 27, 64, 78, 87, 97,
  161, 277
Hesíodo, 69, 225
Hiperion, 184
Hipólito, 192, 209, 215, 236
Hipsipila, 254
Hoffmann, E.T.A., 46
Hölderlin, 149, 184
Homero, 23, 24, 26, 48, 225
Horácio, 45, 67, 84, 276
Humboldt, W. von, 138

I

Ibsen, 33
Ichneutai, 71, 136
Ifigênia em Áulida, 256, 259, 260, 266
Ifigênia em Táurida, 226, 239
Ilíada, 23, 24, 25, 26, 135, 269
Ion, 36, 239, 246, 247, 251, 252

J

Jasper, Karl, 23, 53

K

Kalinka, E., 18
Kant, 52
Kierkegaard, S., 26
Kommerell, Max, 29
Kranz, Walther, 245
Krauz, Walther, 20

L

Laércio, Diógenes, 190
Laio, 105
Lessing, 23, 29, 46, 130
Licofronte, 275, 276
Lobel, E., 277
Löschcke, G., 72
Ludwig, Otto, 42
Lukács, Georg, 51

M

Masenius, J., 30
Mausolo de Cária, 272
Medéia, 174, 192, 201, 206, 209, 251, 254
Melanipa, 253

Melito, 188
Menandro, 177, 193, 210, 214, 253, 278
Menedemo de Licofron, 278
Mesató, 99
Mesnardière, Jules de, 42
Mirmidões, 135
Mnesárquides, 187
Moisés, 276
Mosquion, 271
Muller von, 31
Murray, Gilbert, 100, 101

N

Nereides, 135
Nestle, Walter, 20
Nietzsche, 33, 35, 51, 265
Níobe, 135
Nussberger, Max, 80, 89

O

Odisséia, 23, 120, 200
Orestes, 235, 237, 255, 259, 262
Oréstia, 36, 39, 97, 99, 101, 104, 105, 114, 119, 121, 128, 129, 133, 138, 144, 147, 152, 165, 208, 260
Ovídio, 209

P

Palamedes, 227
Pelíades, As, 188, 194, 200
Periandro, 64, 75, 98
Péricles, 94, 102, 142, 191, 231
Persas, Os, 88, 98, 101-104, 106, 108, 115, 246
Píndaro, 64, 118, 179, 180, 236

Pirceu, 102
Pisístrato, 76
Píton, 278
Platão, 29, 45, 63, 134, 189, 193, 200, 279
Plauto, 210, 278
Plutarco, 84, 143
Plyntriai, 144
Poética, 28, 29, 30, 33, 45, 61, 62, 64, 66, 79, 85, 101, 193, 245
Pohlenz, Max, 17, 47, 66, 100
Polifrasmon, 90
Polo, 274
Pratinas, 89
Pratinas de Fleio, 66
Preaparatio Evangelica, 276
Pródico, 191
Prometeu, 36, 133, 134
Prometeu Acorrentado, 131, 134
Prometeu Pirceu, 133
Prometheus Lyomenos, 133
Prometheus Pyrphoros, 134
Prometeida, 138
Protágoras, 134, 190, 191
Proteu, 115, 120
Ptolomeu Filopator, 275

Q

Queda de Mileto, A, 87, 88
Querilo, 87

R

Rabe, H., 65
Rãs, As, 45, 74, 98, 106, 144, 246
Reinhardt, Karl, 20, 172
República, 63, 200
Reso, 271
Rohde, E., 68

S

Sátiro, 278
Scaliger, J. C., 30
Schadewaldt, Wolfgang, 20, 28
Scheler, Max, 50
Schiller, 35, 46, 52, 161
Schopenhauer, 49
Sebastiano Minturno, Antonio, 30
Sêneca, 42, 209, 211, 277
Sengle, Friedrich, 52
Sete contra Tebas, Os, 100, 104, 108, 115, 138, 243
Shakespeare, 42
Siegmann, E., 136
Sísifo, 226, 227
Snell, Bruno, 24
Sócrates, 63, 180, 237
Sófocles, 20, 34, 38, 44, 47, 71, 72, 77, 98-100, 105, 106, 131, 135, 141-150, 152-157, 160-169, 171-185, 188, 189, 190, 194, 200, 208, 209, 214-216, 223, 232-236, 256, 271, 274
Sólon, 65, 84, 105
Sositeu, 277
Spengler, Oswald, 51
Staiger, Emil, 20, 25

T

Telefia, 152
Telefo, 199
Temístio, 85
Temístocles, 88, 97, 272, 275
Tenes, 213, 226
Teodete, 272
Teodoro, 274
Teofrasto, 30, 32
Terêncio, 278

Teseu, 184
Tesmoforiazonsai, 198
Téspis, 67, 76, 84, 85, 86, 87, 88
Tâmiras, 144
Tièche, 84
Tiestes, 30
Timocles, 63, 246
Timóteo, 188
Traquinianas, As, 44, 147, 158-161
Trasímaco, 200
Triptolemo, 143
Troianas, As, 226, 228, 231, 237, 251, 254, 268
Tucídides, 27

W

Walzel, Oskar, 49, 50, 51

Weber, Alfred, 41
Welcker, G., 68
Werner, 165
Wickert, Maria, 32
Wiese, Benno von, 23
Wilamowitz, 20, 62
Wilamowitz-Mollendorff, Ulrich von, 47, 280
Wilamowitz, Tycho von, 156, 176
Wilcken, Ulrich, 95

X

Xenófanes, 225
Xerxes, 88

TEATRO NA DEBATES

O Sentido e a Máscara
Gerd A. Bornheim (D008)

A Tragédia Grega
Albin Lesky (D032)

Maiakóvski e o Teatro de Vanguarda
Ângelo Maria Ripellino (D042)

O Teatro e sua Realidade
Bernard Dort (D127)

Semiologia do Teatro
J. Guinsburg, J. T. Coelho Netto e Reni C. Cardoso (orgs.) (D138)

Teatro Moderno
Anatol Rosenfeld (D153)

O Teatro Ontem e Hoje
Célia Berrettini (D166)

Oficina: Do Teatro ao Te-Ato
Armando Sérgio da Silva (D175)

O Mito e o Herói no Moderno Teatro Brasileiro
Anatol Rosenfeld (D179)

Natureza e Sentido da Improvisação Teatral
Sandra Chacra (D183)

Jogos Teatrais
Ingrid D. Koudela (D189)

Stanislávski e o Teatro de Arte de Moscou
J. Guinsburg (D192)

O Teatro Épico
Anatol Rosenfeld (D193)

Exercício Findo
Décio de Almeida Prado (D199)

O *Teatro Brasileiro Moderno*
Décio de Almeida Prado (D211)

Qorpo-Santo: Surrealismo ou Absurdo?
Eudinyr Fraga (D212)

Performance como Linguagem
Renato Cohen (D219)

Grupo Macunaíma: Carnavalização e Mito
David George (D230)

Bunraku: Um Teatro de Bonecos
Sakae M. Giroux e Tae Suzuki (D241)

No Reino da Desigualdade
Maria Lúcia de Souza B. Pupo (D244)

A Arte do Ator
Richard Boleslavski (D246)

Um Voo Brechtiano Ingrid
D. Koudela (D248)

Prismas do Teatro
Anatol Rosenfeld (D256)

Teatro de Anchieta a Alencar
Décio de Almeida Prado (D261)

A Cena em Sombras
Leda Mana Martins (D267)

Texto e Jogo
Ingrid D. Koudela (D271)

O Drama Romântico Brasileiro
Decio de Almeida Prado (D273)

Para Trás e Para Frente
David Bali (D278)

Brecht na Pós-Modernidade
Ingrid D. Koudela (D281)

O Teatro É Necessário?
Denis Guénoun (D298)

O Teatro do Corpo Manifesto: Teatro Físico
Lúcia Romano (D301)

O Melodrama
Jean-Marie lhomasseau (D303)

Teatro com Meninos e Meninas de Rua
Marcia Pompeo Nogueira (D312)

O Pós-Dramático: Um conceito Operativo?
J. Guinsburg e Sílvia Fernandes (orgs.) (D314)

Contar Histórias com o Jogo Teatral
Alessandra Ancona de Faria (D323)

Teatro no Brasil
Ruggero Jacobbi (D327)

40 Questões Para um Papel
Jurij Alschitz (D328)

Teatro Brasileiro: Ideias de uma História
J. Guinsburg e Rosângela Patriota (D329)

Dramaturgia: A Construção da Personagem
Renata Pallottini (D330)

Caminhante, Não Há Caminho. Só Rastros
Ana Cristina Colla (D331)

Ensaios de Atuação
Renato Ferracini (D332)

A Vertical do Papel
Jurij Alschitz (D333)

Máscara e Personagem: O Judeu no Teatro Brasileiro
Maria Augusta de Toledo Bergerman (D334)

Teatro em Crise
Anatol Rosenfeld (D336)

Este livro foi impresso na cidade de Cotia,
nas oficinas da Meta Brasil,
para a Editora Perspectiva.